ポイント解説!
# 中国会計・税務

近藤義雄 [著]

千倉書房

## はじめに

　最近のEU加盟国の財政危機と米国の債務問題を受けて、日本経済は急激な円高に直面しました。日本企業は引き続く円高により海外進出が加速され、中国、インド、ベトナム、タイ、インドネシア等のアジア諸国への進出が続いています。また、日本と現地で新たな生産の再編拡大の動きもあります。中国経済はいまだ堅調な成長を維持してはいますが、景気後退への可能性も示唆されています。

　中国は経済的難問を抱えながらも、確実に世界から国際基準を導入して自国の経済制度を変革しています。国際基準の導入にあたり、中国政府は自国の経済実態に適合しない部分については意見を保留して、世界の動向を見据えながら国際基準自体の修正も視野に入れて活動しています。

　中国は2006年に国際会計基準（IFRS）の体系をそのまま取り入れて自国の会計基準（新会計準則）を確立しました。中国政府の立場はIFRSのアドプション（直接採用）ではなく、自国基準のIFRSへのコンバージェンス（統一）です。IFRSの改正に合わせて新会計準則を改正する予定ですが、中国政府の意見をIFRSに反映させています。

　この新会計準則は、中国の大中型企業のすべてに強制適用されており、日本企業の中国子会社も一部地域に限定されていますが、新会計準則が強制適用されています。この新会計準則の強制適用は今後も地域的に拡大する見込みです。

　中国政府は2008年に企業所得税法を統一し、2009年に増値税、営業税、消費税を改正し、2011年には個人所得税法の改正も行いました。中国経済の急激な発展に伴って重要な税法改正も頻繁に行われています。

　企業所得税法の改正に合わせて、移転価格税制や租税条約の関連規定等の重要な関連法規を整備していますが、これらの改正はOECDのモデル租税条約や数多くの報告書の最新動向を反映しています。

　本書は、2004年1月から2011年8月までの間に、日中経済協会の日中経協ジャーナルとみずほコーポレート銀行のMIZUHO CHINA

# はじめに

　MONTHLY（旧称 MIZUHO CHINA REPORT）に寄稿した記事等を再編集して最新法規に合わせて加筆修正したものです。

　これらの記事の多くは、中国の財政部と国家税務総局が公表したその当時の改正法規の紹介となっており、この7年間にわたる会計と税務のトピックスが主な構成内容となっています。ただし、本書の内容は2011年9月9日現在までに公表された中国政府の会計税務法規に基づいて作成されています。

　本書にはかなり専門的なものも含まれていますが、会計税務に直接関係しない現地法人のトップマネジメントの方々、日本本社の管理担当者の方々を想定して、なるべく平易な言葉でその時々の会計税務のトピックスを解説したものであり、中国会計税務の入門書として位置付けています。この入門書をきっかけにしてさらに専門的な実務書に入っていただければと思います。

　本書では、本文のほかにコラムと用語解説を設けて、現地の実情と基礎知識を理解していただくとともに、本文のみを直接読んでも先に進むことができるように編集されています。

　おわりに、長い間私を支えてくれた家族と本書の出版にご尽力をいただいた千倉書房の皆様に心から感謝の意を表し、本書が日本と中国の健全な経済関係の発展のお役に立つことができれば、著者としてこれ以上の喜びはありません。

　　　2011年9月9日

　　　　　　　　　　　　　　　　　　　　　　　近　藤　義　雄

# 第Ⅰ部 会　計

## ❶ 会計基準の最新動向 ────────── 3
　1　中国の会計制度　4
　2　中国の新企業会計準則とは？　5
　（IFRSの国際的な動向）8
　（中国連結子会社の財務諸表作成）14
　3　中国の新会計準則は3部構成　16
　4　中国の新会計準則はIFRSとどこが違うの？　17
　（IFRSと相違しないとされている5ヶ所）18
　5　財務諸表の修正はどうするの？　19
　6　財務諸表の修正は誰がするの？　20
　（新会計準則の実施状況はどうなっているの？）22
　（大中型企業と小型企業の区分基準）26

## ❷ 新会計準則への移行 ────────── 29
　1　新会計準則と企業所得税とのズレ　30
　2　新会計準則と増値税とのズレ　33
　3　中国の売上計上基準　35
　（日本の売上計上基準）37
　4　中国の時価主義会計　38
　（日本の金融商品会計）41
　5　棚卸資産の会計基準　43
　（日本では棚卸資産の会計基準はどうなっているか？）47
　（棚卸資産：中国の新会計準則と国際会計基準とではここが違う）48
　6　固定資産の減価償却方法　49
　7　ファイナンスリース　52
　（日本のリース会計基準は中国とここが違う）58
　8　長期持分投資　59

9　減損会計　60
　　10　未収債権と貸倒引当金　63
　　11　税効果会計　69
　　12　中国のM&A会計基準　72
　　13　のれんの会計処理　76

## ❸ 新会計準則と税務処理　———————————— 79
　　1　セールス＆リースバックの会計と税務　80
　　2　立退補償金（政府補助金）の会計と税務　85
　　　（政府補助金の会計処理：企業会計制度と新会計準則とではここが違う）　87
　　3　ポイントの会計と税務　91
　　4　委託貸付金の会計と税務　94
　　5　為替予約の会計処理　98
　　　（日本の為替予約の会計処理）　104
　　6　ファクタリングの会計処理　105
　　7　ストックオプションの会計処理　109

# 第Ⅱ部　税　務

## ❶ 税制と税法改正　———————————————— 117
　　1　中国の税収と税制　118
　　2　最近の税制改正　120
　　　（2011年経済体制改革と税法改正）　124
　　　（生産性サービス業の財税政策）　125
　　　（2010年経済体制改革と不動産税制改革）　128

## ❷ 企業所得税　————————————————— 133
　　1　居住企業　134
　　2　居住企業と非居住企業の課税　136
　　　（機構・場所）　138

ii

3 恒久的施設（PE）　139
（最近、中国では役務（サービス）PE 課税が強化）　142
（役務（サービス）PE 課税）　143
4 課税所得と税率　145
5 優遇税制　146
6 確定申告の留意事項　149
7 固定資産の見積残存価額　151
8 賃金給与の損金算入　152
9 企業所得税の申告納付　154
（四半期予納申告導入は地方財源調整のため）　155
（企業所得税の電子申告納税）　156
10 総合申告納付の方法　157
11 外国税額控除制度　158
12 外国税額控除の適用範囲　159
13 直接外国税額控除と間接外国税額控除　161
14 外国税額控除の限度額：国別限度額方式と一括限度額方式　162
（国別の控除可能な間接税額）　164
15 租税回避対策税制の導入　168
16 移転価格税制　168
（高進低出とシークレット・コンパラブル）　170
17 移転価格税制、日本と中国はここが違う　171
18 移転価格文書　173
19 事前価格確認制度　176
20 中国の企業再編　178
（企業再編税制の2つの規定）　179
21 日本の税制改正による影響Ⅰ：中国子会社の配当免税制度　183
22 日本の税制改正による影響Ⅱ：タックスヘイブン税制との関連　187
23 日本の税制改正による影響Ⅲ：グループ法人税制　189
24 日本の税制改正による影響Ⅳ：統括会社　191
（日本と中国の税制改正）　192

## 3 個人所得税 —————————————— 195

1 個人所得税とは？ 196
2 納付期限 198
3 納税義務者 199
4 短期滞在者の免税 202
5 滞納金と罰金と時効 204
6 個人所得税の自己申告義務 205
　（２ヶ所以上から賃金給与所得を取得する場合）208
7 中国国外源泉所得 210
8 給与所得課税 211
9 賞与課税 216
　（賞与課税の遷り変わり）217
10 退職金課税 219
11 日本と中国では「役員」の考え方が違う 223
12 日本人派遣者の役員課税 224
　（日本の確定申告と中国の自己申告）226
13 源泉徴収制度の徹底 227
　（外国人のタンアン制度）229

## 4 増値税・営業税・消費税 —————————————— 231

1 増値税と営業税 232
2 発票とは何か？ 235
3 専用発票の廃棄処理 240
4 赤字専用発票 242
5 専用発票の紛失 244
6 専用発票の虚偽問題 246
7 増値税の一般納税者と小規模納税者 247
8 小規模納税者の増値税負担は大きい 248
9 代理購入行為と代理販売行為 250
10 輸出還付免税政策 254

（増値税の負担コストが増加しつつある！）258
　11　納税額と還付税額の計算　260
　12　輸入設備の免税政策　262
　（投資総額の免税適用要件）263
　13　重大技術設備装置産業の輸入免税政策　265
　14　農産物と仕入増値税　266
　15　農産物買付にあたっての発票の扱い　268
　（買付証憑の税務問題）270
　16　逆鞘取引　271
　17　逆鞘取引と税務問題　273
　18　値引きと割戻し　275
　19　店舗リースと連合経営（聯営控点）　276
　20　ソフトウェア製品の増値税課税　277
　（ライセンス使用料について二重課税の疑問）278
　21　分公司と増値税　280
　22　本支店間のみなし販売　282
　23　増値税の申告手続の電子化　284
　（中国の e-tax と金税工程）285
　24　営業税の国内役務課税　287
　25　消費税の概要　291

# 5 その他の税制と税法 ——————— 293

　1　中国の投資規制　294
　（中国企業の IPO）296
　（非流通株式の流通化改革）297
　2　中国の証券税制　298
　（H 株取引と税金）301
　3　中国の不動産税制　303
　4　房産税の改革　306
　（上海市の房産税改革）307

5 個人住宅の課税と減免税　309

6 都市擁護建設税と教育費附加　311

7 印紙税　314

8 不動産と営業税　318

9 契税　319

10 土地使用税　321

11 土地増値税　323

12 耕地占用税　325

13 車輛購入設置税と車輛船舶税　327

（日本と中国の e-tax）329

---

## 用語解説

国際会計基準…8
関連当事者と政府関連当事者…11
企業所得税のみなし販売…34
増値税のみなし販売…34
IFRS の「収益」…35
金融商品会計基準…39
未償却原価…41
企業所得税の加速減価償却…49
見積将来キャッシュフロー…62
貸倒引当金計上の要件…65
税効果会計…70
共通支配下の企業結合と
　非共通支配下の企業結合…74
持分プーリング法…74
パーチェス法…74
セールス＆リースバック取引…80
過少資本税制…98
ヘッジ会計…101
ファクタリング…106
ストックオプション…110
生産型増値税と消費型増値税…123

設立登記地基準…135
本店所在地基準…135
管理地支配基準…135
小型薄利企業…146
高度新技術企業…146
合理的賃金給与…153
外国税額控除…159
企業年度関連取引報告表と同期資料…174
タックスヘイブン税制…188
外国関係会社と特定外国関係会社等…188
183 日基準…203
国外雇用主支給基準…203
恒久的施設負担基準…203
進料加工と来料加工…255
輸出 FOB 価格…256
外国政府借款および
　国際金融組織借款プロジェクト…265
買付証憑…268
混合販売行為…277
中国の行政単位…281
H 株とレッドチップ株…300

# 第Ⅰ部 会　計

第１章

# 1 会計基準の最新動向

第Ⅰ部　会計

# 1 中国の会計制度

**Point!** 会計制度の仕組みを体系的に理解しよう

　中国の会計制度は、会計法の下に企業財務会計報告条例と企業会計準則があり、企業会計準則には現行の企業会計準則（現行会計準則）と新企業会計準則（新会計準則）があります。現行会計準則の下には企業会計制度があり、企業会計制度には金融企業会計制度と小規模企業会計制度があります。現在、ほとんどの外国投資企業（合弁企業、合作企業、外資企業）には現行会計準則と企業会計制度が適用されていますが、一部地域の大中型外国投資企業には新会計準則が適用されています。

図表Ⅰ－1　会計制度の仕組み

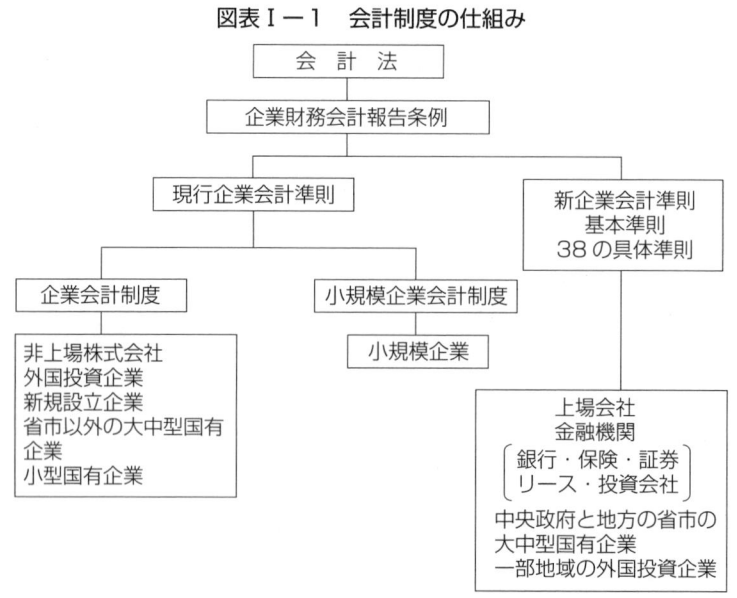

4

# 2 中国の新企業会計準則とは？

**Point!** 現行の企業会計制度と新企業会計準則とが並存しているので注意！

2006年2月に財政部から新会計準則が公布されました。新会計準則は、基本準則と38個の具体準則から成っています。

**新会計準則を適用した企業には、企業会計制度と現行会計準則は適用されません。**したがって、これまで企業会計制度を適用していた外国投資企業は従来どおり現行会計準則を適用することになります。

2011年現在、新会計準則が強制適用されている日系の外国投資企業は次のとおりです。

図表Ⅰ-2 会計法規の概要

| 会計法規 | 制定年度 | 適用開始年度 | 改正点と適用企業 |
|---|---|---|---|
| 会計法 | 1985年-1999年 | 1985年開始 | 財務諸表の虚偽表示 |
| | | 2000年改正 | 公認会計士の虚偽証明<br>企業内部統制の脆弱性 |
| 企業財務会計報告条例 | 2000年 | 2001年開始 | 会計法の改正により制定 |
| 現行企業会計準則 | 1992年-2001年 | 1993年以降 | 資本主義会計への転換 |
| 企業会計制度 | 2000年 | 2001年開始 | 株式会社 |
| | | 2002年開始 | 外国投資企業 |
| | | 2003年開始 | 新規設立企業、国有企業等 |
| 小規模企業会計制度 | 2004年 | 2005年開始 | 小規模企業 |
| 新企業会計準則 | 2006年2月 | 2007年開始 | 上場会社（国内と海外） |
| | | 2008年開始 | 金融機関（外資系含む） |
| | | | 深圳市、山西省、雲南省等の大中型の全ての企業（外国投資企業を含む） |
| | | 2009年開始 | 農村商業銀行 |

第Ⅰ部　会計

| 2007年から適用 | 日系上場会社 |
|---|---|
| 2008年から適用 | 日系金融機関（銀行、リース会社、保険会社、財務公司等） |
| 2009年から適用 | 深圳市、山西省、雲南省等の一部地域の大中型外国投資企業 |

　外国投資企業には新会計準則の早期適用が奨励されていますが、一部の地域については外国投資企業を含むすべての大中型企業に新企業会計準則が強制適用されています。中国政府財政部の新会計準則のロードマップによれば中国全土の大中型企業に新会計準則が強制適用される予定です。

　ただし、新会計準則の強制適用は各地方政府が責任を持って進める体制にあり、企業が所在する地方政府がその地域内の外国投資企業を含むすべての大中型企業に強制適用するかまたは大中型国有企業のみに強制適用するかで状況は異なっています。

　例えば、2009年に深圳市のすべての大中型外国投資企業に強制適用されたのをはじめとして、雲南省、山西省、湖北省、広西チワン族自治区、青島市等においても非上場の大中型企業に新会計準則が強制適用されています。

　これに対して、北京市、江蘇省、浙江省、広東省等においては外国投資企業と民間企業を除いた大中型国有企業に新会計準則が強制適用されており、新会計準則の強制適用については地方政府で取り扱いが異なっています。また、これらの各地方政府の決定がどの程度本格的に実施されているかも地方によって様々です。

　いずれにせよ、**日系現地法人のうち大中型企業に該当する外国投資企業については、新会計準則の適用がいつ実施されてもおかしくありません**ので、新会計準則の概要をご紹介します。

## Point! 新会計準則ではIFRSに合わせて時価を多用

　新会計準則は、現行会計準則と比べてさらに国際会計基準（国際財務報告基準）に近い内容となっています。

　新基本準則は、現行の基本準則と比べてその内容が一新されています。新基本準則は総則、会計情報の品質要件、資産、負債、所有者持分、収

図表 I-3　会計測定基準

| 測定基準 | 説　明 |
|---|---|
| 歴史的原価（取得原価） | 資産を購入する時には支払った現金（手許現金と要求払預金）および現金同等物（換金可能性の高い価格変動が僅少な短期投資等）、または交付した対価の公正価値で資産の帳簿価額を計上する。 |
| 再調達原価 | 例えば、同一または類似の資産を現時点で購入するのに必要な現金または現金同等物の金額と定義されている。すなわち、資産の金額を決定するときに現在購入したらいくらになるかという金額。 |
| 正味実現可能価額 | 例えば、製品を販売した時に受け取る現金または現金同等物に見積追加原価を加算して見積販売費用等を差し引いた金額。 |
| 現在価値 | 例えば、資産を将来的に保有して最終的に処分する場合に、その資産が生み出す将来のネットキャッシュフローイン（キャッシュの純収入額）の見積金額を現在価値割引率で計算した金額を指す、新企業会計準則ではこのネットキャッシュフローによる現在価値も本格的に導入している。 |
| 公正価値 | 公平な取引において状況を熟知している取引の両当事者が自ら取引を行った時の金額と定義されているが、簡単に言えば、市場価格等を指している。 |

入、費用、利益、会計測定、財務会計報告書、附則の11章で構成されており、国際会計基準審議会（IASB）が公表している「財務諸表の作成及び表示に関するフレームワーク」の構成に近い内容となっています。

　特に注目すべき点は新基本準則第9章の会計測定で規定されている測定基準です。すなわち、資産と負債の測定基準として、歴史的原価（取得原価）、再調達原価、正味実現可能価額、現在価値、公正価値が定義されています。

　新会計準則では公正価値という耳慣れない用語が頻繁に出てきます。現行会計準則でも公正価値の概念は使用されていますが、**新会計準則の特徴は、今までにも増して公正価値を本格的に導入したことです**。このように新会計準則ではいわゆる時価すなわち再調達原価、正味実現可能価額、現在価値、公正価値が多用されていますが、同時に中国の実情に合わせた配慮も行われています。

# 第Ⅰ部　会計

### 国際会計基準

　国際会計基準、すなわち国際財務報告基準とは、International Financial Reporting Standards（IFRS）のことで、国際会計基準審議会（International Accounting Standards Board、以下、IASB）によって制定された会計基準の総称です。世界的に見て IFRS の採用については、自国の会計基準そのものを IFRS に修正するコンバージェンス（収斂）の方法と、自国の会計基準はローカル基準として個別財務諸表や税務目的に適用し、上場会社の財務諸表に対してのみ IFRS を直接採用するアドプションの2つの方法があります。

## IFRS の国際的な動向

◎アドプションかコンバージェンスか？

　最近の世界各国の会計基準の IFRS への統一については新たな動向が生まれています。一部の発展途上国では自国の会計基準を IFRS にコンバージェンス（収斂）させるのではなく、IFRS を直接自国の会計基準としてアドプション（採用）する傾向があります。また、米国の SEC（証券取引委員会）は2007年に SEC に登録する外国企業に対して IFRS に準拠した財務諸表を米国基準への調整なしで受け入れることを提案しました。この米国の動きはコンバージェンスからアドプションへ移行する世界の動向を反映していました。

　コンバージェンスでは次々と修正される IFRS の新会計基準に迅速に対応できなくなり、新たな会計の潮流を主導することは困難です。むしろアドプション（直接採用）することにより、世界の会計の主導権を握ったほうが良いとする考え方でした。米国の財務会計基準審議会（FASB）は、国際会計基準審議会（IASB）と合意した会計基準について共同で開発して、米国の主張を取り入れた新たな会計基準を設定して IFRS のアドプションにつなげる予定でした。

　しかし、最近ではまた新たな変化が芽生えています。米国 SEC は2011年5月に「国際財務報告基準の米国企業の財務報告システムへの組込みの検討に関する作業計画」を公表しました。この作業計画では、IFRS の将来的なアドプションと同時に米国会計基準も維持して、特に小規模企業の移行コストを最小化させるために IFRS を米国会計基準に組み込んでいく方法も併用

されることになりました。すなわちアドプションとコンバージェンスの併用です。

FASBはIFRSのアドプションについても公益または投資家保護のためにIFRSを修正する権限を維持します。また、IFRSを一度に初度適用するのではなく、コンバージェンスによって5年～7年の移行期間に段階的に米国会計基準とIFRSの差異を解消しながら、最終的に米国企業は米国会計基準に準拠するとともにIFRSにも準拠する状態にすることが予定されています。

◎日本のIFRS強制適用はいつか？

日本では、企業会計審議会が2009年6月30日に、「我が国における国際会計基準の取扱いに関する意見書（中間報告）」を発表して、日本の会計基準のコンバージェンス作業を継続すると同時に、上場会社の連結財務諸表に対してはアドプション、すなわちIFRSを直接採用する方法を選択肢にいれた将来展望を示しました。

この中間報告では、まず、コンバージェンスについては、日本は2007年8月のIASBとの東京合意により、日本基準とIFRSとの重要な会計基準の差異については2008年までに解消したことを報告し、残りの会計基準差異については2011年6月末までに解消する予定であることを報告しています。このほか、IASBが現在改定を検討している国際会計基準のうち2011年6月以降に適用される会計基準（前述した改定プロジェクト）についても、その新基準が適用される時点でその新基準による国際的なアプローチが日本で受け入れられるようにIASBと緊密に作業を進めることが合意されています。

日本ではIFRSのアドプションも同時に検討されており、IFRSを直接採用することは企業の国際競争力を強化するとの観点から、日本の上場会社は2010年3月期の連結財務諸表からIFRSの任意適用が認められています。IFRSの将来における強制適用については、米国でのIFRSへの移行が2014年から2016年と想定されていること、日本では強制適用を判断してから3年の準備期間が必要とされていることから、2012年にIFRSの強制適用を判断することとし、強制適用を決定した場合には、2015年または2016年がIFRSの適用開始となることが想定されています。

しかし、米国SECが2011年5月にアドプションと同時に、米国会計基準のIFRSへのコンバージェンスの併用を打ち出したこと、さらには、このために一定の移行期間として5年～7年を予定していることが発表されたこと

もあり、日本でも企業の負担の大きいアドプションの方法について見直しの議論が起こっています。

◎**中国はコンバージェンスを持続的に推進**

中国財政部は 2008 年までコンバージェンス（中国語では統合）かまたはアドプション（直接採用）かについては言明を避けていましたが、2009 年 9 月に中国政府財政部は「中国企業会計準則と国際財務報告基準のコンバージェンスの全面的持続のためのロードマップ」の公開草案を公表し、2010 年 4 月にこのロードマップを若干修正して正式に発表しました。

ロードマップでは、自国の会計準則と国際会計基準とのコンバージェンスを持続的に推進する立場を堅持することを初めて表明しました。中国財政部としては、コンバージェンスを進めていても国際会計基準の改定について積極的に参加して影響を与えることができると考えています。例えば、2009 年 11 月に改定された「関連当事者についての開示」（IAS 第 24 号）について言えば、改定前の規定では、政府が支配または実質的な影響を有する企業については、その政府によって支配または影響を受けている他の企業との間の取引すべてについて情報開示しなければならないとされていました。

これに対して中国では国有企業と国家資本が主要な地位を占める政府関連企業が比較的多く、すべての政府関連企業は相互に密接な関係を持っているため、国有企業等がすべての政府関連企業との取引情報を開示すると膨大な数の関連企業の情報開示が必要となります。したがって、新会計準則では形式的には同一の政府の支配を受けているが、実質的な支配関係が存在しない企業については関連当事者とは認定していません。

IASB は、国有経済から民間経済への移行過程にある中国、ロシア、東欧等の諸国から、政府関連企業の取引情報の開示を免除するように要請を受けて、改定後の「関連当事者についての開示」（IAS 第 24 号）では、報告企業は支配または実質的な影響を有する政府との取引、同一政府に属する政府関連企業との取引について情報開示が免除されました。このように中国政府は自国の実情に合わせて積極的に IFRS への提言を行って、IFRS の改訂に中国政府の意見を反映させています。

◎**中国が IFRS に敏感に反応する背景は？**

中国財政部としては、このように IFRS の改訂作業に積極的に参加して影

## 1 会計基準の最新動向

> ### 関連当事者と政府関連当事者
>
> 　国際会計基準第24号「関連当事者についての開示」では、関連当事者とは財務諸表を作成する企業（報告企業）と関連のある個人または企業をいいます。個人または個人の近親者が、報告企業を支配または共同支配している場合、報告企業に重要な影響を有する場合、報告企業またはその親会社の経営幹部の一員である場合には、その個人または個人の近親者は関連当事者になります。
>
> 　企業については、報告企業と企業が同一グループの一員である場合、一方の企業が他方の企業の関連会社またはジョイントベンチャーである場合、双方の企業が同一の第三者のジョイントベンチャーである場合、一方の企業が第三者企業のジョイントベンチャーであり、他方の企業がその第三者の関連企業である場合、報告企業を支配または共同支配している個人が、その企業を支配または共同支配しているか、またはその企業に重要な影響を有しているか、またはその企業の経営幹部である場合には、その企業は報告企業の関連当事者になります。
>
> 　報告企業は、関連当事者間との取引、未決済残高、取引の内容を開示しなければなりませんが、2009年の基準改訂により、関連当事者と政府関連企業との取引と未決済残高については開示が免除されることになりました。政府関連企業とは、同一の政府が報告企業と他の企業の両方に対する支配、共同支配または重要な影響力を有しているために関連当事者となっている他の企業をいいます。
>
> 　ただし、政府関連当事者については政府の名称と報告企業との関係の内容を開示し、政府関連当事者と個別に重要な取引があれば、その取引の内容と金額は開示する必要があります。

響力を行使するとともに、あくまでも自国の会計準則をコンバージェンス（統合）するだけとし、IFRSのアドプション（直接採用）は採用しない方針です。2010年4月に発表された財政部会計司の司長によるロードマップの解説「我国の会計準則の国際的なコンバージェンスにより深化する発展段階」では、次のように述べています。

> 　ロードマップは我国の会計準則の国際的なコンバージェンスの基本的立場を明確にした。すなわちコンバージェンスを堅持するということはアドプションしないという立場であり、「コンバージェンスは同等に等しいということではなく、コンバージェンスは相互に働きかけるものでなくてはならない」という原則を堅持するものであり、これは我国の特別な政治、経済、法

# 第Ⅰ部 会計

律および文化の環境によって決定されるものであり、現在の我国の会計法等の法律構造と監督管理の要請に適合するものである。

　このような中国財政部の考え方の基本には、**中国は新興市場経済国家であり、先進国の市場経済とは異なったメカニズムが存在しているという状況が**あります。例えば、中国の証券市場を見れば、同一の会社であっても、A株（国内人民元株）、B株（海外外貨株）、H株（香港株）等の株価には差異があります。新規公開株式の株価とその後の流通市場の株価との間にも大きな相違が存在します。中央政府の政策に敏感に反応し、個人投資家の動向に左右される株価は日常的に短期間に大幅に変動しています。

　**このような新興市場経済国家としては、例えば公正価値の測定についても先進国の市場経済に基づく測定手法をそのまま導入することはできません。**中国は先進国ではなく新興市場経済国家に適用可能な公正価値の実行可能な決定方法を提案する予定です。

　また、財務諸表についても中国の経済社会の実態を反映した会社法と会計法に基づいて財務諸表の表示方法が法制化されており、改定後のIFRSが要求する新しい財務諸表の表示方法は必ずしも中国の既存の関連法規に適合するとは限りません。中国財政部としては、現行の財務諸表の表示と項目は実務で良好に行われており、大きな修正を行う必要性はなく、財務諸表に重要な改正を行うことは法的に重大な障害が発生するかもしれないとしています。

　このように中国財政部は、自国の会計基準のコンバージェンスは、中国の政治、経済、法律、文化等に基づいて行われるべきであり、コンバージェンスは自国の会計準則がIFRSと等しくなるということではなく、自国の会計基準とIFRSの両方に相互に働きかけるものであることを強調しています。

◎**中国の日系子会社にもIFRSに準拠した新会計準則が強制適用される見込み**

　中国財政部は2009年9月に新会計準則のロードマップの公開草案を発表して、2010年4月に正式発表しました。2009年9月の公開草案では、中国財政部は2010年から新会計準則をIFRSの改訂に全面的にコンバージェンスするための修正作業を開始して2011年までにこれを完成し、2012年からすべての大中型企業に対して修正後の新準則を適用することを表明しています。

　しかし、2010年4月に発表された正式なロードマップでは2011年末までにIFRSの改訂に応じて新会計準則の修正を行うことは記述されています

# 1 会計基準の最新動向

が、2012年から修正後の新会計準則をすべての大中型企業に適用する旨の記載はありませんでした。その後、IFRSの改訂作業も2011年6月を期限としていましたが一部の改訂計画は延期されています。

前述したような中国と日本のロードマップを比較すると、**日本企業の中国子会社（大中型企業）は2012年以降にIFRSと同等の新会計準則が強制適用される見込み**になります。ただし、**地方政府の状況によって外国投資企業への強制適用は異なりますので、実際に強制適用されるかどうかは各地方政府の財政局の関係通知を確認する必要があります**。また、関係通知が公表されても実際に実施されるかどうかもその地方政府の状況によりますので慎重に対応する必要があります。

中国子会社の日本親会社が上場会社である場合には、2010年3月期の連結財務諸表からIFRSを任意適用することができ、2015年から2016年までにはIFRSが強制適用される可能性もあります。なお、日本の連結財務諸表規則によると、IFRSを任意適用する日本の上場会社は、資本金が20億円以上の外国連結子会社を有する会社等とされています。

仮に2015年3月期がIFRSの強制適用年度となった場合には、2期の連結財務諸表が必要なため実質的なIFRS移行日は2013年4月1日となり、中国子会社も2013年4月1日または2013年1月1日がIFRSへの移行日となります。

中国財政部のロードマップの公開草案では、中国子会社（大中型外国投資企業）は2011年まで現行の企業会計制度または修正前の新会計準則（一部地域）が適用され、2012年には修正後の新準則に移行することになります。なお、IFRSの改訂作業が遅れていますので中国の新会計準則の修正作業も2012年以降になることが予想されます。

中国のロードマップに変更がなければ、中国ではIFRSの直接採用は予定されていませんので、中国子会社は2012年以降に新会計準則で個別財務諸表を作成しなければなりません。中国子会社は、2013年以降は新会計準則で個別財務諸表を作成しながら日本の連結親会社のためにIFRSベースで連結パッケージを作成するか、日本親会社が自ら中国子会社のIFRSベースの個別財務諸表を作成する必要があります。

日本親会社が非上場会社で、連結財務諸表を作成しているならばIFRSの選択適用が認められる可能性があります。日本親会社が非上場会社で連結財務諸表の作成義務がない場合には、2011年までにコンバージェンスされた

13

日本の会計基準等が日本親会社に適用されます。中国子会社はロードマップのとおり、2011年まで現行の企業会計制度または地方政府の財政局の規定により新会計準則が適用されるか、2012年以降に新会計準則が適用される可能性があります。

## 中国連結子会社の財務諸表作成

◎第1四半期財務諸表

　日本の上場会社は、平成20年4月1日以後開始する連結会計年度から、中国の連結子会社の財務諸表を国際財務報告基準（IFRS）または米国会計基準に準拠して作成しなければなりません。同時に、平成20年4月1日以後開始する事業年度から四半期報告制度が適用されましたので、上場会社は毎年4月から6月までの第1四半期について、四半期終了後45日以内に第1四半期の連結財務諸表を作成する必要があります。

　一般的に、日本の上場会社の事業年度は4月1日から翌年の3月31日であり、中国の連結子会社の事業年度は1月1日から12月31日ですので、日本の上場会社の第1四半期に当たる中国子会社の第1四半期は、1月1日から3月31日までとなります。

　中国子会社の第1四半期財務諸表をIFRSに準拠して作成する場合は、「国際財務報告基準の初度適用」（IFRS第1号）により、まず移行日現在の開始貸借対照表をIFRSに準拠して作成します。

　中国子会社は前年度の財務諸表を翌年3月までに董事会で承認しなければなりません。この董事会による決算書類の承認が終わったところで、中国の企業会計制度に準拠して作成された前年12月31日現在の貸借対照表を、翌年1月1日移行日現在でIFRSに準拠した開始貸借対照表に修正することになります。

◎IFRS初度適用による開始貸借対照表

　中国子会社がIFRS開始貸借対照表を作成する時は、企業会計制度による会計処理とIFRSによる会計処理が相違する部分については、過年度に遡及して企業会計制度による損益をIFRSによる損益に修正しますので、開始貸

借対照表の期首利益剰余金は修正されることになります。

IFRSの初度適用の方針は、原則として会計処理の相違はすべてIFRSによって遡及的に過年度の損益すなわち期首利益剰余金を修正するものとしています。なお、費用対効果の観点から任意にIFRSの遡及適用を除外できる項目と逆に遡及適用が禁止されている項目の2種類の例外規定が設けられていますが、一般の外国投資生産企業である中国連結子会社については、これらの例外規定が適用される事例は少ないものと思われます。会計基準の相違が存在する場合にはIFRSによって移行日現在の期首利益剰余金を修正することになります。

このように中国連結子会社の個別財務諸表がIFRSに準拠して作成されることによって、中国子会社の期首利益剰余金は遡及的に修正されます。また連結会計年度の損益も企業会計制度による損益からIFRSによる損益に修正されますので、中国連結子会社の個別損益が重要な影響を持っている場合には、日本の上場会社の第1四半期の連結利益剰余金はIFRS準拠による重要な影響を受けることになります。中国連結子会社に重要性がなければその影響も大きくはありません。

◎企業会計制度とIFRS

中国の企業会計制度とIFRSとの会計基準の相違項目は、一般の外国投資生産企業に関係する棚卸資産、固定資産、無形資産、資産の減損、従業員給付、偶発事象、収入（収益）、借入費用、所得税、外貨換算、リース、金融商品（金融資産と金融負債）に限ってみても100項目ほどあります。

もちろん、この相違項目の数はどこまで詳細に見るかまたは大雑把に見るかによって異なってくるものであり、また、会社の状況によって実際に該当する相違項目はかなり限定されるものとなります。

しかし、制度的には、このように企業会計制度とIFRSの会計処理の相違を実務レベルで実際にどこまで正確に把握し、IFRSに準拠した財務諸表を作成することができるかということについては、かなり困難な問題が存在しているものと思われます。

中国の会計法規の要請による財務諸表の作成ではなく、日本の上場会社の連結財務諸表作成のために中国子会社の個別財務諸表をIFRSに準拠して作成するだけですので、中国子会社で実際に経理業務を担当する者がこれに十分に応えることのできる体制が自然に整えられる環境にはありません。

第Ⅰ部　会計

> 　実際には、IFRSを知悉している経理担当者が少ないかまたはいない状況もありますし、また、中国子会社の作成した連結パッケージをレビューまたは監査する中国国内の会計事務所の人員が十分に整っているとは限りません。
> 　中国国内の企業の決算期はほとんどすべて12月末に集中していますので、中国の大手会計事務所は、中国国内上場会社の監査を優先する傾向にあり、プライベートカンパニーである外国投資企業の監査は二の次になります。
> 　また、中国国内の中小会計事務所については上場会社の監査を担当していれば、中国の新会計準則の実務を経験していますが、新会計準則とIFRSとの間でも会計基準の相違が存在します。IFRSに準拠した財務諸表を見るときには新会計準則からIFRSへの移行による会計基準の相違も理解していなければなりません。
> 　このように中国連結子会社がIFRSに準拠した財務諸表を作成して日本の上場会社に連結パッケージを送付するには、これに応えることのできる体制を確立する必要があります。

# 3 中国の新会計準則は3部構成

## Point! 新しい会計準則はまだ生成途上

　ロードマップの公開草案の解説では、現在の新会計準則は、基本準則、具体準則、応用指南の3部で構成されていますが、実際には個別の会計基準を制定する具体準則とそのガイダンスとしての応用指南が必ずしも整然と区別されていません。一部の重要な会計基準が応用指南に含められており、会計基準は具体準則と応用指南に混然一体となって規定されています。

　今後の改定作業では、基本準則は修正する予定がありませんが、具体準則と応用指南についてはIFRSの改定に合わせてその内容を一新するとともに、これまで応用指南に含められていた会計基準はすべて具体準則に融

合して一体化することになります。
　また、現在の新会計準則については、財政部から別途「企業会計準則講義解説」という会計基準の解説書とガイドラインと事例解説書を合わせたような出版物が発行されていますが、改訂後の会計準則についてはガイドラインと事例解説を合わせた指南または応用指南（ガイドライン）が制定される予定です。
　このように2011年末までに改定が予定されている新会計準則は、基本準則、現在の具体準則と応用指南を一体化した具体準則、ガイドラインと事例解説を合わせた応用指南の3部構成となります。ただし、前述したようにIFRSの改訂作業の遅延に合わせて新会計準則の改訂予定も変更される可能性があります。

# 4 中国の新会計準則はIFRSとどこが違うの？

### Point! 減損戻し処理ができない点に注意！

　中国の企業会計準則委員会の認識によれば、中国の新会計準則とIFRSとの間には次のような重要な相違点があります。
　IFRSでは資産を減損処理した後に資産の価値が回復した場合、一旦減損処理した損失の戻し処理を行わなければなりませんが、中国の会計基準では固定資産と無形資産については減損の戻し処理が認められていません。
　新会計準則では金融資産の減損については戻し入れ処理を認めていますが、非流動資産の減損については戻し入れ処理を認めていません。なお、日本の会計基準では、金融資産と固定資産の減損について戻し入れ処理を認めていません。IFRSでは減損の戻し入れ処理を認めており、IFRSとの同等性に抵触する問題となっており、日本と中国の減損の戻入れ処理については将来的に修正が必要です。

# IFRS と相違しないとされている 5 ヶ所

　企業会計準則委員会によれば、次の相違点は IFRS との重要な相違点には該当しないものとしています。

① 共通支配下の企業結合における持分プーリング法の適用

　IFRS では、共通の支配下にある企業集団内での企業結合（合併、買収等）についての会計基準は設定していません。中国は国有企業改革もあり、共通支配下の企業結合について規定する重要性がありますので、共通支配下の企業結合について、資産負債の簿価引継ぎを認める持分プーリング法の適用を規定しました。この会計基準は IFRS が設定していない分野ですので、重要な相違点にはならないとしています。

　なお、日本の会計基準は、IFRS がパーチェス法の適用のみを求めている企業集団外の企業結合についても、一部に持分プーリング法の適用を認めていましたが、IFRS とのコンバージェンスの象徴的障害となっていたため、平成 20 年(2008 年)の会計基準の改正で持分プーリング法は廃止されました。

② 公正価値の測定

　IFRS では、公正価値（時価）の広範な適用が求められていますが、中国は新興の市場経済国家として活発な市場がまだ十分に形成されていないため、公正価値の採用は活発な市場の存在と信頼しうる程度の測定可能性がある場合に限定しています。これは中国国内経済の実情に基づくものとして会計基準の重要な相違点とはならないものとされています。

③ 売却目的保有の非流動資産と廃止事業

　IFRS では、企業経営者が非流動資産の売却を決定した時は、その帳簿価額と売却費用控除後の公正価値とのいずれか低い金額で、売却保有目的資産として計上し、減価償却等は中止するものとされ、廃止事業による損益やキャッシュフローは廃止事業として報告されなければなりません。中国会計基準では、この基準に相当する会計基準はありませんが、他の会計基準によって類似の効果を得ているものとしています。

**1 会計基準の最新動向**

④ **従業員給付と退職給付**

　中国では、社会保険制度としての基本養老保険、補充養老保険等はありますが、企業の退職給付制度はありません。したがって、IFRSで設定している従業員給付と退職給付制度に関係する会計基準は設定されていません。

⑤ **超インフレ経済下における財務報告**

　現行の中国経済下では、超インフレ経済の発生は有り得ないものとしてIFRSが設定している「超インフレ経済下における財務報告」は該当する会計基準を設定していません。国際会計基準審議会の指摘により、中国国外の超インフレ経済下における会計処理については、外貨換算の会計基準とその応用指南で規定しています。

# 5 財務諸表の修正はどうするの？

## Point! 遡及修正法と将来適用法という2つの方法

　新会計準則が新たに適用される場合には、その適用開始年度期首の貸借対照表を作成しなければなりません。

　例えば、2012年1月1日から適用開始するとすれば、2012年1月1日現在の開始貸借対照表は新会計準則で作成します。2011年12月31日の貸借対照表は現行の企業会計制度と現行会計準則で作成されますので、2011年期末の貸借対照表と2012年期首の開始貸借対照表はまるで違った期末残高と期首残高になります。

　この会計基準の移行による財務諸表の修正方法には、過年度の財務諸表そのものを修正して再表示する遡及修正法と、過年度の財務諸表は修正しないで適用開始年度後の会計処理のみ新会計準則を適用する将来適用法の

2つがあります。
① **遡及修正法を採用した場合**：例えば、2011年期末の利益剰余金が修正されるとともに、2012年期首の利益剰余金も修正されます。
② **将来適用法を適用した場合**：2011年期末の利益剰余金は修正しないで、2012年1月1日以降に発生する取引に対して新会計準則を適用して処理します。

新会計準則では、遡及修正法を適用する会計項目と将来適用法を適用する会計項目を区分しています。例えば、遡及修正法を適用する会計項目としては、長期持分投資、投資不動産（公正価値モデル）、資産除去費用、従業員給付、企業年金、株式給付、見積負債、所得税、企業結合、金融資産、金融負債、金融派生商品、複合金融商品等があります。将来適用法を適用すべき会計項目としては、借入費用、無形資産、開業費、従業員福利費等があります。

# 6 財務諸表の修正は誰がするの？

**Point!** 日本人は中国会計を知っているとは限らず、中国人はIFRSを知っているとは限らない

中国子会社の財務諸表をIFRSに準拠した財務諸表に修正する業務は、第一義的には、中国子会社の経理部門が行うことになります。中国子会社を監査している現地の会計事務所が財務諸表の作成に協力することはできません。自ら作成した財務諸表に監査意見等を述べることはできないからです。

しかし、**現実の問題としては中国子会社の経理部門の担当者がIFRSに精通していることは稀**です。例えば、日本でも会社の経理担当者または公認会計士であっても日本会計基準で作成した財務諸表をIFRSに準拠した財務諸表に修正することを容易に行える人材は限られていると思います。

# 1 会計基準の最新動向

中国子会社の経理部門がこのような財務諸表の修正を行う能力があれば特に問題はありませんが、そのような人材に恵まれることは少ないと思います。これは日本の会計基準についても同様です。

## 🅟 管理部門が具体的に指示する必要

したがって、**日本親会社の管理部門または中国統括子会社の専門部署が、現行会計準則、企業会計制度と IFRS との会計基準の詳細な差異比較を行い、中国子会社の経理部門に修正作業の内容を具体的に指示することが必要となってきます。**多くの上場会社ではこのような準備が進められていると思いますが、現実の問題は、このような作業を行う日本人または中国人が限られていることです。日本人は IFRS に精通していたとしても中国の会計準則に精通しているわけではなく、中国人は現地の会計基準に精通していても IFRS に精通している人材が少ないからです。

IFRS に準拠した財務諸表は、日本親会社に報告する連結パッケージの中に含まれますが、この連結パッケージに対して現地の法定監査を担当する会計事務所のレビューを受けることになります。

日本親会社の会計監査人は、中国子会社に限らず全世界で同様に作成された在外子会社の IFRS または米国会計基準に準拠した在外子会社の財務諸表を連結した財務諸表に対して監査意見を表明します。当然のことながら、海外各国の会計基準から IFRS に修正した財務諸表の内容を検討することはできません。海外各国の現地会計事務所の監査意見に依拠することになります。

このように日本の実務対応報告第 18 号は、IFRS または米国会計基準に準拠していない海外子会社とその現地会計事務所に対して過重な負担を強いるものです。日本親会社の連結手続においては、このように IFRS 等に収斂した会計処理をさらに 8 項目に限られていますが、日本固有の会計基準に修正しなければなりません。日本の会計基準を一日も早く IFRS に収斂させることが急務ではないかと思います。

第Ⅰ部　会計

## 新会計準則の実施状況はどうなっているの？

◎中国財政部の既定方針

　中国財政部は、2009年9月に「中国企業会計準則と国際財務報告基準のコンバージェンスの全面的持続のためのロードマップ（公開草案）」を発表して、2006年に制定した企業会計準則（新準則）とIFRSとの全面的なコンバージェンス（統一）を行うため、2010年から新準則の改定作業に着手して2011年に改訂を終了して、2012年からすべての大中型企業に改訂版の企業会計準則を実施することを明らかにしました。新準則の改訂はIFRSが2011年6月までに改正されるスケジュールに合わせて行うものです。

　ロードマップの公開草案は、その後の2010年4月に「中国企業会計準則と国際財務報告基準の持続的コンバージェンスのロードマップ」として正式に発表されました。このロードマップは、IFRSの動向を踏まえて、中国財政部が新会計準則をどのような道筋を経て中国全土に展開していくかの方向性を示したものです。

　2006年に制定された新準則は2007年に上場会社に適用され、2008年には中央政府の国有企業と金融機関等に、2009年には35の省市政府の大中型企業（企業の区分については27ページを参照）に適用範囲が拡大されました。2009年段階では、北京市、江蘇省、浙江省、広東省、重慶市等の省市の国有企業に新準則が適用され、上海市、大連市、天津市、河北省、遼寧省、吉林省等の省市では一部の大中型企業に新準則が適用されました。

　ロードマップでは、2011年末までに新準則を改定して、中国全土の上場会社とすべての非上場の大中型企業に改定後の新準則を適用することが方針として定まっています。ここで非上場の大中型企業とは、上場会社以外の大中型の国有企業、私営企業、外国投資企業等をいいます。外国投資企業に新準則が適用されるのは、地方政府がその管轄地域に所属するすべての大中型企業に新準則を適用するという地方性の規定を公布した場合です。

　非上場の大中型企業への新準則の適用については、2008年に深圳市で実験的にすべての大中型企業に新準則が適用されることになり、大中型の外国投資企業に初めて新準則が適用されました。2009年には山西省、雲南省、2010年には湖北省、広西チワン族自治区等でもすべての大中型企業に新準

則が適用され、これらの省市と自治区の大中型外国投資企業には新準則が実施されています。

中国財政部は、ロードマップの公開草案を受けて、2009年12月に「会計準則を執行する上場会社と非上場企業の2009年年度報告業務の円滑な実施に関する通知」（財会［2009］16号）を発布し、各地方政府に新準則の適用範囲を非上場企業に拡大するよう働きかけました。

**◎深圳市は市場経済体制が比較的整っているため早期適用**

深圳市政府は、上場会社に新準則が適用された2007年に深圳市に属する国有企業すなわち地方政府の国有企業に対しても新準則を適用しました。深圳市には証券取引所もあり市場経済体制が比較的整っていること、外資による輸出主導型の企業が多く国際的な会計慣行に比較的早くから接していたこと、旧会計準則の導入も比較的早期に行われていたことなどが新準則の早期適用の理由に掲げられています。

深圳市の財政局は、2007年12月4日に新準則の全面適用を発表しました。すなわち2008年1月1日から深圳市内のすべての大中型企業は新準則が強制的に適用されています。深圳市内の大中型の外国投資企業も2008年1月1日から企業会計制度ではなく新会計準則が適用されています。ただし、小規模企業は小企業の条件に適合する場合には、小企業会計制度と新準則のいずれかを選択適用することができます。

このように深圳市では、小企業の条件に適合する企業以外はすべて大中型企業として新会計準則が適用されました。当時の小企業とは、中国国内に設立された対外的に資金を調達しない、経営規模の比較的小さい企業であり、「対外的に資金を調達しない、経営規模の比較的小さい企業」とは、株券または債券を公開発行しない企業で、2003年2月に旧国家経済貿易委員会、旧国家発展計画委員会、財政部、国家統計局が制定した「中小企業基準暫定規定」（国経貿中小企［2003］143号）で定められた小企業でした。

この「中小企業基準暫定規定」は2011年6月18日に廃止され、現在では、工業情報化部、国家統計局、国家発展改革委員会、財政部の4部門が共同で公布した「中小企業型区分基準規定」が2011年6月18日から適用されています。

# 第Ⅰ部 会計

## ◎上海市の場合

　財政部の 2009 年 12 月の「会計準則を執行する上場会社と非上場企業の 2009 年年度報告業務の円滑な実施に関する通知」を受けて、上海市政府の財政局は、2010 年 1 月に「『財政部の会計準則を執行する上場会社と非上場企業の 2009 年年度報告業務の円滑な実施に関する通知』の貫徹に関する実施意見」を発布して、上海市では、すべての非上場の大中型企業は遅くとも 2011 年までに新会計準則の実施を行うこと、このうち 2010 年までに新会計準則の実施を開始する大中型企業はその総数の少なくとも 50％以上に達しなければならないと規定しました。

　すなわち、上海市では大中型企業の半数以上は 2010 年までに新会計準則を適用し、残りのすべての大中型企業は 2011 年に新会計準則を適用開始しなければならないこととなりました。仮に、この規定どおりに新会計準則が適用されていたならば、上海市のすべての大中型の外国投資企業は 2011 年 1 月 1 日までに新会計準則が実施されていることになりました。ただし、実際にはこの実施意見どおりに展開されておらず、一部の大中型企業では適用されていますが、新会計準則の強制適用は 2012 年以降とみなされています。ここではもう少し詳しく上海市財政局の実施意見を紹介します。

　上海市財政局の 2010 年 1 月の実施意見では、2010 年までに市内の大中型企業の 50％以上が新会計準則を適用開始することとなっていました。ここで新会計準則が適用される大中型企業とは、「国家経済貿易委員会、国家発展計画委員会、財政部、国家統計局の中小企業基準暫定規定の印刷発行に関する通知」（国経貿中小［2003］143 号）で示されている中型企業以上の企業をいいました。前述したように、この「中小企業基準暫定規定」は 2011 年 7 月に改正されました。

　上海市財政局の実施意見に従って、上海市内の各区の財政局では、2010 年から新会計準則の実施に関する通知をそれぞれ発表しています。例えば、楊浦区では 2010 年に大中型企業総数の 70％以上が新会計準則を実施し、2011 年にはすべての大中型企業が新会計準則を全面的に実施することを規定しています。

　また、別の区の財政局では、2010 年 7 月に大中型企業の会計担当者に新会計準則の業務知識を教育訓練し、8 月に新会計準則の講座を開設することを計画していました。さらに、その区の財政局は、大企業の財務主管（経理部長）、会計事務所、大学教授で新準則実施業務グループを組織して、新会

計準則の移行により発生する問題の解決を図ること、新会計準則を実施していない企業は、関係通知を受けた後、速やかに実施計画を策定すること、新会計準則に適応した資産と資本の内容の精査、新会計準則に移行するための財務諸表期首残高項目の修正、新会計準則用の会計ソフトのバージョンアップを行うことを具体的に指示しています。

上海市内の各区の財政局は、上海市財政局と歩調を合わせて2011年1月までにすべての大中型企業への新会計準則の実施を予定していました。このような状況について、中国財政部は、2010年12月に「企業会計準則を執行する上場会社と非上場会社の2010年年度報告業務の円滑な実施に関する通知」（財会［2010］25号）を発布して、非上場の大中型企業の新準則の実施状況について地方政府の財政局に業務総括報告書を2011年5月31日までに提出するように要求しています。

これを受けて上海市財政局は、2011年1月31日付で「上海市財政局の『財政部の企業会計準則を執行する上場会社と非上場会社の2010年年度報告業務の円滑な実施に関する通知』（財会［2010］25号）の転送に関する通知」（滬財会［2011］7号）を発布して、上海市内の各区財政局に対して、非上場大中型企業に新会計準則を全面的に実施する措置を具体化して強力に推進するよう指示しています。この通知は2011年2月17日に上海市財政局のホームページで公表されています。

各区の財政局は、2010年の非上場企業の新会計準則の実施状況の業務総括報告書を2011年5月15日までに上海市財政局会計処に提出することになっており、この業務総括報告書が上海市財政局を通して2011年5月31日までに中央政府の財政部に報告されます。

非上場企業の新会計準則実施状況の業務総括報告書では、新旧会計準則の移行過程で存在した問題点と新会計準則の企業の財政状態と経営成果と業績評価に与えた影響が重点的に分析されることになっています。

2010年の業務総括報告書は2011年5月に各区の財政局によって作成される予定でしたので、新会計準則の実施状況がどのような状況になっているかはまだ明らかではありませんが、中央政府への業務報告を通して各地方における新会計準則の実施がさらに強力に推進されることは間違いないと思われます。

上海市では、各区の財政局は2011年5月の報告の後にも、2011年7月15日から12月31日までに上海市財政局会計処に「大中型企業新準則実施状況

情報表」を送付して、2011年12月31日までに非上場大中型企業の新会計準則執行推進状況の業務総括を提出することになっています。

この「大中型企業新準則実施状況情報表」では、報告内容として、非上場大中型企業の企業総数、すでに新会計準則を実施した企業数、2011年に新会計準則を実施する計画の企業数、2011年度に新たに増加した新会計準則の実施企業数があります。

また、各区の財政局は、当期に新会計準則の実施について推進した具体的な措置、新会計準則の実施過程において存在した問題と解決措置、関連するメディアが報道した企業の新準則実施に関連する情報、メディアが事実と異なって報道した情報に対して各区財政局が取った措置とその処理の結果も報告することになっています。

## 大中型企業と小型企業の区分基準

### ◎中小企業型区分基準で大中型企業と小型企業を区分

大中型企業と小型企業を区分する基準は、2011年6月17日以前は2003年に制定された「中小企業基準暫定規定」で判断しなければなりませんでしたが、この暫定規定は廃止されて、2011年6月18日からは工業情報化部、国家統計局、国家発展改革委員会、財政部の4部門が共同で公布した「中小企業型区分基準規定」が適用されています。

「中小企業型区分基準規定」によれば、中小企業には、中型企業、小型企業、微型企業の3つがあります。大中型企業はこの小型企業と微型企業を除く企業になります。「中小企業型区分基準規定」は、業種別の営業収入金額、従業員数、資産総額を区分基準として、中型企業と小型企業と微型企業に区分しています。

業種も含めて図表Ⅰ-4をご覧ください。

ここでは、大型企業と中型企業と小型企業の区分基準を下記に示します。例えば、工業企業の場合は、営業収入が4億元超または従業員数が1,000人超のいずれかの場合には大企業に該当し、営業収入が4億元以下2,000万元以上、かつ従業員数が1,000人以下300人以上の場合には中型企業に該当し、

## 図表Ⅰ-4 大中小型企業の区分基準

| 業種 | 区分基準 | 大企業 | 中型 | 小型 |
|---|---|---|---|---|
| 農業、林業牧畜業、漁業 | 営業収入 | 2億元超 | 500万元以上 | 50万元以上 |
| 工業（鉱石採掘業、製造業、電力・熱エネルギー・天然ガスと水の生産業と供給業を含む） | 営業収入 | 4億元超または | 2,000万元以上かつ | 300万元以上かつ |
| | 従業員数 | 1,000人超 | 300人以上 | 20人以上 |
| 建設業 | 営業収入 | 8億元超または | 6,000万元以上かつ | 300万元以上かつ |
| | 資産総額 | 8億元超 | 5,000万元以上 | 300万元以上 |
| 卸売業 | 営業収入 | 4億元超または | 5,000万元以上かつ | 1,000万元以上かつ |
| | 従業員数 | 200人超 | 20人以上 | 5人以上 |
| 小売業 | 営業収入 | 2億元超または | 500万元以上かつ | 100万元以上かつ |
| | 従業員数 | 300人超 | 50人以下 | 10人以上 |
| 交通運輸業（鉄道運輸業は含まない） | 営業収入 | 3億元超または | 3,000万元以上かつ | 200万元以上かつ |
| | 従業員数 | 1,000人超 | 300人以上 | 20人以上 |
| 倉庫業 | 営業収入 | 3億元超または | 1,000万元以上かつ | 100万元以上かつ |
| | 従業員数 | 200人超 | 100人以上 | 20人以上 |
| 郵便業 | 営業収入 | 3億元超または | 2,000万元以上かつ | 100万元以上かつ |
| | 従業員数 | 1,000人超 | 300人以上 | 20人以上 |
| 宿泊業 | 営業収入 | 1億元超または | 2,000万元以上かつ | 100万元以上かつ |
| | 従業員数 | 300人超 | 100人以上 | 10人以上 |
| 飲食業 | 営業収入 | 1億元超または | 2,000万元以上かつ | 100万元以上かつ |
| | 従業員数 | 300人超 | 100人以上 | 10人以上 |
| 情報通信業（電信、インターネットおよび関係サービスを含む） | 営業収入 | 10億元超または | 1,000万元以上かつ | 100万元以上かつ |
| | 従業員数 | 2,000人超 | 100人以下 | 10人以上 |
| ソフトウェアと情報技術サービス業 | 営業収入 | 1億元超または | 1,000万元以上かつ | 50万元以上かつ |
| | 従業員数 | 300人超 | 100人以上 | 10人以上 |
| 不動産開発経営 | 営業収入 | 20億元超または | 1,000万元以上かつ | 100万元以上かつ |
| | 資産総額 | 1億元超 | 5,000万元以上 | 2,000万元以上 |
| 物業管理 | 営業収入 | 5,000万元超または | 1,000万元以上かつ | 500万元以上かつ |
| | 従業員数 | 1,000人超 | 300人以上 | 100人以上 |
| リースと商取引サービス | 従業員数 | 300人超または | 100人以上 | 10人以上かつ |
| | 資産総額 | 12億元超 | 8,000万元以上 | 100万元以上 |
| その他の明記されていない業種 | 従業員数 | 300人超 | 100人以上 | 10人以上 |

営業収入が2,000万元未満300万元以上、かつ従業員数が300人未満20人以上の場合には小型企業に該当します。

したがって、工業については営業収入が2,000万元以上、かつ従業員数が300人以上の場合に大中型企業に該当します。

なお、「中小企業型区分基準規定」では、中小企業の型区分は、中型、小型、微型の3区分とされ、区分基準もこの3区分にしたがって制定されていますが、ここでは微型企業は関係がないため、微型企業の区分基準は省略しています。

# 2 新会計準則への移行

　ここでは、主に企業会計制度と現行会計準則から新会計準則に移行する際に変更する会計処理とこれに関連する企業所得税の実務処理を解説します。初めに売上計上基準を例に取り新会計準則と企業所得税、増値税との基本的な相違を解説した上で、新会計準則の主な会計処理基準について企業会計制度(現行会計準則)から新会計準則に移行する際に変更を検討しなければならない項目について紹介していきます。
　企業会計制度から新会計準則への移行にはかなり多くの会計処理の変更がありますが、企業の実態に伴って変更点は異なるものとなります。ここでは各企業に共通する基本的な変更点を取り上げています。

第Ⅰ部　会計

# 1 新会計準則と企業所得税とのズレ

## Point! 昔は会計と税務は一体、今は切り離されているので調整可能

　中国現地法人の会計処理の中には、税務の規定と著しく乖離しているため税務申告書で会計と税務の調整が必要なものがあります。現在でも多くの中国現地法人に適用されている企業会計制度は2000年末に制定されたものですが、その重要な会計処理基準は現行会計準則に基づいて制定されています。

　現行会計準則が制定される以前においては、企業会計と企業所得税は一体不離の関係にあり、会計の規定と税務の規定はほぼ同じ内容となっていました。両者の違いは税務調整項目として交際費と寄付金の損金不算入、すなわち会計上は費用として処理しても税務上は費用（損金）として処理しないことがあるぐらいで、会計から税務への調整項目はほとんど存在しないような状況でした。

　現行会計準則は、当時の国際会計基準に近い形で制定されましたので、この段階から中国の企業会計は企業所得税と乖離し始めました。この現行会計準則もすでに見直しが行われて2006年2月には新会計準則が制定されました。2011年現在では、外国投資企業に適用される会計準則には現行会計準則と一部地域で適用されている新会計準則の2つが並存しています。新会計準則の出現によって中国の会計基準がさらに国際化したことにより、企業会計準則と企業所得税との距離はさらに遠くなりました。

　ただし、企業会計の実務を見る限りでは、企業の経理担当者、現地の公認会計士、さらには税務当局ともに会計と税務は一体不離であると考える習慣がまだ根強く残っており、企業会計準則よりも税務規定が優先することがよく見られます。本来は企業会計準則にしたがって会計処理して税務

調整すればよいのですが、そのような対応には少なからず抵抗があるようです。

## Point! 企業所得税で収益を認識する4つの条件

企業所得税では企業の商品販売は下記条件のすべてを満たす場合に、収入の実現を認識しなければならないとされています。

> ① 商品販売契約がすでに締結され、企業が商品所有権と関係する主要なリスクと報酬（便益）を買手に移転したこと
> ② 企業がすでに売渡した商品に対して所有権と相互に連係する通常の継続的管理権を持たず、有効な支配も行わないこと
> ③ 収入の金額が信頼しうる程度に測定できること
> ④ すでに発生したまたは将来発生する売手の原価が信頼しうる程度に計算できること

この企業所得税の収益認識基準は、企業所得税が2008年1月に改正施行された後に企業会計準則の収益認識基準と調整する必要から制定されたものです。収益の認識基準については、現行会計準則と新会計準則に基本的な相違はありません。新会計準則は現行会計準則の規定をそのまま継続しています。

## Point! 新会計準則と企業所得税法とでは代金の回収可能性の扱いが違う

企業会計準則の収益認識基準と企業所得税法上の収益認識基準の相違は、図表Ⅰ-5にある収益認識基準の4番目の基準である「関係する経済利益が十分に企業に流入し得ること」が企業所得税法上は要求されていないことにあります。その他の4つの認識基準は同じものが採用されています。

**企業会計準則では、経済利益の流入とは、商品販売代金の回収可能性が高いことを指しています。**企業が販売した商品が販売契約約定に合致して

図表Ⅰ-5 商品販売の収益認識基準は会計と税務でここが違う

| 収益認識基準 | 現行会計準則と新会計準則 | 企業所得税法 |
|---|---|---|
| 1. リスクと報酬の移転 | 企業がすでに商品の所有権上の主要なリスクと報酬（便益）を買手に移転していること | 商品販売契約がすでに締結され、企業が商品所有権と関係する主要なリスクと報酬（便益）を買手に移転したこと |
| 2. 継続的管理権と有効支配の喪失 | 企業が所有権と関連する通常の継続的管理権をすでに留保しておらず、すでに販売した商品に対して有効な支配も行っていないこと | 企業がすでに売渡した商品に対して所有権と相互に連係する通常の継続的管理権を持たず、有効な支配も行わないこと |
| 3. 収入金額の測定可能性 | 収入の金額が信頼しうる程度に測定できること | 収入の金額が信頼しうる程度に測定できること |
| 4. 経済利益の流入可能性 | 関係する経済利益が十分に企業に流入し得ること | — |
| 5. 原価の測定可能性 | すでに発生したまたは将来発生する関係する原価が信頼しうる程度に測定できること | すでに発生したまたは将来発生する売手の原価が信頼しうる程度に計算できること |

おり、取引証憑を買手に引き渡して、買手が支払を承諾した時には経済利益の流入可能性基準が満たされます。

　これに対して、**企業所得税法では、代金の回収可能性は一切問われていません**。経済利益の流入がないときでも、商品の所有権が対外的に移転した場合には、企業所得税では、みなし販売として収益を認識します。税法では、資産の所有権の移転を重要な認識基準としており、代金の回収可能性が低いかまたはない場合でも所有権が対外的に移転したのであれば、みなし販売収入として課税所得に計上しなければなりません。

## 2 新会計準則と増値税とのズレ

**Point** 増値税のみなし販売に注意！
社内での使用・消費・移動にまで課税される

　2009年1月1日から実施されている増値税暫定条例では、貨物の販売とは貨物の所有権を有償譲渡することと規定しています。ただし、増値税にもみなし販売規定があり、増値税のみなし販売は企業所得税のみなし販売とはまた異なるものとなっています。**増値税では、社外への貨物の無償譲渡以外にも、社内における貨物の使用、消費、社内機構間の移動等についても貨物の販売とみなして増値税が課税されます。**

　前述したように企業会計準則の商品販売は5つの収益認識基準を満たす必要がありますが、企業所得税法はそのうちの代金の回収可能性（経済利益の流入）基準を除外して、より広範囲の収益の認識を可能としています。増値税にいたっては、さらに対外的な取引だけではなく、貨物の社内使用、社内消費、機構間移動等の社内取引についても売上として認識して増値税を課税するものとしています。

　増値税の納税義務については、通常の貨物販売では貨物が出荷されたかどうかに関係なく、販売代金を回収した当日または販売代金を取立請求する根拠証憑を取得した当日に納税義務が発生するものとしています。すなわち、増値税における商品販売の収益認識日は、代金の回収日であり、代金の取立請求証憑の取得日です。実務では、原則として代金回収または取立請求証憑の取得と交換に増値税発票が発行されています。

　増値税の申告納付は毎月行われており、企業は売上リストと増値税発票の発行控えを毎月照合しなければなりませんので、企業の日常業務としての売上計上は増値税発票の発行に基づいて行われることになります。

　中国の現地法人は、このように日常業務と月次においては増値税の売上

## 企業所得税のみなし販売

　企業が資産を他者に移転する下記の場合において、資産所有権の帰属に変更が発生して内部資産処分に属さない場合は、規定により収入を確定する販売とみなします。
① 市場の拡大促進または販売に使用すること
② 交際接待に使用すること
③ 従業員の奨励または福利に使用すること
④ 配当に使用すること
⑤ 対外的な贈与に使用すること
⑥ その他の資産所有権の帰属する用途を変更すること

## 増値税のみなし販売

　増値税の課税行為である貨物の販売は、貨物の所有権を有償で譲渡することが前提となっていますが、下記のように有償譲渡以外の取引についても増値税の課税販売があります。単位または個人事業主の下記の行為は、貨物の販売とみなして増値税が課税されます。
① 貨物をその他の単位または個人に引き渡して代理販売させること
② 代理販売貨物を販売すること
③ ２つ以上の機構を設立し、かつ統一計算を実行する納税者は、貨物を１つの機構からその他の機構に移送して販売に使用すること、ただし、関係する機構が同一県（市）に設立されている場合を除く
④ 自社生産または委託加工の貨物を増値税非課税項目に使用すること
⑤ 自社生産、委託加工の貨物を集団福利または個人消費に使用すること
⑥ 自社生産、委託加工または購入した貨物を投資として、その他の単位または個人事業主に提供すること
⑦ 自社生産、委託加工または購入した貨物を株主または出資者に分配すること
⑧ 自社生産、委託加工または購入した貨物をその他の単位または個人に無償贈与すること

計上基準、四半期予納等においては企業所得税の売上計上基準、年度末決算においては企業会計の売上計上基準によって処理しなければなりません。中国現地の企業会計実務としては、やはり企業所得税、企業所得税よりも増値税の影響が売上計上処理に色濃く表れているようです。

# 3 中国の売上計上基準

### Point! 中国会計準則の収益認識基準は国際会計基準と同じ

　国際財務報告基準（IFRS）では、IAS 第 18 号「収益」で売上高と営業外収益等の利得を含むすべての収益についての会計基準を定めています。日本ではこのような包括的な収益の認識基準は制定されていませんが、いずれこの IFRS の収益認識基準に基づいてあらためて会計基準が制定される見込みです。

　なお、IAS 第 18 号「収益」は現在見直しが進められており、現在の収益の認識基準そのものが根本的に変更される可能性がありますので、今後の改訂作業を慎重に見守る必要があります。

　IFRS では、一般の商品販売による売上収益については、次の条件のすべてが満たされた時点で収益として認識することができます。

① 商品の所有に伴う重要なリスクと経済価値を買手に移転したこと

### IFRS の「収益」

　IFRS では、収益は次のように定義されています。この定義は少し分かりにくいのですが、日本の将来の会計基準に採用される基準であり、中国が現在適用している基準ですので、ここに紹介します。
　収益とは、出資持分参加者からの拠出に関連するもの以外で、持分の増加をもたらす一定期間中の企業の通常の活動過程で生ずる経済的便益の総流入をいいます。日本流に簡単に言い換えれば、資本取引以外の純資産の増加をもたらす企業活動によって企業に流入するすべての経済的利益を収益といいます。この収益の定義には、物品販売と役務提供による売上収益のほかに、利息、ロイヤルティ、配当等の日本でいう営業外収益も含まれます。

② 販売した商品に対する継続的な管理上の関与と有効な支配を持たないこと
③ 収益の金額は信頼性をもって測定できること
④ その取引により経済利益（便益）が企業に流入する可能性が高いこと
⑤ その取引による発生原価を、信頼性をもって測定できること

すなわち、商品の所有権に伴うリスクと経済的価値のほとんどが買手に移転し、売手が販売済商品に対する継続的関与と有効な支配を行っておらず、収益金額が測定可能であり、売手企業に経済利益が流入する可能性が高く、原価が測定可能であるという5つの条件をすべて満たした場合に、売上収益を認識することができます。

**中国の会計基準も上述した国際基準をそのまま採用しています。外国投資企業に適用されている企業会計制度の売上計上基準も原則としてこの収益認識基準を採用しています。**今後、外国投資企業にも適用される新会計準則もこの収益認識基準を継続して採用しています。ただし、企業会計制度と新会計準則では若干の相違がありますので、これに該当する場合には、企業会計制度から新会計準則に移行する場合には、会計処理基準の変更が必要になります。

## Point! 企業会計制度と新会計準則とでは割賦販売の扱いが違う

企業会計制度と新会計準則の収益認識基準にはいくつかの相違もあります。最も大きな相違点は割賦販売（延払販売）の会計基準です。企業会計制度では、収益認識基準の例外として、割賦販売については契約約定の割賦代金の回収期限日にその割賦代金を売上計上することができ、回収した割賦代金と販売金額全体の割合に応じて割賦商品を割賦販売原価に振替えて売上原価を計上します。

これと同様の処理が日本の売上計上基準でも採用されています。日本基準では、販売基準に代えて割賦販売基準を採用して、割賦金の回収期限到来日または入金日を収益実現の日とすることが認められています。

新会計準則では、割賦販売または延払販売について回収代金による売上

**会計基準の変更点①**

| 会計基準 | 変更点 | 企業会計制度 | 新会計準則 |
|---|---|---|---|
| 収益認識基準 | 割賦販売 | 割賦代金回収期日等に割賦代金と割賦販売原価を分割計上する。 | 商品代金は収益認識時に一括計上し、利息相当部分は期間対応で繰延処理する。 |

計上という例外基準を認めておらず、上述した5つの収益認識基準で売上を計上し、商品の公正価値で売上収益が一度に計上されます。同時に、割賦契約または延払契約が融資的性格を持つ場合には、実効金利により利息を適正に期間配分する会計処理が要求されます。すなわち、商品代金については収益が一度に認識され、利息相当部分については期間に対応した繰延処理が適用されます。

将来、企業会計制度から新会計準則に移行する場合には、上記のような割賦販売または延払販売については会計処理の変更が必要となります。収益認識基準については、このほかにもいくつかの会計処理の相違があり、新会計準則に移行する時には会計処理の変更が必要となります。

## 日本の売上計上基準

日本では売上計上基準と言えば、国内販売では出荷基準、引渡基準、検収基準があり、輸出販売では船積基準、通関日基準があげられます。出荷基準は商品を出荷した時点、引渡基準は商品を得意先に引き渡した時点、検収基準は得意先が商品を検収した時点、船積基準は商品を貨物船に船積みした時点、通関日基準は商品を輸出通関した時点で、売上を計上する会計処理です。

日本の企業会計原則では、「売上高は、実現主義の原則に従い、商品等の販売または役務の給付によって実現したものに限る」と規定されているだけであり、具体的な売上計上基準が明記されていませんが、実務的には上記のような売上計上基準が採用されています。

しかし、この企業会計原則は52年前に制定されたものであり、最終改正でさえ29年前です。この企業会計原則は、特殊な販売形態による会計基準

第Ⅰ部　会計

を簡単に規定しているだけで、普遍的な売上（収益）の定義もなく基本的な売上計上基準さえもありません。実は、日本では売上の会計基準は実質的には存在していません。損益計算の最も根幹をなす売上計上基準が定義されていないのです。

# 4 中国の時価主義会計

### Point! 中国の金融商品会計基準は日本よりも国際基準に近い

　2011年現在、ほとんどの中国現地法人（外国投資企業）に対しては「企業会計制度」が適用されています。この企業会計制度では貸倒引当金（中国では減損会計に含まれる）が規定されていますが、企業会計制度と現行会計準則では金融商品会計基準は導入されていません。

　中国の金融商品会計基準は、2007年1月から中国上場会社に適用開始される「企業会計準則第22号—金融商品の認識と測定」等の4つの新会計準則によっています。これらの金融商品会計基準はまだほとんどの外国投資企業には適用されていませんが、企業会計制度から新会計準則に移行する時には本格的に適用されることになります。

　**中国の金融商品会計基準は、日本の金融商品会計基準よりもその原型である国際会計基準により近いものとなっており、一部の例外を除いて国際会計基準そのものを取り入れています。**国際会計基準（中国会計基準）では、金融商品とは金融資産と金融負債または持分金融商品（新株予約権等）を同時に発生させる契約のことであり、デリバティブ取引には、先物契約、先渡契約、スワップとオプション等の金融商品が含まれます。

　上記のとおり、企業会計制度から新会計準則に移行するに当たっては金融商品会計基準が適用されますので変更点に留意する必要があります。

## 2 新会計準則への移行

### Point! 金融資産の減損

　日本の子会社・関連会社株式等に相当する長期持分投資については、金融商品会計基準ではなく、長期持分投資の新会計準則で別途、会計処理が規定されています。また、金融資産の減損については、公正価値で計上しその評価変動額を当期損益に計上する金融資産以外に対して適用されます。

---

**金融商品会計基準**

　ここで金融商品とは、銀行、証券会社等が取り扱う金融商品を意味するのではなく、会計処理で言う金融資産と金融負債のことです。金融資産とは、企業が保有する現金預金、受取手形、売掛金、貸付金等の金銭債権、株式、出資証券、公社債等の有価証券、デリバティブ取引から発生する正味債権です。また、金融負債とは、支払手形、買掛金、借入金等の金銭債務とデリバティブ取引から発生する正味債務のことをいいます。したがって金融商品会計基準とは、企業が金銭債権、有価証券、金銭債務、デリバティブの会計処理をどう行うかという会計基準です。

---

図表Ⅰ－6　金融資産と金融負債の区分

| 金融資産 | |
|---|---|
| 売買目的金融資産 | 短期売買・ポートフォリオによるトレーディング目的の金融資産やデリバティブが含まれており、公正価値（時価）で評価されその評価変動額は当期損益に計上される。 |
| 満期保有投資 | 実際利率法（実効利子率法）と呼ばれる方法により未償却原価（日本の償却原価法と同じ）で評価する。 |
| 貸付金と未収入金 | 実際利率法（実効利子率法）と呼ばれる方法により未償却原価（日本の償却原価法と同じ）で評価する。 |
| 売却可能金融資産 | 日本のその他有価証券に相当するが、日本と同じように時価のあるものはその評価変動額を当期損益に計上しないで所有者持分（純資産の部）に直接計上する。また、市場価格がなく公正価値が信頼しうる程度に測定できない持分金融商品等は取得原価または償却原価で計上し時価評価はない。 |
| 金融負債 | |
| 公正価値評価金融負債 | デリバティブも含まれており、公正価値で評価しその評価変動額は当期損益に計上される。 |
| その他の金融負債 | 未償却原価で計上される。 |

### 会計基準の変更点②

| 会計基準 | 変更点 | 企業会計制度 | 新会計準則 |
|---|---|---|---|
| 金融商品会計基準 | 公正価値評価 | 実際原価または実際取引金額で評価する。 | 売買目的金融資産は公正価値評価してその変動額は当期損益に計上する。<br>満期保有投資と貸付金と未収入金は、実効金利法により、未償却原価で評価する。<br>売却可能金融資産のうち公正価値のあるものは公正価値評価し、ないものは原価または償却原価で評価する。<br>公正価値で評価される金融負債は公正価値評価、その他の金融負債は償却原価法で評価する。 |

　満期保有投資、貸付金と未収債権には取得原価または償却原価が採用されますので、減損会計の適用対象となります。これらの金融資産については、減損のテストを行って減損の客観的な証拠がある場合は減損会計が適用され、その帳簿価額が見積将来キャッシュフローの現在価値より低い場合には、資産減損損失を当期損益として計上します。

　また、市場価格がなく公正価値が信頼しうる程度に測定できない持分金融商品等も減損会計の対象となりますが、中国における金融商品の減損会計は基本的に割引キャッシュフロー法により減損損失を認識しています。

## Point! 金融商品会計基準と企業所得税法

### ① 公正価値評価の金融商品等

　企業所得税法では、企業が金融資産、金融負債および投資不動産等を公正価値で測定した場合は、保有期間の公正価値の変動は課税所得額に計上しないで、実際に処分または決済した時に、処分により取得した価額からその歴史的原価を控除した後の差額を処分または決済期間の課税所得額に

## 2 新会計準則への移行

> **未償却原価**
>
> 　金融資産または金融負債の未償却原価とは、その金融資産または金融負債の当初の認識金額に次の修正を行った後の結果をいいます。
> ① すでに償却した元本を控除する。
> ② 実効利子率法を採用して当初の認識金額と満期日の金額との間の差額を償却することにより形成された償却累計額を加算または減算する。
> ③ すでに発生した減損損失（金融資産にのみ適用）を控除する。
> 　未償却原価とは、例えば、住宅ローンの返済表で言えば、元本と金利を含めた総返済金額から①すでに返済した元本を差し引いて、②総返済額に含まれる金利相当額を差し引いた金額です。

計上するものとされ、企業会計上の公正価値評価は税務上調整されます。

#### ② 償却原価法による金融商品

　企業が満期保有投資、貸付金等について新会計準則の規定により実効利子率法を採用して認識した利息収入は、当期課税所得額に計上することができます。企業所得税法においても実効利子率法による償却原価が認められています。

> ## 日本の金融商品会計
>
> 　日本の会計基準が取得原価主義会計から時価主義会計に本格的に移行したのは11年前のことです。日本では国際会計基準、米国会計基準で採用されていた時価主義会計を「金融商品会計基準」として平成12年4月から採用しました。
> 　日本ではこの金融商品会計基準を採用するまでは、これらの資産と負債を取得原価で計上して評価していました。例えば、企業が所有する有価証券の株価が上昇してもその帳簿価額は取得原価のままであり、その含み損益を実際の損益として計上することはしませんでした。また、デリバティブ取引で含み損益が発生しても決済されるまで損益として計上することはなく、その

正味の債権や債務もオフバランスシートで処理して資産や負債として認識することはありませんでした。

　このような取得原価主義会計では、企業の資産や負債の価値や実際の損益をタイムリーに評価することができず、企業の価値や業績を過去のデーターで歪めてしまう結果になります。今日では、時価やキャッシュフローを反映した会計情報がタイムリーに開示される時価主義会計が国際標準になっています。

　日本の金融商品会計基準を簡単に説明すれば、金銭債権は初めに取得原価で資産に計上してその貸倒見積高（貸倒引当金）を見積って帳簿価額から控除します。貸倒見積高については、まず金銭債権を一般債権、貸倒懸念債権、破産更正債権に区分します。一般債権については過去の貸倒実績率等の合理的基準で貸倒見積高を算定します。

　次に、貸倒懸念債権に対する貸倒見積高の算定方法には2つあり、1つは債権額から担保処分・回収見込額を差し引いた残額について債務者の財政状態や経営成績を考慮して貸倒見積高を算定する方法です。もう1つは将来受け取る債権の元本と利息のキャッシュフローを見積って当初の約定利率で現在価値に割り引いた金額と帳簿金額との差額を貸倒見積高とする方法です。

　後者の方法は、将来受け取る金額の現在価値を計算する方法で割引キャッシュフロー（Discounted Cash Flow）法と呼ばれており、将来の見積のキャッシュフローを使って債権の時価を評価する方法です。破産更正債権については、債権額から担保処分・回収見込額を減額してその残額を貸倒見積高とします。

　有価証券については、まず保有目的によって売買目的有価証券、満期保有目的債券（公社債等）、子会社・関連会社株式、その他有価証券の4つに区分します。評価方法は、売買目的有価証券は時価で資産計上し、評価損益は当期の損益に計上します。満期保有目的債券は取得原価で資産計上し、取得価額と発行価額との差額は償還期まで毎期均等償却する償却原価法という方法で差額の償却額を毎期の損益に計上します。

　子会社と関連会社の株式は取得原価で資産に計上します。日本法人から見れば、中国の現地法人はこの子会社または関連会社株式（出資金）に該当します。売買目的有価証券、満期保有目的債券、子会社・関連会社株式以外の有価証券は、その他有価証券として時価があるものは時価で資産計上します。ただし、その評価損益は当期損益に計上しないで、全額を純資産の部に直入

れする方法か、または評価益は純資産の部に、評価損は当期損益に計上する方法のいずれかによるものとされています。なお、時価のないその他有価証券は取得原価で計上します。

　金融負債については、金銭債務は債務額で、社債はその未償却原価で負債に計上します。デリバティブ取引で発生する正味の債権債務は時価で資産または負債に計上し、その評価差額は当期損益に計上します。なお、相場変動等による損益をヘッジするヘッジ会計が適用されるときは、ヘッジ対象とヘッジ手段の損益が同一の会計期間に認識されるよう損益を繰り延べる繰延ヘッジ法という方法が認められています。

# 5 棚卸資産の会計基準

## Point! 棚卸資産は取得時の原価で計上する

　新会計準則では、棚卸資産とは、企業が日常的に所有する販売予定の製品または商品、生産過程にある仕掛品、生産または役務提供のために消耗する原材料、包装品、消耗品等をいいます。

　**棚卸資産はその取得時に実際原価でその価値を測定して計上します。**棚卸資産の原価には、仕入原価、加工原価、その他原価の3つがあります。

　このような棚卸資産の取得時の原価については、現行の企業会計制度と新会計準則は基本的に一致していますが、新会計準則では生産企業だけで

図表 I－7　棚卸資産の原価

| 仕入原価 | 購入価額、関係税金費用、運送費、荷造包装費、保険料等 |
|---|---|
| 加工原価 | 直接人件費と間接製造費用 |
| その他原価 | 棚卸資産になるまでのその他の支出 |

はなく役務提供企業による棚卸資産の計上も認めており、また、借入費用を棚卸資産に計上することができる借入費用の資本化の会計処理も認めています。

借入費用については、現行の企業会計制度では固定資産の購入・建設のための特定借入金の利息、為替差損等の借入費用は、固定資産が使用可能な状態になるまでに発生した借入費用を固定資産に資産計上しなければなりません。新会計準則では、このような借入費用の資本化の会計処理を固定資産だけではなく、棚卸資産と投資不動産にまで拡大適用しています。新会計準則に移行したときには、棚卸資産を取得するのに資本化の条件に適合した特定借入金がある場合には、その利息、為替差損等を棚卸資産原価に計上することになります。

## Point! 商品仕入原価は現行企業会計制度と新会計準則とで異なるので注意！

次に、商品流通企業（商業企業）の商品仕入原価についてですが、現行の企業会計制度では商品の仕入原価を購入価額と関係税金費用に限定しています。仕入付随費用である運送費、荷造費、保険料、包装費、倉庫保管費、運送途上の合理的な損耗、入庫前の仕訳整理費用等は、営業費用として商品原価に計上しない会計処理が採用されています。

これに対して、新会計準則では棚卸資産の仕入原価は、購入価額、関係税金費用、運送費、荷造包装費、保険料、その他の棚卸資産仕入原価に帰属させることができる費用を含むものとしています。

さらに、新会計準則の解説書である「応用指南」（2006年10月公布）では、次のような会計処理を規定していますので、外国投資商業企業ではこの「応用指南」の会計処理に留意する必要があります。

> 商品流通企業が商品を仕入れる過程で発生する運送費、荷造包装費、保険料、その他の棚卸資産仕入原価に帰属させることができる仕入費用は、棚卸資産仕入原価に計上しなければならない。この場合には、事前にこれらの仕入費用の集計を行い、期末において仕入れた商品の在庫と販売の状

## 2 新会計準則への移行

会計基準の変更点③

| 会計基準 | 変更点 | 企業会計制度 | 新会計準則 |
|---|---|---|---|
| 棚卸資産 | 役務資産 | 規定なし | 企業が役務を提供する場合は、発生した役務提供に従事した人員の直接人件費とその他の直接費用および帰属すべき間接費用は、棚卸資産原価に計上する |
| | 借入費用 | 固定資産の借入費用のみ資産計上可能 | 固定資産以外に棚卸資産と投資不動産の借入費用の資産計上可能 |
| | 商業企業の仕入原価 | 棚卸資産の仕入原価は購入価額と関係税金費用だけ | 棚卸資産の仕入原価は、購入価額、関係税金費用、運送費、荷造包装費、保険料、その他の棚卸資産仕入原価に帰属させることができる費用を含む |
| | 評価方法 | 先入先出法、加重平均法（総平均法）、移動平均法、個別評価法、後入先出法 | 先入先出法、加重平均法（総平均法と移動平均法）、個別評価法（後入先出法は廃止された） |

況に応じて仕入費用の配分を行うこともできる。すでに販売した商品の仕入費用は当期損益に計上し、未販売商品の仕入費用については期末棚卸資産原価に計上する。企業の仕入商品の仕入費用の金額が比較的小さい場合は、発生時に当期損益に計上することができる。

## Point! 新会計準則では後入先出法は認められていない

棚卸資産を取得した後の継続的な測定方法、すなわち棚卸資産の払出原価の算定方法については、企業会計制度では先入先出法、加重平均法、移動平均法、個別評価法、後入先出法を採用してその実際原価を決定します。**新会計準則では、先入先出法、加重平均法、個別評価法を採用するものとされ、後入先出法が認められていません。これは国際会計基準が後入先出法を不合理な棚卸方法として禁止していることによります。**

移動平均法については、企業会計制度では移動平均法が規定されていま

すが、新会計準則では移動平均法は明記されていません。これは、移動平均法は中国語では移動加重平均法とも言われており、加重平均法は中国語では月別一括加重平均法とも言われており、日本でいう月別総平均法に該当します。新会計準則でいう加重平均法には、総平均法（月別一括加重平均法）と移動平均法（移動加重平均法）の両方が含まれています。

## Point! 棚卸資産の期末評価は原価と正味実現可能価額のいずれか低い方（低価法）

次に、棚卸資産の期末評価については、企業会計制度では原価と正味実現可能価額のいずれか低い方によって測定し、正味実現可能価額が原価より低い場合にはその差額（評価損失）を棚卸資産評価引当金に計上しなければなりません。棚卸資産の帳簿価額は、原価から棚卸資産評価引当金を控除した金額とされています。企業会計制度では規定されていませんが、棚卸資産の正味実現可能価額が回復した場合には、洗替え法により減額した範囲内で回復した金額まで振戻し処理を行います。

**このような棚卸資産評価引当金による棚卸資産の低価法の会計処理は、新会計準則においても基本的に同じように規定されていますので、大きな変更点はありません。**なお、「応用指南」では、正味実現可能価額とは単なる棚卸資産の販売価格また契約価額ではなく、見積将来ネットキャッシュフローであるとしています。

すなわち、企業が見積った棚卸資産の販売によるキャッシュフロー・インから、販売過程において発生する可能性のある販売費用、関係税金費用、予定販売可能状態に達するまでに発生する可能性のある加工原価等のキャッシュフロー・アウトを控除したネットキャッシュフローで正味実現可能価額を決定します。

上述のとおり、企業会計制度から新会計準則に移行したときには、商業企業であれば営業費用に計上していた仕入費用を商品原価に計上することになります。また、棚卸資産の取得に特定の借入金が使用されたときには、その借入費用の一部を棚卸資産に資産計上することになります。棚卸方法については、後入先出法を採用している企業は先入先出法、総平均

法、移動平均法、個別法のいずれかに変更しなければなりません。

## 日本では棚卸資産の会計基準はどうなっているか？

　過去の日本の会計基準では、棚卸資産の評価基準として原価法と低価法の選択適用が認められており、原則的方法としては原価法が採用されていました。また、原価法においても時価が取得原価より著しく下落した時は、回復する見込みがあると認められる場合を除いて、時価で期末評価する強制低価法が適用されていました。

　このような原価法と低価法の選択適用はIFRSと相違するものでしたので、平成18年7月に企業会計基準委員会から「棚卸資産の評価に関する会計基準」が公表されて、棚卸資産の評価基準は原価法から低価法に変更されました。この基準は、平成20年4月以降に開始する事業年度から適用されています。

　日本基準の低価法は、棚卸資産の期末の正味売却価額が取得原価よりも下落している場合に、取得原価と正味売却価額との差額を当期の費用に計上するものです。正味売却価額とは売価から見積追加製造原価と見積販売直接経費を控除したものです。

　前期に計上した簿価切下げ額の戻入れについては、当期に戻入れを行う方法（洗替え法）と行わない方法（切放し法）のいずれかの方法を棚卸資産の種類ごとに選択適用することができます。また、製造業の原材料については、正味売却価額が再調達原価と歩調を合わせて動く場合は、継続適用を条件として再調達原価を採用することができます。

　このような日本基準の棚卸資産の会計基準は、連結財務諸表の連結子会社にも適用されます。低価法については、日本会計基準も国際会計基準と同等になりました。ただし、低価法の洗替え法と切放し法については、日本基準は選択適用となっていますが、中国の新会計準則と国際会計基準は洗替え法のみが採用されています。

# 棚卸資産：中国の新会計準則と国際会計基準とではここが違う

　現地法人の会計処理を企業会計制度から新会計準則に移行するにあたっては、全ての会計科目の会計処理を新会計準則に変更しなければなりません。棚卸資産だけではなく全ての会計科目の処理を変更することは大変な労力が必要です。移行するにあたっては、日本の親会社との連結決算も視野に入れて、移行した後の新会計準則の会計処理基準が、国際会計基準または日本会計基準とどのように異なるかを知っておく必要もあります。

図表Ⅰ－8　新会計準則と国際会計基準の相違点

| 科目 | 新会計準則 | 国際会計基準 |
|---|---|---|
| 仕入値引・仕入割戻（リベートなど） | 仕入原価は総額で、仕入値引・仕入割戻等は別途当期損益に計上 | 仕入値引、仕入割戻（リベート）とその他の類似のものは棚卸資産の原価から控除され仕入原価はこれらの控除金額を差し引いた純額で計上 |
| 棚卸資産の加工原価 | 製造間接費用をその性質に基づいて配賦方法を合理的に選択すべきことのみが規定されている | 製造間接費用を固定費と変動費に区分してその配賦方法にも言及している |
|  | 生産のために保有する材料に対して低価法を適用する場合は正味実現可能価額で評価する | 原材料価格の下落が製品の正味実現可能価額が原価より低くなることを示している時には、その原材料は正味実現可能価額まで評価減される。このような場合、原材料の再調達原価が正味実現可能価額についての最良の入手可能な測定値である |
| 包装品と消耗品 | 一括償却法と五五分割償却法を採用することが規定されている。一括償却法とは受入使用時に一括して費用に計上する方法であり、五五分割償却法とは、受入使用時に50％を費用計上して、廃棄処分時に残りの50％を費用計上する方法。このほか使用回数に応じて償却する分割償却法も認められている。これらの費用計上方法は中国固有の会計処理 | 該当する会計処理なし |

# 6 固定資産の減価償却方法

### Point! 税法では減価償却方法は定額法のみ

　企業会計制度では、企業は固定資産の減価償却方法、耐用年数、見積純残存価額を自主的に決定することができます。企業会計制度で認められている固定資産の減価償却方法には、定額法（年限平均法）、生産高比例法（工作量法）、200％定率法（二倍残高逓減法）と級数法（年数総和法）等があります。

　新会計準則では、減価償却方法には、定額法（年限平均法）、生産高比例

---

**企業所得税の加速減価償却**

　企業の固定資産は、技術進歩等の理由により加速償却が確実に必要な場合は、減価償却年数を短縮するかまたは加速減価償却の方法を採用することができます。
　減価償却年数を短縮するかまたは加速減価償却の方法を採用する固定資産には、次のものが含まれます。
①技術進歩によって、製品の新旧交替が比較的早い固定資産
②強度の振動、高度な腐食の状態に一年中置かれている固定資産
　減価償却年数を短縮する方法を採用する場合は、最低限の減価償却年数は税法の法定減価償却年数の60％を下回ることはできません。加速減価償却の方法を採用する場合は、200％定率法または級数法を採用することができます。
・200％定率法：定額法の減価償却率を2倍して期首帳簿価額に乗じて減価償却費を計算し、償却期限の到来する満2年において残りの未償却簿価を均等に減価償却し、見積純残存価額は零とする計算方法
・級数法：例えば5年の償却年数であれば、減価償却対象金額に第1年度は5＋4＋3＋2＋1＝15分の5、第2年度は15分の4、第3年度は15分の3、第4年度は15分の2、第5年度は15分の1を乗じて計算する方法

図表Ⅰ-9　減価償却方法

| 企業会計制度と新会計準則 | 企業所得税法 |
|---|---|
| 定額法（年限平均法）、生産高比例法（工作量法）、200％定率法（二倍残高逓減法）と級数法（年数総和法）等 | 定額法、加速償却制度 |

法（工作量法）、200％定率法（二倍残高逓減法）と級数法（年数総和法）等があり、企業会計制度から新会計準則に移行しても減価償却方法には相違はありません。

これに対して**企業所得税法では定額法のみが認められており、定額法で減価償却計算した場合にのみ控除が認められる**と規定されています。このような税務規定もあって、中国子会社の会計上の減価償却計算はほとんどが定額法で計算されています。

## Point! 新税法と旧税法とでは耐用年数に変更あり

固定資産の耐用年数についても、多くの中国現地法人は旧企業所得税法の最短耐用年数をそのまま使用していました。2008年に改正施行された企業所得税法では、旧法の建物・構築物20年、機器・機械・その他生産設備10年、工具器具備品5年の3つの耐用年数はそのまま継続しましたが、航空機・汽車・汽船以外の運輸工具は5年から4年に変更し、電子設備については5年から3年に変更しました。

## Point! 企業所得税法では見積純残存価額は新会計準則に合わせて自主的に決定できる

また、**企業所得税法では、企業は固定資産の性格と使用状況に基づいて、固定資産の見積純残存価額を合理的に決定できる**と規定しています。この規定は新会計準則の規定に合わせたものです。

企業会計制度と現行会計準則では、見積純残存価額について何も定義していませんが、新会計準則では見積純残存価額とは、固定資産の予定使用

図表Ⅰ－10　企業所得税法の耐用年数

| 資産区分 | 最低償却年数 |
|---|---|
| 建物、構築物 | 20年 |
| 航空機、汽車、汽船、機器、機械及びその他の生産設備 | 10年 |
| 生産経営活動と関係する器具、工具、家具等 | 5年 |
| 航空機、汽車、汽船以外の運輸工具 | 4年 |
| 電子設備 | 3年 |

(注)　電子設備とは、集積回路（ＩＣ）、トランジスター、真空管等の電子部品で構成されたもので、ソフトウェアを含む応用電子技術が機能を発揮する設備であり、コンピュータとコンピュータによってコントロールされるロボット、データコントロール、またはエンジニアリングリングシステム等を含む。

年数が終了する時に予想される状態で処分した場合に、企業が現時点での資産処分により獲得する金額から見積処分費用を控除した後の金額とされています。すなわち将来の処分状況を予測して、現時点における見積処分金額から見積処分費用を控除した金額です。

旧企業所得税法では、残存価額は取得価額の10％以上でなければならないと規定していましたので、多くの企業は取得価額の10％を残存価額として計算していますが、企業所得税法が改正施行された2008年1月以降は企業が自主的に見積純残存価額を決定することができます。ただし、前述したように、外国投資企業では旧税法の耐用年数と残存価額を現在でもそのまま使用している例が多いようです。

## Point!　借入費用の資本化

現行会計準則における借入費用の資本化とは、固定資産の購入と建設に関係する特定借入金の利息、為替損益等は、固定資産が使用可能状態になる前に発生したものは資本化して固定資産原価に計上することができるという会計処理です。企業所得税法では、有形固定資産と無形資産についてはこのような借入費用の資本化を認めていますので、有形固定資産と無形資産に限っていえば、会計と税務の調整は必要がありません。

ただし、新会計準則では、借入費用の資本化について有形固定資産と無

形資産だけではなく、棚卸資産と投資不動産等について適用範囲を拡大しています。新会計準則が定める資本化条件に適合する場合は、企業所得税法でも借入費用を資産原価に計上することを認めていますので、これらの新しい適用範囲についても会計と税務の調整は必要がありません。

# 7 ファイナンスリース

## Point! ファイナンスリース試行企業制度：業務許可を受けているかどうかで営業税負担が異なる

　少し古い話ですが、2004年10月に商務部は、ファイナンスリース会社に関する通知を公布して、ファイナンスリース試行企業の制度をスタートさせました。それまで中国でファイナンスリース業務を行える企業は、中国人民銀行または商務部（旧対外貿易経済合作部）が認可した特定少数の内資ファイナンスリース会社（15社）と合弁リース会社（42社）のみでした。中国はＷＴＯ加盟により加盟後3年内に独資のリース会社設立を約束しましたので、2005年2月に商務部は外国投資リース業管理弁法を公布して、外国独資のリース会社の設立を認めました。

　この約束履行の直前に、中国のリース業界発展のためにファイナンスリース試行企業の制度が作られています。ファイナンスリース試行企業とは、中国の各省、自治区、直轄市、計画単列市の商務部門がその地域のリース業の発展状況に応じて、1社または2社を推薦して、生産、通信、医療、環境、科学研究分野の設備、工作機械、交通輸送工具（飛行機、船、自動車等）のリース業務を行う企業です。ファイナンスリース試行企業の最低資本金は、4,000万元（2001年8月までの設立企業）または17,000万元（2001年9月から2003年12月までの設立企業）となっていました。これに対して、外国投資ファイナンスリース会社の最低資本金は1,000万米ドル（約10億円）でした。

内資ファイナンスリース会社、外国投資リース会社およびファイナンスリース試行企業は、いずれも税務上の恩典を受けることができます。すなわち、ファイナンスリース業務の許可を受けたリース会社は、ファイナンスリース業務を行った時に、リース料収入から設備代金、付随費用、支払利息等を控除した残額に5％の営業税が課税されます。これに対して、**ファイナンスリース業務の許可を受けていないリース会社等のリース業務は、それが実質的にファイナンスリースに該当しようがオペレーティングリースに該当しようが、リース料収入そのものに対して5％の営業税が課税されます。**このように中国では、ファイナンスリース業務の許可を受けているかどうかでリース会社の営業税負担が大きく異なっています。

> **Point!** ファイナンスリースの会計は、リース取引を資産の売買取引と考え、同時に損益を一度に計上しないで繰延処理して金利に見合う損益を計上する会計処理

　中国政府財政部は2001年に現行会計準則の「企業会計準則－リース」を公布してIFRSに準拠したリース会計を制定しました。このIFRSによるリース会計は現行の企業会計制度にも採用されており、外国投資企業は2002年から現行の企業会計制度で適用されていますので、中国のリース会計はややIFRSに準拠したものとなっています。

　現行会計準則のリース会計によれば、ファイナンスリースとは下記の5つの基準のうちいずれか1つを満たすリースであり、ファイナンスリース以外のリースはオペレーティングリースになります。

　ファイナンスリースに該当する場合は、リース資産は借手に売却したものとして借手がリース資産を資産計上して減価償却を行います。オペレーティングリースに該当する場合は、リース資産は貸手の資産に計上されて減価償却され、借手はリース料を支払計上することになります。すなわちファイナンスリースの会計処理は、リース取引を資産の売買取引として会計処理し、同時に損益を一度に計上しないで繰延処理して金利に見合う損益を計上する会計処理です。

第Ⅰ部 会計

## Point! ファイナンスリースとオペレーティングリースを区分する5つの基準

① **所有権移転**：リース取引では資産の所有権は移転せず、資産の使用権のみが取引されますが、リース期間満了時にリース資産の所有権が借手に移転することが確実と（合理的に）判断される時には、そのリース資産の所有権は最終的に借手に移転されますので、そのリース取引はファイナンスリースと判断されます。

② **割安購入選択権**：同じように、リース契約で借手にリース資産を購入する権利が与えられており、その購入価格が時価よりはるかに小さい場合には、経済合理性から判断すれば、借手が割安購入権を行使してリース資産を取得することが確実と（合理的に）判断されますので、そのリース取引はファイナンスリースと判断されます。

③ **リース期間**：リース期間がリース資産の使用可能年数（耐用年数）の大部分を占める時には、そのリース資産はリース取引で使用期間が終了しますので、そのリース資産は売買されたものとしてファイナンスリースと判断されます。

④ **最小リース支払金額**：リース契約によるリース料の各年度の支払金額の現在価値の合計がリース資産の取得原価にほぼ相当する場合は、リース資産の購入代金と将来のリース料がほぼ見合う金額となりますので、資産の売却取引としてそのリース取引はファイナンスリースと判断されます。

⑤ **専用用途**：リース資産の性質が特殊で、比較的大きな修繕を行わずに、借手のみが使用するしかないもの、また、借手の特殊な要求に基づいて購入・建設されたもので、専用用途の性質を持つ資産をリースした場合は、ファイナンスリースと判断されます。

## Point! 中国はファイナンスリースの会計処理で国際会計基準の公正価値概念を本格的に採用

中国のファイナンスリースの定義は、現行会計準則と新会計準則ともに同じ定義であり、ファイナンスリースとは実質的に資産の所有権と関連す

るすべてのリスクと報酬（便益）が移転するリースをいいます。

ただし、図表Ⅰ-11のファイナンスリースの判定基準の④に見られるように、現行会計準則では借手のリース開始日の最小リース支払金額がリース資産の原始帳簿価額にほぼ相当することが要件とされているのに対して、新会計準則ではリース資産の帳簿価額ではなく公正価値にほぼ相当することが要件とされました。**このようにリースの新会計準則でも公正価値概念が本格的に導入されています。**

現行会計準則のファイナンスリースとオペレーティングリースの区分基準は会計準則の制定時には企業所得税法では認められておりませんでした。2003年になって企業所得税法でも現行会計準則のファイナンスリースとオペレーティングリースの区分基準を採用するように改正されました。

現行会計準則と新会計準則とでは、ファイナンスリースの会計処理について、帳簿価額ではなく新たに公正価値概念が本格的に採用されましたので大幅に会計処理が変更されています。企業会計制度から新会計準則に移行する時にはこのような会計処理の変更を考慮する必要があります。

また、借り手の未認識融資費用の償却について、現行会計準則では実行利子率法のほかに定額法、年数総和法等も認められていましたが、新会計準則では実効利子率法により償却することになりました。

## Point! 企業所得税のファイナンスリースの借手の税務処理

### ① 借手のリース資産計上金額

企業所得税法では、ファイナンスリースで受入れた固定資産は、リース契約が約定する支払総額と借手のリース契約を締結する過程において発生した関係費用を課税標準価額とします。また、リース契約が支払総額を約定していない場合は、その資産の公正価値と借手のリース契約を締結する過程において発生した関係費用を課税標準価額とすることが規定されています。

このようにファイナンスリースの借手の税務処理については、企業所得税法と新会計準則の処理は相違しています。新会計準則では、リース期間

## 図表Ⅰ－11 ファイナンスリースの判定基準

| 判定基準 | 現行会計準則 | 新会計準則 |
|---|---|---|
| ① 所有権の移転 | リース期間満了時において、リース資産の所有権が借手に移転すること | 同左 |
| ② 割増購入選択権 | 借手がリース資産の購入選択権を有し、予定されている購入価格が選択権を行使するときのリース資産の公正価値よりもはるかに低く見積もられていることにより、リース開始日においてこの選択権を行使しうることが合理的に確定できること | 同左 |
| ③ リース期間 | たとえ資産の所有権は移転しないとしても、リース期間がリース資産の使用寿命の大部分を占めること | 同左 |
| ④ 最小リース支払金額 | 借手のリース開始日における最小リース支払金額の現在価値が、リース開始日のリース資産の原始帳簿価額にほぼ相当すること | 借手のリース開始日における最小リース支払金額の現在価値が、リース開始日のリース資産の公正価値にほぼ相当すること。貸手のリース開始日における最小リース受取金額の現在価値が、リース開始日のリース資産の公正価値にほぼ相当すること |
| ⑤ 専用用途 | リース資産の性質が特殊で、比較的大きな修繕を行わなければ、借手のみが使用するしかないもの | 同左 |

開始日において、借手はリース開始日のリース資産の公正価値と最小リース支払金額の現在価値を比較していずれか低い方をリース資産の記帳価格とし、最小リース支払金額を長期未払金の記帳価格として、その差額は未認識融資費用とします。

これに対して、企業所得税法では、リース契約が約定する支払総額（最小リース支払金額）と借手の関係費用を課税標準価額として資産計上します。リース契約が支払総額を約定していない場合は、その資産の公正価値と借手の関係費用を課税標準価額として資産計上します。

**2** 新会計準則への移行

**会計基準の変更点④**

| 会計基準 | 変更点 | 企業会計制度 | 新会計準則 |
|---|---|---|---|
| リース | ファイナンスリースの借手の資産計上額 | 借手はリース開始日のリース資産の原始帳簿価格と最小リース支払金額を比較していずれか低い方をリース資産の記帳価額とする。また、帳簿価格基準を採用すると同時に、リース資産の企業の資産総額に占める比率が大きくない場合には、借手はリース開始日において最小リース支払金額により受入資産および長期未払金を記帳することができる。 | リース期間開始日において、借手はリース開始日のリース資産の公正価値と最小リース支払金額の現在価値を比較していずれか低い方をリース資産の記帳価格とし、最小リース支払金額を長期未払金の記帳価格として、その差額は未認識融資費用とする。 |
| | 借手の未認識融資費用の償却 | 実効利子率法のほかに定額法と級数法等も認められている。 | 実効利子率法による。 |

　このように企業所得税法では、ファイナンスリース受入固定資産の課税標準価額は、リース支払総額または公正価値を基準としていますが、新会計準則では公正価値と最小リース支払金額の現在価値を基準として資産計上します。すなわち、企業所得税法では最小リース支払金額の現在価値基準は採用していません。

② **未認識融資費用**
　新会計準則では、リース資産の公正価値と最小リース支払金額の現在価値を比較していずれか低い方をリース資産の記帳価格とし、最小リース支払金額を長期未払金の記帳価格として、その差額は未認識融資費用としますが、企業所得税法では、固定資産をリース支払総額で計上すれば、長期未払金も同額となり、未実現融資費用は発生しない処理となっています。

第Ⅰ部　会計

## 日本のリース会計基準は中国とここが違う

　日本では、ファイナンスリースは、解約不能リースとフルペイアウトの両方を満たすリースをいいます。解約不能リースとは、次のいずれかの基準を満たすリースです。

① 現在価値基準：リース料総額の現在価値が見積現金購入価額の概ね90％以上
② 経済的耐用年数基準：解約不能リース期間がリース資産の経済的耐用年数の概ね75％

　上記のファイナンスリースに該当するリースのうち次のいずれかに該当するものを所有権移転ファイナンスリースとします。

① 所有権移転条項付リース
② 割安購入選択権付リース
③ 特別仕様のリース物件

　上記のいずれにも該当しないものは所有権移転外ファイナンスリースに区分します。
　このように、日本と中国ではファイナンスリースの判定基準の構成が異なっています。日本は解約不能とフルペイアウトを判定基準とし、中国は日本の所有権移転ファイナンスリースの判定基準もファイナンスリースの判定基準としています。日本ではファイナンスリースを所有権移転と所有権移転外に区分しています。
　日本では、所有権移転ファイナンスリースに係るリース資産の減価償却費は、自己所有の固定資産に適用する減価償却方法と同一の方法により算定します。所有権移転外ファイナンスリースに係るリース資産の減価償却費は、リース期間を耐用年数として残存価額をゼロとして算定します。
　当然のことながら、国際会計基準に準拠した中国会計基準では、ファイナンスリースをこのような所有権移転と所有権移転外に区分した会計処理はありません。

## 8 長期持分投資

### Point! 長期持分投資の扱い

　企業会計制度と現行会計準則では長期持分投資については、取得時には実際取得原価で計上しますが、その後の各決算期では原価法または持分法が採用されます。持分法とは、投資先企業の利益剰余金の増減に応じて投資企業の長期持分投資の帳簿価額を増減させる会計処理です。このような持分法による会計処理は企業所得税法では認められておらず、その帳簿価額は実際の取得原価に基づいた原価法によるものとされています。

　現行の企業会計制度では、企業が投資先企業に対して支配、共同支配または重要な影響力を有する場合には、その長期持分投資について持分法を採用します。企業が投資先企業に対して支配、共同支配または重要な影響力を有しない場合には、その長期持分投資について原価法を採用します。

　これに対して新会計準則では、長期持分投資を連結子会社、関連会社、ジョイントベンチャー、その他投資の4つに区分して、個別財務諸表では、連結子会社については原価法、重要な影響力を有する関連会社については持分法、共同支配しているジョイントベンチャーについては原価法、重要な影響力も共同支配を持たないその他の投資については原価法が採用されます。

　ただし実際の実務においては、企業会計制度や現行会計準則では、支配、共同支配、重要な影響力を有する投資先企業について持分法は適用されていませんでした。そもそも外国投資企業に対しては連結会計の適用もなく、個別財務諸表で連結子会社や関連会社に対して持ち分法を適用することもなかったと推定されます。

　したがって、**実務的に何が変更になったかと言えば、重要な影響力を有**

59

する関連会社と共同支配しているジョイントベンチャーに対して新たに持分法を採用することではないかと考えられます。

# 9 減損会計

## Point! 税法では減損引当金の計上は認められていない

　減損会計とは、資産の価値が減少したときにその損失を見積って、**減損損失と減損引当金を計上する会計処理**です。例えば、現行会計準則では、回収不能となった売掛債権の貸倒引当金、販売して回収できない棚卸資産の棚卸資産評価引当金、生産ラインを停止した設備等の固定資産の減損引当金、資産価値のない無形資産の減損引当金のほかに、短期投資、委託貸付金、長期投資、建設仮勘定の減損引当金もあり8種類の減損引当金が規定されています。

　これらの減損引当金のうち貸倒引当金については、金融機関のみが税法所定の限度額計算で貸倒引当金の費用計上が認められていますが、一般の外国投資企業については減損引当金の計上についてはすべて費用または損失に落とすことが認められていません。

　なお、棚卸資産、固定資産、無形資産、長期持分投資等の実際に発生した資産損失については、企業所得税法では永久的な損失、実質的な損失が発生したと認められる根拠証憑があれば損失として処理することができますが、税務機関の損失認定にはかなり厳しいものがあります。

## Point! 現行会計準則と新会計準則とでは減損の適用範囲や公正価値の扱いが違うので注意

　現行会計準則と新会計準則では、資産減損の会計基準の構成が大幅に変更されました。現行会計原則では、資産の減損は未収債権、棚卸資産、固

## 2 新会計準則への移行

**会計基準の変更点⑤**

| 会計基準 | 変更点 | 企業会計制度 | 新会計準則 |
|---|---|---|---|
| 資産の減損 | 適用範囲 | 未収債権、棚卸資産、固定資産、無形資産、短期投資、委託貸付金、長期投資、建設仮勘定 | 固定資産、無形資産、長期持分投資、投資不動産、のれん等に適用され、棚卸資産と金融商品については棚卸資産と金融商品の会計基準で別途規定 |
| | 減損テスト | 毎期定期的に行う | 減損の兆候がある場合にのみ減損のテストを行い、耐用年数が不確定な無形資産と未使用の無形資産、のれんについては毎年減損テストを行う |
| | 資産の回収可能価額 | 資産の売却価額から処分費用を控除した正味売却価額と見積将来キャッシュフローの現在価値のいずれか高い金額 | 資産の公正価値から処分費用を控除した純額と見積将来キャッシュフローの現在価値のいずれか高い金額 |
| | 戻入処理 | 資産の回収可能金額が回復した場合は、資産減損引当金の戻し処理を行うことが認められる | 一旦減損した資産の回収可能金額等について価値が回復した場合には、資産減損引当金の戻し処理を行うことは認められない。ただし、棚卸資産と金融資産の会計基準による減損引当金は回収可能金額が回復した場合に、減損の戻し処理が認められる |

定資産、無形資産、短期投資、委託貸付金、長期投資、建設仮勘定に対して計上されましたが、新会計準則では、固定資産、無形資産、長期持分投資、投資不動産、のれん等に適用され、金融商品については金融商品会計基準で減損会計が規定されています。

新会計準則の減損引当金の範囲は次のとおりです。

① 未収債権、受取手形、貸付金等と貸倒引当金
② 棚卸資産と棚卸資産評価引当金
③ 売却可能金融資産とその減損引当金

### 見積将来キャッシュフロー

　企業が資産の将来キャッシュフローを見積る時は、マネジメントが合理的で根拠のあるデータを使用して、その資産の残余年数において総合的な経済状況について最良の評価を行わなければなりません。将来キャッシュフローの見積りは、企業のマネジメントの承認を受けた最近の財務予算または将来の見積期間（通常は5年間）の予測データを使用し、将来の見積期間については安定的または逓減的な成長率を前提とします。

　将来の見積期間の各年度の将来キャッシュフローと見積期間終了時の資産価値は割引率によって現在価値に計算されます。この見積将来キャッシュフローと処分費用控除後の公正価値を比較して高い方の金額を資産の回収可能金額とし、資産の帳簿価額より回収可能金額が低い場合に、減損損失を計上します。

④ 満期保有投資とその減損引当金
⑤ 長期持分投資とその減損引当金
⑥ 投資不動産とその減損引当金
⑦ 固定資産とその減損引当金
⑧ 工事物資とその減損引当金
⑨ 建設仮勘定とその減損引当金
⑩ 生産性生物資産とその減損引当金
⑪ 石油ガス資産とその減損引当金
⑫ 無形資産とその減損引当金
⑬ のれんとその減損引当金

　現行会計準則では、資産について減損テストを毎期定期的に行うとされていましたが、新会計準則では減損の兆候がある場合にのみ減損のテストを行い、耐用年数が不確定な無形資産と未使用の無形資産、のれんについては毎年減損テストを行うことになりました。

　減損は資産の帳簿価額が資産の回収可能価額より低い場合に会計処理が行われますが、新会計準則では資産の回収可能価額の定義が変更されています。資産の回収可能価額とは現行会計準則によれば、資産の売却価額から処分費用を控除した正味売却価額と見積将来キャッシュフローの現在価

値のいずれか高い金額ですが、新会計準則では資産の公正価値から処分費用を控除した純額と将来見積キャッシュフローの現在価値のいずれか高い金額をいいます。

すなわち現行会計準則では資産の売却価額から処分費用を控除した正味売却価額が使われていますが、新会計準則では資産の公正価値から処分費用を控除した純額が使われています。

このように**新会計準則では、資産の回収可能価額の測定において公正価値概念が導入されましたが、企業所得税法では資産の減損について公正価値は採用されておらず、実際の資産損失が発生しなければ損失の計上は認められないとする立場をとっています。**

また、減損の戻入処理については、現行会計準則では資産の回収可能金額が回復した場合は、資産減損引当金の戻し処理を行うことが認められていましたが、新会計準則では、一旦減損した資産の回収可能金額等について価値が回復した場合には、資産減損引当金の戻し処理を行なうことが認められていません。ただし、棚卸資産と金融資産会計基準による減損引当金は回収可能金額が回復した場合に、減損の戻し処理が認められています。

なお、IFRSでは減損の戻入処理は行わなければならず、のれんについてのみ減損の戻入処理が禁止されています。

# 10 未収債権と貸倒引当金

### Point! 中国では貸倒引当金が計上されない？

中国の現地法人から送られてくる決算書を見ると、売掛金等の債権残高の説明に貸倒引当金の金額が記載されていないことが多いようです。貸倒引当金という勘定科目は、決算期末の未収債権残高のうち将来回収不能と

見込まれる金額であり、実際に貸倒損失となる前の損失見込額です。日本の決算書では必ずといってよいほど貸倒引当金額が見積計上されています。未収債権残高からこの将来に貸倒損失となる恐れのある貸倒引当金を控除した純額が、その未収債権残高の実質価値です。

　中国では債権の回収が容易ではなく、資金的に余裕のない企業は支払いを一方的に延期することもあり、債権の貸し倒れの危険性も高いものがあります。一昔前には、三角債という言葉が有名になったように、自社が債権を回収しない限り債務の支払いもしないという商慣習があり、このような債務の未払いが三社間で連鎖的に循環すれば、各社間の資金の決済は完全に滞り三角債となります。中国では信用経済がまだ十分に発達していなかったため、商品の引渡しは支払とほぼ同時期か前受入金により行われることもありました。

　このように現金決済に近い販売取引が行われていれば、売掛金の貸倒引当金は計上する必要がないとも言えますが、必ずしも現金取引ばかりではなく、商品の引渡しから代金の決済までの間に売掛金が多額に計上され、その一部は回収が長期化し、最終的には相手先が倒産し、支払い不能となることがありますので、日本以上に貸倒引当金の計上が重要な会計処理となります。

　このような経済的な背景があるにもかかわらず、なぜ、中国では貸倒引当金が計上されないことが多いかを次に説明します。

## Point! 企業会計制度では貸倒引当金の見積りを自主的に決定できるようになった

　中国現地法人（外国投資企業）に企業会計制度が適用されたのは2002年からです。2001年までは旧会計制度が適用されており、貸倒引当金の計上は認められていましたが具体的な規定がなく、多くの外国投資企業は企業所得税法に従って会計処理していました。当時の税法では、リース業と貸付業を行う金融業に対してのみ債権残高の3％の範囲内で貸倒引当金の計上が認められていました。しかし、リース業と貸付業以外の製造業等の外国投資企業は貸倒引当金を計上することが認められていませんでした。

リース業と貸付業の外資系金融企業も貸倒引当金を計上するには、税務当局の認可が必要とされていました。これに対して、中国内資企業は会計上でも税務上でも業種にかかわらず、債権残高の0.5％まで貸倒引当金を計上することができました。

　このような状況において2000年に企業会計制度が公布されました。企業会計制度は2001年に中国内資企業を含む株式会社に、2002年に外国投資企業に、2003年にすべての新規設立企業に適用されることになりました。この企業会計制度では、**貸倒引当金は3％とか0.5％とかの法定の繰入率による引当計上ではなく、企業が債権残高に対して発生可能な貸倒損失を見積って貸倒引当金の金額を自主的に決定することができる**ようになりました。

## Point! 未収債権残高の年齢調べ

　貸倒引当金の範囲と計上方法も企業が自主的に決定して、期末債権残高の回収可能性を具体的に分析して発生可能な貸倒損失を見積らなければなりません。例えば、貸倒引当金の対象範囲を受取手形、売掛金とその他未収入金の未収債権残高として、期末の未収債権残高の年齢調べを行います。

　未収債権残高の年齢調べとは、まず、未収債権残高を発生期間別（例えば、決算期末日の6ヶ月前までの期間、1年前、2年前、3年前までの各期間等）に区分します。特に、支払期限を経過して長期滞留化している債権に対しては年齢調べを実施した時に支払いの督促も行います。

　次に、年齢調べによる区分別に貸倒引当金の計上比率を決定します。計上比率は企業の過去の経験、債務者の実際の財務状況、キャッシュフローの

---

**貸倒引当金計上の要件**

① 債務者企業がすでに解散、破産、または債務超過状態にある場合
② キャッシュフローの欠乏が深刻な状態にある場合
③ 深刻な自然災害の発生等で生産停止状態にあり債務を返済できない場合
④ 債務返済期限から3年を経過して未回収である場合

状況等を勘案して決定します。ただし、当年度に発生した未収債権、再編計画にある未収債権、関連当事者に対する未収債権、その他回収不能な証拠のない未収債権については貸倒引当金を全額計上することはできません。

## Point! 販売先が日本の親会社なら貸倒引当金は計上できない

上記のとおり、関連当事者に対する未収債権に対しては、貸倒引当金を計上することはできません。したがって、中国現地法人の輸出販売先が日本の親会社または関連企業である場合には、その売掛金残高に対して貸倒引当金を計上することはできませんので、売掛金残高の全額が日本の親会社等に対するものであれば、当然、貸倒引当金はありません。

## Point! 新会計準則の貸倒引当金

新会計準則では、未収債権は金融資産に該当します。未収債権の貸倒引当金は、金融商品会計基準の金融資産の減損として認識されます。金融資産の減損については、金融資産に減損が発生したことを証明する減損の兆候がある場合に減損損失引当金、ここでは貸倒引当金を計上します。

金融資産の減損の兆候とは、金融資産の見積将来キャッシュフローに影響を与える事象が発生して、その影響を信頼し得る程度に測定できることをいいます。具体的には次のものが金融資産の減損の兆候です。

① 発行体または債務者に深刻な財務的困難が発生した場合
② 債務者が契約条項に違反したこと、例えば利息または元本の返済に違約が発生したことまたは期限経過等の場合
③ 未収債権者が経済または法律等の分野での要素を考慮して、財務に困難が発生した債務者に対して譲歩を行った場合
④ 債務者に倒産閉鎖またはその他の財務的な再編を行う可能性がある場合
⑤ 発行体に重大な財務的困難が発生したことにより、当該金融資産が活発

な市場で事後して取引することができなくなった場合
⑥ あるグループの金融資産の中のある資産のキャッシュフローがすでに減少しているかどうか識別できないが、公開されたデータに基づいてそれに対して総体的な評価を行った後に、そのグループの金融資産は当初認識以来の見積将来キャッシュフローがすでに確実に減少しておりかつ測定できることが分かった場合、例えば、当該グループの金融資産の債務者の支払能力が一段と悪化しているか、または債務者の所在国または地域の失業率が高まっており、保証物件の所在地域の価格が明らかに下落しており、その業種も不景気である等の場合
⑦ 債務者の経営するところの技術、市場、経済または法律環境等に重大な不利な変化が発生し、持分金融商品の投資者が投資原価を回収することができない可能性がある場合
⑧ 持分金融商品投資の公正価値に深刻なまたは一時的ではない下落が発生した場合
⑨ 金融資産に減損が発生したことを表明するその他の客観的な証拠

　未収債権等について上記の減損の兆候が発生した時は、その帳簿価額から見積将来キャッシュフローの現在価値を減額した金額を資産減損損失として認識して、貸倒引当金を計上します。短期未収債権の見積将来キャッシュフローとその現在価値との金額の差が小さい場合には、見積将来キャッシュフローの金額をそのまま使用して現在価値に割り引かないことができます。

　企業会計制度から新会計準則に移行する時には、企業会計制度の貸倒引当金計上の要件と新会計準則の金融資産の減損の兆候に若干の相違があるので留意する必要がある。

**会計基準の変更点⑥**

| 会計基準 | 変更点 | 企業会計制度 | 新会計準則 |
| --- | --- | --- | --- |
| 金融資産 | 貸倒引当金 | 貸倒引当金計上の要件に該当した場合に、減損引当金を計上する。 | 金融資産の減損の兆候が発生した場合に、減損引当金を計上する。 |

第Ⅰ部　会計

## Point! 企業所得税法では貸倒引当金の処理が違う

　企業所得税法では、会計準則の減損引当金は損失として控除することが認められていません。最終的に貸倒損失となった時点で資産損失として処理することが認められています。一般の未収債権については下記のいずれかの条件に該当する場合に貸倒損失として課税所得から控除することができます。ただし、これらを客観的に証明する証憑や関係書類を準備しなければなりません。

> ① 債務者が法により破産、閉鎖、解散、撤退を宣告した場合、または法により登記が抹消され、営業許可証を取り消されて、その清算財産が弁済に不足した場合
> ② 債務者が死亡した場合、または法により失跡、死亡が宣告されて、その財産または遺産が弁済に不足した場合
> ③ 債務者が期限を過ぎて3年以上弁済しないで、かつ債務を弁済できないことを証明する確実な証拠が有った場合
> ④ 債務者と債務再編協議で合意した場合または人民法院が破産再修正計画を批准した後に、追加請求できなかった場合
> ⑤ 自然災害、戦争等の不可抗力によって回収できなくなった場合
> ⑥ 国務院の財政、税務主管部門が定めたその他の条件

## 11 税効果会計

> **Point!** 中国の現行の企業会計制度では税効果会計は任意適用

　日本では2000年3月期の公開会社に税効果会計が初めて採用されました。2011年現在で中国のほとんどの日系企業にも企業会計制度が適用されていますから、税効果会計を採用することができますが、たぶんほとんどの日系企業は税効果会計を採用していないと思います。中国ではこれより早く1994年に財政部が「企業所得税会計処理暫定規定」を公布して、全ての企業が税効果会計を採用することが可能となりました。ただし、強制適用ではなく任意適用であったため、実際に税効果会計を採用した企業は少なかったようです。

　中国の上場会社には2006年まで現行の企業会計制度と現行会計準則が適用されており、現行会計準則には税効果会計の規定がなく、企業会計制度では税効果会計は任意適用であったため、上場会社であっても税効果会計を採用していない会社が数多く存在していました。

> **Point!** 新会計準則では税効果会計は強制適用

　新会計準則では税効果会計は強制適用となりましたので、**企業会計制度で納税額法を採用して税効果会計を適用していなかった企業は新たに税効果会計を適用しなくてはなりません**。さらに、新会計準則の税効果会計は損益計算書負債法ではなく貸借対照表負債法が新たに採用されました。企業会計制度で税効果会計を適用していた企業は、同じ税効果会計でも損益計算書負債法から貸借対照表負債法に変更しなければなりません。

　貸借対照表負債法とは、会計上の資産・負債の帳簿価額と税務上の資

> ## 税効果会計
>
> 　税効果会計とは、損益計算書において税引前利益と企業所得税を合理的に対応させる会計処理です。
> 　例えば、損益計算書に税引前利益が 1,000、企業所得税が 355 計上している企業があったとします。会計上の減価償却費が 200、税務上で費用（損金）として認められる減価償却費が 100 であったとします。企業所得税の税率を 25％とすると、税引前利益が 1,000 であれば企業所得税は 1,000×25％＝ 250 の場合に合理的に対応しているといえます。損益計算書の企業所得税 355 は確定申告による納付税額です。すなわち実際に納付すべき税額 355 がそのまま損益計算書に計上されています。このような会計処理を納税額法といいます。
> 　これに対して、税効果会計では損益計算書に納付税額 355 －税効果額 25 ＝ 330 を所得税費用として計上します。税効果額 25 の意味は、会計上の減価償却費 200 －税務上の減価償却費 100 ＝一時差異 100 が将来において税務上でも費用（損金）として認められたときに一時差異 100 が解消しますので、将来の税金を減額させる効果が 100×25％＝ 25 あるということです。この 25 は繰延税金資産として資産に計上されます。
> 　このように損益計算書における会計上の損益金額と税務上の課税所得額を比較して一時差異を計算し、それに税率を乗じて税効果額を算定する方法を損益計算書負債法（損益計算書債務法）といいます。ここで負債法（債務法）と名付けているのは、税率が変化した時に当期の税金を重視して当期の税率を適用する当期損益法ではなく、将来の税金債務を重視して将来の税金支払に関係する新税率を適用する負債法（債務法）を採用しているからです。
> 　負債法では、一時差異に乗ずる税率は将来において適用される税率です。企業会計制度の税効果会計は、損益計算書負債法による税効果会計です。すなわち損益計算書の項目について一時差異を計算し、これに将来適用される税率を乗ずる税効果会計が採用されています。

産・負債の課税標準額を比較して、その一時差異に将来の解消期間、すなわち将来における資産の回収または負債の支払の期間に適用すべき税率を乗じて税効果額を算定する方法です。

　損益計算書負債法に比べて貸借対照表負債法では認識する税効果の範囲はかなり広範なものとなります。単なる損益項目だけではなく、損益に関係しない所有者持分項目に関する税効果、企業結合において取得した資産と負債の税効果等もその対象範囲となります。具体的には売却可能金融資産（日本でいうその他有価証券）の公正価値変動損益は、その変動損益と税

**2** 新会計準則への移行

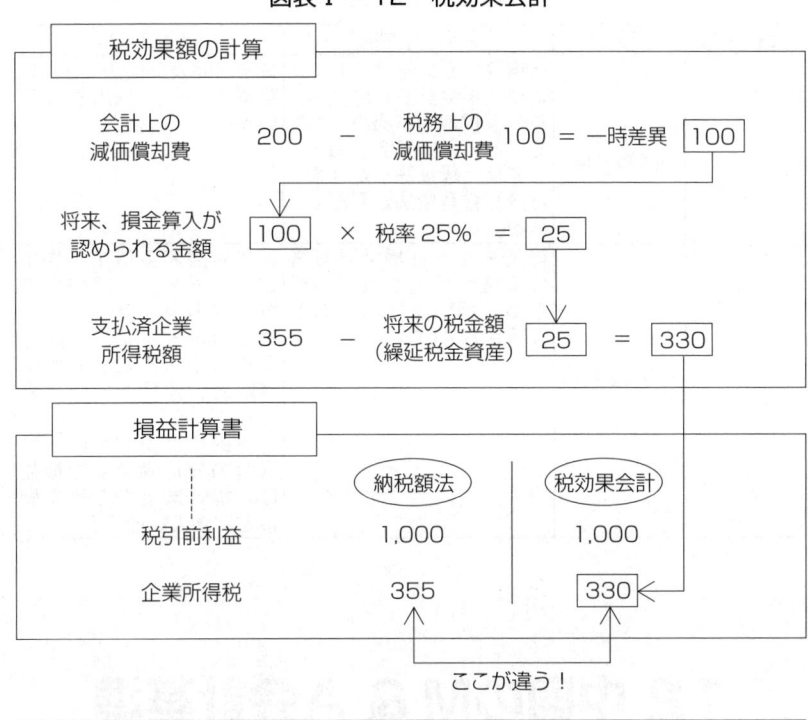

図表 I-12 税効果会計

**税効果額の計算**

会計上の減価償却費 200 − 税務上の減価償却費 100 = 一時差異 100

将来、損金算入が認められる金額 100 × 税率25% = 25

支払済企業所得税額 355 − 将来の税金額（繰延税金資産）25 = 330

**損益計算書**

|  | 納税額法 | 税効果会計 |
|---|---|---|
| 税引前利益 | 1,000 | 1,000 |
| 企業所得税 | 355 | 330 |

ここが違う！

**貸借対照表負債法**

会計上の資産・負債の帳簿価額 1,200 − 税務上の資産・負債の課税標準 1,300 = 一時差異 −100

効果金額をネットにして資本剰余金に直入処理します。一般の中国子会社ではこのようなその他有価証券を保有することはあまりないと思います。

会計基準の変更点⑦

| 会計基準 | 変更点 | 企業会計制度 | 新会計準則 |
|---|---|---|---|
| 所得税 | 税効果会計の強制適用 | 所得税の会計処理としては税効果会計法と納税額法の選択適用が認められている。税効果会計法としては、繰延法または損益計算書負債法が原則である。 | 貸借対照表負債法（貸借対照表債務法）が採用されている。 |
| | 適用範囲の拡大 | 繰延法または損益計算書負債法が採用されているため、期間差異の概念が適用されている。 | 貸借対照表負債法が採用されたため、一時差異の概念が採用されている。新会計準則では、資産と負債の帳簿価額と課税標準額との差額を一時差異としている。具体的には売却可能金融資産の公正価値変動損益は、税効果金額を資本剰余金に直入処理する。 |

# 12 中国のM＆A会計基準

## Point! 企業結合の定義は日本も中国も IFRS と同じ

　新会計準則の中に「企業会計準則第 20 号―企業結合」があります。このタイトルの中文は企業合併と名づけられていますが、その定義は日本の会計基準や IFRS の企業結合会計とほぼ同じものとなっています。
　新会計準則では、企業結合とは「2 つまたは 2 つ以上の個別の企業が統合して 1 つの報告単位を構成する取引または事象を指す」と定義されています。これだけでは何を言っているのか分かりませんが、例えば、日本基準では、企業結合とは、ある企業またはある企業を構成する事業と、他の

企業または他の企業を構成する事業とが1つの報告単位に統合されることと定義されており、中国と日本のどちらも IFRS の「企業結合」（IFRS 第3号）と同様の定義となっています。

### Point! 中国では国有企業の組織再編が重要なので関連法規は多いが、外資系企業についての法規は少ない

定義の具体的な内容については、日本基準では会社の買収のほかに合併、株式交換、株式移転による共同持株会社の設立等が含まれています。日本では企業結合とともに事業分離会計基準も制定されており、この事業分離会計基準は会社の分割等が適用対象となっています。

中国では、昔から国有企業の組織再編が経済問題の最重要課題となっています。中国企業の合併、会社分割、営業譲渡、国有資産の譲渡等の法規が制定されており、これに関連する会計と税務の規定も数多くあります。しかし、外資系企業の組織再編の法規はそれほどではなく、特に会計に関する法規はほとんどありませんでした。

最近では、内資企業間または外資企業間ばかりではなく、内資と外資との組織再編、中国上場企業の組織再編も重要な政策課題となっています。このような流れの中で、新会計準則は内資と外資に共通する買収、合併の会計基準となります。

### Point! 中国では共通支配下の企業結合に持分プーリング法が採用され、非共通支配下の企業結合にパーチェス法が採用されている

企業結合には、共通支配下の企業結合と非共通支配下の企業結合があります。新会計準則は IFRS とは異なって、この共通支配下の企業結合に多くの条項を割いています。これは中国の国有企業、上場企業をはじめとする企業集団内の企業結合を重視していることによります。外資系企業にとっては、非共通支配下の企業結合の方がより多く関係するものと思います。ただし、両者を比較することによって、中国の企業結合会計をより具体的に理解することができます。

日本の会計基準では、平成20年（2008年）の企業結合の会計基準の改

## 第Ⅰ部　会計

### 共通支配下の企業結合と非共通支配下の企業結合

　共通支配下の企業結合とは、簡単に言えば企業集団内の企業結合であり、企業結合の前と後で同一の支配会社が存在しており、その支配が一時的ではないものをいいます。すなわち企業集団内の買収、合併を指しています。共通支配下の企業結合では、いわゆる持分プーリング法が採用されています。

　これに対して非共通支配下の企業結合とは、同一支配者による支配関係にない会社同士の企業結合であり、その企業結合により支配権を獲得した会社が買収者となり、その他の会社は被買収者となります。すなわち企業集団外の独立した会社が買収、合併を行い一方が支配権を獲得して買収会社となり、その他の会社が被買収会社となります。支配権を獲得した方の会社を買収者・合併者とする非共通支配下の企業結合では、パーチェス法によって会計処理しなければなりません。

### 持分プーリング法

　持分プーリング法（持分結合法）とは、簡単に言えば、会社が買収・合併するときに被買収会社・被合併会社の資産と負債を帳簿価額で引き継ぐ方法です。持分プーリング法は買収・合併の前後を通して出資持分比率に実質的な変動がなく、持分がそのまま結合したものと考えますので、資産と負債も買収・合併の前の帳簿価額で引き継がれる方法です。

### パーチェス法

　パーチェス法（取得法）では、買収会社・合併会社は被買収会社・被合併会社の資産と負債を公正価値（時価）で購入し取得します。支配権を獲得した方の会社を買収者・合併者とする非共通支配下の企業結合では、このパーチェス法によって会計処理しなければなりません。すなわち、企業集団内で同一の支配会社等に支配されている会社間の買収・合併では、被買収会社・被合併会社の資産と負債を帳簿価額で受け入れる会計処理となります。これに対して、企業集団外の共通の支配関係のない会社間の買収・合併では、買収会社、合併会社は、被買収会社・被合併会社の資産と負債を時価で購入する会計処理を行わなければなりません。

　正前においては、非共通支配下の企業結合においても持分プーリング法とパーチェス法が採用されていました。当時の会計基準では、買収・合併の対価として議決権株式のみが使用されること、議決権比率が総体的に見て買収・合併の前と等しいこと、その他当事者間で支配関係を示す事実が存

在しない場合には持分プーリング法が適用されていました。

　すなわち、買収・合併により新たな支配・被支配の関係が発生せず、買収・合併直前の持分が継続されている場合には、持分の結合として持分プーリング法を採用しました。日本基準では持分プーリング法は、このような条件を満たす非共通支配下の買収・合併と共通支配下の買収・合併の両方に適用されていました。

　しかし、このような非共通支配下の買収・合併に持分プーリング法を適用する会計基準は国際的に受け容れられるものではなく、日本の会計基準と国際会計基準との重要な相違点として日本の会計基準が大幅に遅れていることの象徴的存在でしたので、平成20年の企業結合会計基準の改正の時に、非共通支配下の企業結合についてはすべてパーチェス法に統一され、持分プーリング法は廃止されました。ただし、共通支配下の企業結合と共同支配企業（ジョイントベンチャー）の形成については持分プーリング法が継続して採用されています。

　中国の新会計準則では、まだ持分プーリング法を適用する具体的な条件が明示されていません。これまでの中国国有企業の組織再編で、資産と負債の簿価引継ぎが行われてきた経緯を見れば、過去と同様の条件が設定されるかもしれません。

　IFRSでは、すべての企業結合にパーチェス法のみが採用されており、持分プーリング法は一切採用されていません。ただし、IFRSでは共通支配下の企業または事業結合を除いて取得法を適用するとあり、共通支配下の企業結合等については何も規定していません。

　前述したように中国では新会計準則で共通支配下の企業結合に持分プーリング法が採用され、非共通支配下の企業結合にパーチェス法が採用されています。企業会計制度と現行会計準則ではこのような企業結合の会計基準は存在していませんでしたので、新会計準則に移行する場合には重要な変更点になりますが、企業結合自体が特殊な会計処理ですのでここでは省略します。

第Ⅰ部 会計

### Point! 企業所得税法では企業再編の税務処理がある

企業所得税法では企業結合の会計基準に対応する税務処理として企業再編の税務規定があり、合併、分割、債務再編、持分買収、資産買収について有税処理である一般税務処理と合併、分割、買収について無税処理である特別税務処理の規定があります。

企業所得税が免税となる特別税務処理の要件には、企業結合の対価が一定割合の持分によって支払われること、合併、分割、買収により移転される資産と持分が一定割合によること、企業再編が合理的な事業目的によるものであること、再編後に実質的な営業活動が継続されていること、再編後の一定期間に取得した持分の譲渡が行われないことがあげられています。

第Ⅱ部「20 中国の企業再編」で企業再編税制を説明しています。

# 13 のれんの会計処理

### Point! 日本とは違って中国ではのれんを償却しない

中国では非共通支配下の企業結合でパーチェス法が採用され、パーチェス法では、買収・合併の対価が被買収・被合併会社の時価純資産(時価評価した資産と負債の差額)の金額を上回ったときには、その差額はのれんとして計上されます。差額がプラスの場合はのれんとして資産計上されますが、**日本と異なっているのは、のれんを償却しないことです。その代わりに、のれんに減損(資産価値の減少)が発生したときには減損引当金を計上します。**このようにのれんを償却しないで減損会計を適用する会計処理は、国際会計基準、米国会計基準と同じものです。

これに対して、日本基準はのれんを20年以内の効果の及ぶ期間で定額

## 2 新会計準則への移行

法等により規則的に償却すべきものとしています。のれんを償却しないで減損会計を適用する会計処理については、中国基準と国際会計基準、米国基準は同等であり、日本基準は償却を行い減損会計も適用することで会計基準に相違が存在しています。

新会計準則ではマイナスののれん、すなわち対価の額が時価純資産よりも低いためにマイナスとなるのれんについては、留保利益に計上するものとしています。日本基準では、原則としてプラスののれんと同様にその実態に応じて20年以内の期間で償却するものとしています。

なお、共通支配下の企業結合でも、企業結合の対価と引継簿価純資産との間に差額が発生しますが、新会計準則ではこの差額は原則として資本剰余金に計上すべきものとし、資本剰余金が不足するときには留保利益と相殺します。

# ❸ 新会計準則と税務処理

# 1 セールス＆リースバックの会計と税務

> **Point!** ファイナンス目的のセールス＆リースバック取引に増値税・営業税は課されない

　2010年10月に、中国国内で行われるセールス＆リースバックの税務が改正されました。国家税務総局は2010年9月8日付けで、「ファイナンス目的のセールス＆リースバック取引における借手の資産売却行為に係る租税問題に関する公告」を公布しました。

　この公告によれば、ファイナンス目的のセールス＆リースバック取引とは、借手がファイナンスを目的として、ファイナンスリース企業に資産を売却した後に、その資産をファイナンスリース企業からリースバックする行為をいいます。なお、中国語ではファイナンス性セールス＆リースバックという用語が使用されていますが、ファイナンス目的のセールス＆リースバックと意訳しました。

　この公告では、企業がファイナンスリース会社に設備を売却してそのファイナンスリース会社からファイナンスリースを受ける場合には、リースの借手である企業が資産をファイナンスリース企業に売却した時点では、資産の所有権と所有権に係るすべてのリスクと報酬（経済価値または便益ともいう）がファイナンスリース企業に完全に移転していないことから、資産の販売には該当しないこととされました。

---
**セールス＆リースバック取引**

　セールス＆リースバック取引とは、例えば、製造企業が設備を新たに購入する場合やすでに使用している中古設備について、製造企業がファイナンスリース企業に設備を売却して、その後にファイナンスリース企業からその設備をリースしてもらう方法です。

---

このように、セールス＆リースバック取引がファイナンス目的で行われる場合には、企業の資産売却取引（セールス）は資産の販売に該当しないことから、その売却取引については貨物の販売に課税する増値税と、無形資産の譲渡と不動産の販売に課税する営業税のいずれも課税されません。

　また、企業所得税についてもこのセールス＆リースバックは資産の販売として認識しないものとされ、販売収益を計上することはなく販売収益としての企業所得税の課税はありません。

　この規定は2010年10月1日から施行されており、2010年9月30日以前にファイナンスリース目的のセールス＆リースバック取引に、増値税、営業税、企業所得税が課税された場合には、その税金の還付が認められています。

## Point! ファイナンスリースの5つの認定基準、これに該当しない取引はオペレーティングリース

　ファイナンス目的のセールス＆リースバックの税務処理がこのように規定された背景には、中国国内の経済的要請のほかに企業会計準則の規定があります。**現行の企業会計制度と新会計準則のいずれにおいても、ファイナンスリースによるセールス＆リースバックは資産の販売としては認識されていません。**

　なお、税務公告のファイナンス目的のセールス＆リースバック取引と、企業会計準則でいうファイナンスリースによるセールス＆リースバック取引が全く同一のものであるかどうか現段階では明らかではありませんが、企業会計準則でいうファイナンスリースによるセールス＆リースバック取引とは、このうちのリース取引がファイナンスリースである取引をいいます。

　ファイナンスリースとオペレーティングリースの区分基準は、新会計準則では、次のいずれかの基準に該当する場合にファイナンスリースとして認定し、オペレーティングリースとはファイナンスリース以外のリースとされています。

第Ⅰ部　会計

> 【ファイナンスリースの認定基準】
> ① リース期間満了時において、リース資産の所有権が借手に移転する場合
> ② 借手がリース資産を購入する選択権を有しており、リース開始日において割安購入権を行使することが合理的に確定できる場合
> ③ 資産の所有権は移転しないとしてもリース期間がリース資産の耐用年数の75%以上である場合
> ④ 将来支払われるリース料とリース資産の残存価値等の金額の現在価値（最小リース支払金額）がリース資産の公正価値（時価）の90%以上である場合
> ⑤ リース資産の性質が特殊で、比較的大きな修繕を行わなければ、借手のみが使用するしかない場合

　すなわち、リース資産の所有権が借手に移転する場合、移転しない場合であっても最終的に割安購入権を使用して所有権が移転するか、所有権は移転しないまでもリース資産の耐用年数の75%以上がリース期間であるか、リース料の現在価値がリース資産の時価にほぼ等しいか、またはリース資産が借手しか使用できないものである場合には、そのリース取引はファイナンスリースとして認定されます。

## Point! ファイナンスリースによるセールス＆リースバックの会計処理：販売収益を認識しない

　新会計準則では、企業が販売収益を認識する場合には、下記の要件をすべて満たす必要があります。下記の要件のいずれか1つでも満たせない場合には販売収益を認識できません。

> ① 資産の所有権に関わる主要なリスクと報酬（経済価値または便益）が買手に移転すること
> ② 売手が資産の所有権と関わる通常の継続的な管理権と有効な支配を行っていないこと

③ 収入金額が信頼性をもって測定できること
④ 関係する経済的利益が企業に流入すること（販売代金の回収可能性が高いこと）
⑤ 原価が信頼性をもって測定できること

　セールス＆リースバック取引では、ファイナンスリース企業に売却した資産は借手企業にリースバックされて占有され、使用されています。税務の公告では、資産の販売収益の認識基準であるリスクと報酬が完全に移転していないことが認識要件を満たしていない理由として掲げられています。
　企業会計準則でもファイナンスリースによるセールス＆リースバック取引では、資産所有権に関わるリスクと報酬がすべて移転しているわけではなく、資産の売却取引とリース取引は１つの取引として会計処理しなければならないものとしています。また、借手企業によって資産が継続して有効に支配されていることからも販売収益の認識ができないものとされています。
　企業所得税法と企業会計準則の収益認識基準とその解釈適用については若干異なるものがありますが、ファイナンスリースによるセールス＆リースバックについては、販売収益を認識しないとする点で同一の結果となっています。
　企業会計準則では、ファイナンスリースによるセールス＆リースバックについては次のように会計処理を行います。例えば、製造企業の設備の取得価額が1,000,000元、減価償却累計額が400,000元で、差引の帳簿価額は600,000元であった場合で、この設備をファイナンスリース企業に700,000元（公正価値）で売却した場合には、製造企業に売却価額700,000元－帳簿価額600,000元＝100,000元の収益差額が発生します。
　この差額100,000元は当期の収益に計上しないで、未実現の繰延収益として繰り延べて、その後の会計期間で資産の耐用年数に応じて減価償却費を修正します。仮にその後の会計期間でその資産が５年間で償却されるならば、100,000元÷５年＝毎年20,000元の減価償却費の修正とします。
　なぜならば、ファイナンスリースでリースバックされた資産の取得価額

は元の取得価額ではなく 100,000 元が加算された状態（公正価値）で計上されますので、減価償却費も毎年 20,000 元だけ増加しますので、これを修正することになります。

　ファイナンスリースによる資産を受入れた企業は、リース会計基準によってリース資産を計上して減価償却するとともに、実効金利による利息部分を財務費用として計上します。

　前述した税務公告でも、ファイナンスリースした資産については、従来どおり借手が売却する前の旧帳簿価額で課税標準として減価償却費を計上します。リース期間に借手が支払う融資利息に属する部分は、企業の財務費用として税前控除することが規定されています。

## Point! オペレーティングリースによるセールス＆リースバックの会計処理：公正価値の裏づけがあれば販売収益に計上

　リースバックを受ける時にオペレーティングリースで資産をリースバックする場合には、セールス＆リースバックのセールスは資産の販売となる場合と資産の販売にはならない場合があります。

　新会計準則では、資産の売却価額が公正価値であることを裏付ける確実な根拠がある場合には、その資産の販売は正常な販売して売却価額と資産の帳簿価額との差額は販売収益として当期損益に計上します。

　これに対して、公正価値であることの確実な裏づけがない場合には、資産の販売収益として処理しないで、ファイナンスリースと同じように繰延収益として計上し、その後の会計期間ではリース料を修正することになります。

　ファイナンスリースではリース資産が未実現収益部分だけ過大または過少計上されますので、減価償却費を修正しますが、オペレーティングリースでは資産は計上されないため、過大または過少となったリース料を修正することになります。

# 2 立退補償金（政府補助金）の会計と税務

**Point!** 中国政府は政策上の目的から企業に財政補助を行うことがある

　中国では、政府の企業に対する財政補助として、財政拠出金の支払い、財政利子補給、税金の還付、現物の無償供与等が行われています。例えば、企業に固定資産の購入建設や技術改良を行わせるために専用資金を拠出し、企業の従業員の雇用を確保するために奨励金を支給し、企業の研究開発を促進させるために拠出金を支給することが行われています。

　また、国民生活に不可欠な糧食、石油等の生産と備蓄のために企業に定額補助金も拠出しています。さらには環境保護のために一定の条件を満たす企業に対して増値税の先納付後還付政策を適用して、徴収した税金を企業に還付して環境保護に使用させることも行っています。このような政府補助金には、現金等の貨幣性資産による支払いのほかに、土地使用権、林地等を無償で行政割当して使用させる非貨幣性資産の現物供与も含まれます。

　**ここで政府補助金とは、企業が一定の条件を満たす見返りに政府から無償で貨幣性資産または非貨幣性資産を取得することをいいます。**なお、政府が企業の所有者持分（資本勘定）に投資する資本金出資は政府補助金ではなく資本投資として取り扱われます。

　ここ数年にわたり、中国の日系企業が政府補助金を受領する事例が増えてきました。もっとも一般的な事例は、地方政府の都市改造計画等によりこれまで工業地域であった企業所在地が再開発により商業地域に変更されたために、地方政府から立退きを要求され立退補償金を受領する事例です。次に、中国の立退補償金の会計処理について紹介します。

第 I 部　会計

## 🅟 立退補償金：いったん特別未払金に計上、立退きが完了した時点で資本剰余金に振り替える

　企業会計制度では、政府の財政支援により支払われる政府補助金については、企業が受領した時に補助金収入として収益に計上することが規定されています。これに対して技術改造、技術研究等のために特定資産を取得する場合には、政府補助金を受領した時に特定未払金に計上しておいて、固定資産、無形資産が完成した時に特定未払金から資本剰余金に振り替える会計処理が規定されています。

　このように企業会計制度で、当初に特定未払金に計上してその後に資本剰余金に振り替える会計処理が適用されるのは、政府補助金によって特定資産を取得する場合だけでした。しかし、財政部は2005年に新たな規定を公布して、都市計画等の公共利益のために企業が立ち退かされて政府から立退補償金が支払われた場合にも、立退補償金を受領した時に特定未払金に計上する会計処理を採用しました。

　**企業が政府から都市計画等により立退補償金を受領した場合は、受領した金額をいったん特定未払金に計上し、次に立退きが完了した時に、この特定未払金から立退きに伴う次の金額を控除した差額を資本剰余金に振り替えます。**特定未払金から控除する金額には、立退きに伴って発生する固定資産の売却・廃棄・毀損等の純損失、旧設備の解体・運送・再据付・試運転等の費用、旧所在地の企業を清算する場合の土地使用権の簿価、従業員の再配置費用があります。

　このように企業会計制度では、政府の財政拠出金を受領した時は補助金収入（営業外収入）に計上するのが原則でしたが、財政部の規定により、都市計画等による立退補償金については、補助金を受領した時に特定未払金に計上して、固定資産を取得した時または立退きが完了した時に、旧資産の純損失と関係費用を控除した残額を特定未払金から資本剰余金に振り替える会計処理に変更されています。

## 政府補助金の会計処理：
### 企業会計制度と新会計準則とではここが違う

◎インカム・アプローチとキャピタル・アプローチの2つの会計処理がある

　企業会計制度と財政部規定は、政府補助金の会計処理を個々別々に規定しただけで統一的な規定がなかったため、財政部は新会計準則の作成に当たってはIFRS（IAS第20号）に準拠して、政府補助金の会計処理のうち収益法と総額法を採用しました。

　政府補助金の会計処理には、収益法（インカム・アプローチ）と資本法（キャピタル・アプローチ）があります。収益法は政府補助金を当期収益または繰延収益に計上する方法です。これに対して資本法は政府補助金を所有者持分（資本剰余金等の資本勘定）に計上する方法です。

◎インカム・アプローチ：政府補助金は株主以外からの入金だから資本勘定に直接認識してはいけない

　IFRS（IAS第20号）では、インカム・アプローチとキャピタル・アプローチの両方の論拠が紹介されています。インカム・アプローチの論拠は、政府補助金は株主以外からの入金であり資本勘定に直接認識すべきではない、企業は補助金の交付条件を遵守するという責務を果たすことにより交付を受けているので収益として認識すべきであり、関係費用を認識する適切な期間にわたり純損益を認識すべきであるとするものです。税金を費用と見る税効果会計から見ても、政府補助金は財税政策の一環としてマイナスの税金費用と理解されるので収益法の採用が妥当である主張しています。

◎キャピタル・アプローチ：企業努力で稼いだ金額ではないから損益計算書の純損益で認識はできない

　これに対して、キャピタル・アプローチの論拠は、政府補助金は企業が努力して稼得するものではなく関係費用を伴わない奨励金であり、単なる資金調達手段に過ぎないもので返済が予定されていないので、損益計算書の純損益以外、例えば包括利益計算書のその他の包括利益または資本勘定で認識すべきであるとしています。政府補助金は企業が営業活動により稼得する純損益ではないと主張しています。このようなそれぞれの論拠を紹介した上で、国際会計基準ではインカム・アプローチが採用されて、政府補助金は直接株

87

主持分（資本勘定）に計上してはならないと結論しています。

◎**中国の新会計準則はインカム・アプローチを採用**
　中国の新会計準則は、IFRSに準拠して、政府補助金について収益法（インカム・アプローチ）を採用しました。
　また、収益法には、総額法と純額法があります。総額法は政府補助金をその総額で計上する方法であり、政府補助金と資産の取得価額・関係費用を相殺しません。純額法は政府補助金と資産の取得価額・関係費用を相殺して純額で表示します。**新会計準則は総額法を採用しました。**
　政府補助金の会計処理には営業外収入と繰延収益（流動負債）の科目を使用します。新会計準則では特定未払金の科目は、政府が企業所有者として投資した資本投資の場合に使用されます。政府の資本投資と政府補助金は全く性格の異なる取引だからです。
　収益法（インカム・アプローチ）においても、政府補助金には、収益に関係する政府補助金と資産に関係する政府補助金があります。収益に関係する政府補助金の会計処理は、政府補助金を受領した時に営業外収入に計上しますが、関係費用の発生等に応じて各会計期間にわたり収益計上する場合には当初に繰延収益に計上して、その後の会計期間に繰延収益から営業外収入に振り替えます。
　資産に関係する政府補助金の会計処理では、政府補助金を繰延収益に計上して資産を取得価額で計上し、資産の使用年数にわたり各期に減価償却費を計上するとともにこれに応じて繰延収益から営業外収入に振り替える会計処理が行われます。

◎**政府補助金なのか、政府による資本投資なのか判断が必要**
　このように新会計準則では収益法（インカム・アプローチ）が採用されましたので、政府補助金の会計処理を行う時は、はじめに、政府の拠出資金が政府補助金に該当するかまたは政府の資本投資に該当するかを判断する必要があります。政府補助金に該当する場合は収益または資産に関係する補助金に区分する必要がありますが、いずれにしても政府補助金は営業外収入かまたは繰延収益に計上されます。
　政府の拠出金が資本投資に該当する場合、特定未払金を通して長期資産を形成する部分についてはその特定未払金は資本剰余金に振り替えられ、長期

資産を形成しない部分は営業外収入として当期損益に振り替えられます。

### ◎新会計準則の解釈規定

2009年に財政部は新会計準則を補足する解釈規定の中で、立退補償金についての新たな規定を発表しました。この財政部の解釈規定では、都市郷鎮の全体計画、倉庫区域建設、バラック区域改造、陥没区域の整地等の公共利益により企業が立退きを行い、政府の財政予算から直接支払われる立退補償金を受け取った場合は、その立退補償金を特定未払金に計上します。

この特定未払金のうち、企業の立退または再建の過程で発生した固定資産と無形資産の損失、関係する費用支出、操業停止損失と立退後に予定される新建設資産に対して補償が行われる場合は、特定未払金から繰延収益に振り替えられ、この繰延収益の会計処理は新会計準則によって営業外収入に振り替えられます。さらに特定未払金と繰延収益への振替額との差額は企業の資本剰余金に振り替えられます。

### ◎財政部の解釈規定では、公益目的の立退補償金はインカム・アプローチ、それ以外ではキャピタル・アプローチを採用

この財政部の解釈規定では、国際会計基準でいうキャピタル・アプローチとインカム・アプローチの両方が採用されています。政府補助金のうち都市計画等の公共利益目的により政府の財政予算から立退補償金が支払われる場合には、いったん特定未払金に計上して、その特定未払金のうち資産損失・関係費用・操業停止損失・建替資産に関係する部分についてはインカム・アプローチにより営業外収入に振り替え、その他の部分についてはキャピタル・アプローチにより資本剰余金に振り替える会計処理が行われます。

例えば、ある地方政府がある工業地域の改造計画を正式に決定してその工業地域の土地を地方政府が収用することになり、ある企業に立退きを命ずるとともに立退補償金5億元を支給したとします。この立退補償金の内訳は、現物資産補償金が4億元、操業停止損失が1億元であったとします。企業は立退補償金5億元を受領した時に特定未払金5億元を計上します。

この企業に実際に発生した固定資産（既存の工場建屋と機械設備等）と無形資産（土地使用権）の純損失が1億元、移転先の建屋と土地使用権の取得原価が2億元、操業停止損失が0.7億元であったとします。

現物資産補償金4億元のうち実際に発生した資産純損失1億元、建替不動

産 2 億元の合計額 3 億元は特定未払金から営業外収入に振り替えられ、現物資産補償金 4 億元と実際発生額 3 億元との差額 1 億元は資本剰余金に振り替えられます。操業停止損失の補償金 1 億元についても同様に、実際の損失 0.7 億元については特定未払金から営業外収入に振り替えられ、補償金と実際損失額との差額 0.3 億元は特定未払金から資本剰余金に振り替えられます。

なお、新会計準則を適用している企業には税効果会計が適用されますので、この資本剰余金振替額については繰延所得税負債が計上され資本剰余金への計上額は、その分だけ減額されます。例えば、現物資産補償金の資本剰余金への振替額 1 億元は企業所得税の税率を 25% とすれば、0.25 億元が繰延所得税負債に、1 億元 − 0.25 億元 = 0.75 億元が資本剰余金に振り替えられます。

この財政部の解釈規定は、2011 年現在では新会計準則が適用されている上場会社、金融機関、大中型国有企業、一部地域の大中型外国投資企業等に適用されますので、都市計画等によりこれらの企業が立退補償金を受領した場合には、新会計準則の規定ではなくこれとは異なる財政部の解釈規定が適用されることになります。都市計画等の公共利益以外の一般の立退補償金を受領した場合には、固定資産と政府補助金の新会計準則に従って会計処理を行うことになります。

◎企業所得税法の実務

企業所得税法では、企業が貨幣形式（現預金等）または非貨幣形式（固定資産、無形資産、棚卸資産、持分投資等）で取得した収入は収入総額に計上します。企業が非貨幣形式で収入を取得した場合は公正価値で収入額を決定し、公正価値とは市場価格により決定される価値をいいます。したがって、**企業が立退補償金等の政府補助金を受領した場合は、収入総額のうちの受贈収入として企業所得税が課税されることになります**。

ただし、政府補助金の優遇政策があり、都市計画、インフラ基盤整備等の政策により政府から立退補償金または資産処分補償金を受領した場合には、再取得、改良、技術改造した固定資産等の再取得支出等を政府補助金から減額した金額を課税所得額とすることができます。固定資産の再取得、改良、技術改造しない場合には、政府補助金から除却資産の簿価と処分費用を控除した金額を課税所得とすることができます。これらの課税所得は立退等の翌年から 5 年の有効期限内に立退等が完了するまで課税の繰り延べが認められています。

# 3 ポイントの会計と税務

## Point! ポイントとは？

　日本と同じように、中国でも商品の販売促進にポイント制度が様々な形で採用されています。ポイント制度とは、例えば、航空会社のチケットを購入した時にそのチケットのマイル数に応じて一定割合の特典クレジット（ポイントと通称されています）が付与され、そのポイントが一定数以上になると航空チケットを無償で取得し、またはディスカウント価格で取得することができます。

　また、ポイント制度は電気製品の小売店やクレジットカード会社でも採用されており、顧客が電気製品を購入し、クレジットカードで買い物をするたびにポイントが加算されていきます。一定数以上のポイントがたまると、小売店やクレジット会社の顧客はそのポイントを指定された商品やサービスと交換することができます。

　特典には、ポイントを付与する会社（付与会社）が提供するものと第三者が提供するものがあります。航空会社の特典には航空会社以外によるホテルの宿泊、商品の交換等があり、小売店やクレジット会社の特典には、その会社以外の商品や旅行サービス等が提供される場合もあります。

　ポイント制度は、中国では「奨励積分計画」と呼ばれており、直訳すれば「特典ポイント制度」ですが、航空会社、ホテル、旅行会社、クレジットカード会社、情報通信会社、インターネット通販会社、ショッピングセンター等の幅広い業界の会社で採用されています。将来的には、日本の中国子会社もポイント制度を採用する機会が多くなると思われます。

第Ⅰ部　会計

## Point! 2007年度まではポイント引当金として負債に計上する会計処理が一般的だった

　中国の上場会社では、このようなポイントの会計処理について、2007年度までは、将来発生する特典の費用を見積ってポイント引当金として負債に計上する会計処理が一般的に採用されていました。中国では、2007年まではポイントの会計処理についての規定はありませんでしたが、上場会社は国際会計基準を参考として引当金の会計基準を適用していました。

　当時の国際会計基準では、ポイント制度は商品やサービスの個別の販売活動とは独立した商品全体の販売数量を増やすためのマーケティングのツールとして理解されており、そのコストはマーケティング費用であるとされていました。また、当時では、ポイントは金額的にも僅少であるので販売の重要な要素を構成しないものとして、販売した商品やサービスの重要なリスクと経済価値が顧客に移転しているのであれば販売商品等については販売収益が認識されるべきであり、それに付随するポイントはその販売収益に対応するコストとして処理されていました。

## Point! IFRSのカスタマー・ロイヤルティ・プログラムによる繰延収益計上

　国際会計基準審議会（IASB）は、2007年6月に解釈指針第13号「カスタマー・ロイヤルティ・プログラム」（IFRIC13）を公表しました。このカスタマー・ロイヤルティ・プログラムとは、顧客のロイヤルティに特典を与えるポイント制度のことです。ポイントの会計処理について、IASBで合意された内容は次のとおりです。

> ポイント制度の特典クレジット（ポイント）は、販売取引の重要な構成要素であり、ポイントは顧客に付与された権利であって顧客はポイントに対して対価を支払っている。ポイントは販売取引の一環として顧客に付与されたものであり、販売活動とは独立して行われるマーケティング活動の費用ではない。

### 3 新会計準則と税務処理

> 特典クレジット（ポイント）は、当初の販売で販売された商品やサービスとは区分される識別可能な販売取引であり、他の商品やサービスと同時に顧客に引き渡されないので、取引の実質を反映させるためには、当初の売上を販売の構成要素別に分解して、ポイントの部分については、その販売収益は繰り延べられ、ポイント交換により商品やサービスが提供される時に収益として認識する。

このように従来はコストとして認識されていたポイントは、解釈指針第13号によって、正反対の販売収益として認識されることになりました。ポイントは、当初売り上げられた商品やサービスの販売金額とは区分して、その金額は公正価値で測定されます。顧客から受領した対価または受領すべき対価は、当初の販売商品やサービスの販売対価とポイントの販売対価に配分されます。**ポイントは将来発生する見積りコストによる引当金（コストベース）ではなく、販売の対価（売価ベース）による繰延収益として計上されて、ポイントが交換された時に収益として認識されます。**

### Point! 中国の新会計準則は国際的なポイントの会計処理方法を採用

IFRSの解釈指針第13号を受けて、中国の財政部は2008年9月に新会計準則の講義解説書に解釈指針第13号の会計処理を規定し、2008年12月には財政部は、次の内容をポイントの会計処理として発表しました。

企業が製品を販売または役務を提供し同時に顧客に特典ポイントを付与する場合は、販売で受領した対価または受領すべき対価を商品販売または役務提供により生ずる収入と、特典ポイントとの間で配分を行わなければならない。特典ポイントと関係する部分は繰延収益としなければならず、顧客が特典ポイントを交換または失効した時に当期損益に振り替えなければならない。

日本の中国子会社がポイント制度を採用する場合には、企業会計制度と現行会計準則には規定されていないこのカスタマー・ロイヤルティ・プログラム（特典ポイント制度）の会計処理を採用することになります。

> **Point!** 企業所得税法の実務

　企業所得税法によれば、企業はポイント制度により受領した代金または受領すべき代金の全額をその期間の営業収入に一括して計上しなければなりませんので、会計上で認識した繰延収益も税務上の収入総額に計上することになります。

# 4 委託貸付金の会計と税務

> **Point!** 中国では民間企業間の融資が禁じられているので、金融機関の仲介で他企業に融資する委託貸付金が制度化されている

　中国内資の企業集団では、資金の調達と運用に委託貸付金の制度が利用されています。例えば、中国各地で不動産開発を行っている内資企業集団では、各地で行われる不動産開発プロジェクトはその認可を受けた地方ごとに、不動産プロジェクト開発会社を設立して不動産の開発を行っています。これらの各地域における不動産プロジェクト開発会社の中には、資金が不足している会社もあれば余剰となっている会社もあります。

　不動産プロジェクトの開発段階では土地使用権の購入と建物の建設に多額な資金投下が必要であり資金需要の急激な増加を満たすことができない状況が発生しますが、もう一方で不動産開発が完了して不動産を販売する段階になると予約前受金が多額に流入し一時的に資金余剰となる状況もあります。

　内資の不動産開発企業では、企業集団内の資金の余剰と不足を解決するために、企業集団内の不動産プロジェクト開発会社が余剰資金を他の不動産開発会社に資金を直接提供することもあれば、企業集団内の財務会社が資金をプールして資金需要のある不動産開発会社に間接的に提供すること

もあります。

これらの企業集団内の直接融資と資金のプールと再配分は、委託貸付金の制度を利用して行われています。中国では法律によって民間企業間の融資行為が禁止されています。中国の金融法規では、金融機関による融資行為を除いて、企業間で融資契約を締結する行為は金融法規違反であり、その契約は無効とされています。融資行為を行うことができるのは政府の許認可を受けた銀行、財務公司等の金融機関に限られています。

中国では、このような金融法規の規制を受けて、企業が金融機関を仲介者として他の企業に融資を行う委託貸付金が制度化されています。

## Point! 金融機関は仲介手数料を取るだけで、受取利息や貸倒損失を負うのは委託者

委託貸付金とは、政府の部門、企業、事業単位、個人等が委託者として資金を提供して、受託者（金融機関）が委託者によって定められた貸付金の対象、用途、金額、期間、利率等により貸付金の貸出、監督、回収を代行するものです。すなわち、**受託者である金融機関は委託者の資金提供を受けて貸付を仲介するだけであり、貸付のリスクすなわち資金を回収できなかった場合の貸倒損失等のリスクを一切持ちません。金融機関は仲介の手数料を取るだけであり、貸付による受取利息は委託者に帰属します。**

委託貸付金制度では、委託者はまず初めに金融機関にその自己の銀行預金を委託します。その銀行預金は自己資金でなければならず借入金によってまかなうことはできません。委託を受けた金融機関（受託者）によって借入企業に対して貸付が実行されます。貸付金は委託した預金額を上限金額とし、金融機関が貸付資金を立て替えることは禁止されています。金融機関は仲介すなわち融資を代行するだけですので、貸付金の利率、期間等の契約内容は委託者（実質的な貸付人）と借入企業との間で決定されます。

委託貸付金契約では、委託者と金融機関との間で委託貸付金契約を締結し、委託者が自己資金を受託者である金融機関の委託貸付基金専用口座に自己資金を預け入れます。委託貸付金総額はこの委託貸付基金専用口座の金額を超えることはできません。委託者が借入企業と委託貸付金借入契約

を締結した後に、金融機関は貸付けを実行します。

## Point! 委託者：委託貸付金の会計処理では貸付元本、利息、減損引当金の3つの補助科目がある

　新会計準則では、企業が金融機関に委託して第三者に貸し付ける場合には、貸付金または長期未収入金の科目で処理します。貸付金科目には、その補助科目として貸付元本、利息修正、減損引当金があります。

　企業が銀行預金を金融機関に委託する時は、貸付金（元本）を計上して銀行預金を減少させます。このときに、金融機関が貸付期間全体にわたる仲介手数料を銀行預金から引き落とす場合には、その仲介手数料は全額を前払費用（手数料）として一旦資産計上し、その後の貸付期間に対応して前払費用を償却して費用処理（財務費用手数料計上）していくことになります。

　利払期日の前に決算期末が到来した場合には、委託貸付金借入契約の約定利率に従って利息を計算して未収利息を計上しなければなりません。未収利息の計上は未収利息科目を使用します。収益の計上には投資収益科目を使用します。

　利払期日に利息が入金される時には、利息計上に投資収益科目を使用しますが、未収利息科目がすでに計上されている場合は、新たに発生した利息が投資収益に計上されます。利息収入（投資収益）はその会計期間に対応した利息のみが計上されます。

## Point! 委託者：利息の入金時に税金等を申告納付する

　委託貸付金の利息にかかる税金としては、営業税（→287ページ参照）、都市擁護建設税（→311ページ参照）、教育費附加（→311ページ参照）、水利建設基金費用または河道費等があり、利息を受領する納税者（委託者）が営業税等を申告納税します。

　一般的に、営業税は利息収入について5％の税率、都市擁護建設税は営業税額の7％の税率、教育費附加は営業税額の3％～4％の徴収率、水利

建設基金費用は営業税額の0.1％の徴収率、上海市では水利建設基金費用は河道工程修理建設維持保護管理費用の名目で営業税額の1％の徴収率で課税されています。

　水利建設基金費用は各地域によってその内容と徴収率が異なっており、上海市では河道費として昨年まで0.5％、2008年から1％の徴収率で課されています。このほかに、委託貸付金契約書については貸付金額の0.05％の印紙税が契約者双方に課されます。

## Point 借入企業：長期借入金または短期借入金に計上

　借入企業は委託貸付金を借り入れた時に、借入期間の長短によって長期借入金または短期借入金に計上します。決算期末と利払期日に発生した利息を計上しますが、利息は財務費用（利息支出）科目に計上します。利息の支払い時には、金融機関から営業税の発票が発行されますので、この発票によって税務上の費用計上が認められることになります。中国では発票を入手できない場合には費用計上が認められません。

## Point 借入企業：企業所得税の過少資本税制に留意

　借入企業については企業所得税の過少資本税制に留意する必要があります。関連者からの借入金等が一定の負債資本比率を超えた場合に過少資本税制が適用されます。委託貸付金が増加したときには過少資本税制の関係規定に留意する必要があります。

　このほか、借入企業が不動産開発企業の場合には、不動産を売却したときに課税される土地増値税の規定の中に、財務費用として費用計上する利息支出について、商業銀行の同類同期間の貸付利率で計算した金額を超える利息支出は費用として控除することができないとの関係規定もあります。

> **過少資本税制**
>
> 過少資本税制とは、簡単に言えば、関連者からの借入金等と登録資本金の比率が一定割合を超えた場合に、その超過した借入金等による利息は費用として課税収入から控除することができないとする税制です。

# 5 為替予約の会計処理

## Point! 新会計準則の金融商品会計基準を準用

　2009年11月の米国の長期低金利政策とドバイの信用不安に端を発して、日本は急激な円高に直面し現在に至っています。為替相場の急激な変動は、日本の親会社だけではなくその中国子会社の経営にも重要な影響を与えています。このような為替相場の変動に対処するために、中国においても従来から金融改革が進められており、2005年後半には為替予約と通貨スワップの実務が開始されました。

　2011年4月には為替予約と同じように実需原則に基づいた人民元の外貨通貨オプション取引が解禁されました。この通貨オプションは銀行間取引とともに銀行の対顧客取引にも適用されますが、為替予約と同様に実需原則に基づいていますので為替リスクヘッジの対象は企業の資産または負債の一部に限定されています。

　ここでは中国における為替予約の会計処理について紹介します。中国では為替予約の実務は、新会計準則の金融商品会計基準すなわち「金融商品の認識と測定」(第22号) と「ヘッジ会計」(第24号) の規定を準用しています。

## 3 新会計準則と税務処理

### Point! 中国の金融商品会計基準では為替予約はデリバティブ

　中国の金融商品会計基準では、為替予約はデリバティブに属します。デリバティブは原則として売買目的の金融資産または金融負債として当初の認識時に公正価値（時価等）で測定し、事後の決算期でも同じく公正価値で測定することになっています。デリバティブの時価評価による損益は、公正価値変動損益として損益計算書に計上します。次に、このデリバティブの会計処理を具体的な例示で説明します。

　例えば、中国現地法人が2009年11月30日に中国の国内銀行と10万米ドルのドル買いの為替予約を締結し、1ドル＝6.6元の予約レートで2010年1月31日に決済する事例を想定します。下記の直物為替レートと先物為替レートの変動は、会計処理を説明するために便宜的に、急激な元高ドル安局面から一転して元安ドル高局面に向かう乱高下の状況を想定しました。

【為替レート】

| 日付 | 直物為替相場 | 先物為替相場 |
|---|---|---|
| 2009年11月30日（契約締結日） | 1ドル=6.8元 | 1ドル=6.6元（2ヶ月物） |
| 2009年12月31日（決算期末日） | 1ドル=6.5元 | 1ドル=6.8元（1ヶ月物） |
| 2010年1月31日（決済日） | 1ドル=6.9元 | － |

　為替予約を締結した11月30日には、為替予約（デリバティブ）の価値は0であるため会計処理は行いません。中国子会社の決算期末である12月31日には、為替予約の時価は6.6元から6.8元となりましたので、想定元本100,000ドル×（6.8元－6.6元）＝20,000元だけデリバティブの公正価値が変動しています。この変動損益はドルを買う値段が当初の6.6元から6.8元に上がっていますので、当初の予約レートは安いレートで買ったことになり実質的に企業にとっては利益となるため、その差額の利益分だけデリバティブ科目（資産勘定）と公正価値変動損益（利益勘定）を計上します。中国子会社は次のとおり会計仕訳を行います。

デリバティブ（資産科目）　20,000元
　　　　　　　　　　　公正価値変動損益（利益科目）　20,000元

　為替予約の決済日である1月31日に直物為替レートが急激にドル高になり予約レートの価値はさらに高まっています。1ドル＝6.9元を支払う予定が為替予約のお陰で6.6元で済みますので、前回認識した利益20,000元のほかに、6.9元と6.8元との差額、すなわち想定元本100,000ドル×（6.9元－6.8元）＝10,000元は企業にとって実質的な利益となりますので、次の会計仕訳を行います。

　　デリバティブ（資産科目）　10,000元
　　　　　　　　　　　公正価値変動損益（利益科目）　10,000元

　最後に、為替予約は1月31日に決済されますが、中国の現行の為替予約実務は実需原則に基づいて全額で決済が行われています。実務では、実際の外貨取引を抜きにして為替予約取引だけを行うことはできません。しかしここでは、デリバティブの会計処理とヘッジの会計処理の関係を分かり易く説明するために、実需原則を無視して実際の外貨取引は存在しないものと仮定し、為替予約が元本を想定して純額で決済される本来のデリバティブ取引であったと仮定します。

　純額で決済されるデリバティブの場合には、為替予約は想定元本100,000ドル×（6.9元－6.6元）＝30,000元の差額決済が行われ、この差額が企業に入金されますので、会計仕訳は次のとおりとなります。

　　銀行預金（資産科目）　30,000元
　　　　　　　　　　　デリバティブ（資産科目）　30,000元

　上記の会計処理が、ヘッジ会計を適用しない場合の原則的なデリバティブの会計処理です。

## Point! デリバティブはヘッジの手段とすることができる

　デリバティブの会計処理は以上のとおりですが、デリバティブはヘッジの手段とすることができます。**デリバティブがヘッジ会計の要件を満たす場合には、原則的な会計処理に代えてヘッジ会計を適用することができます。**

中国のヘッジ会計には、公正価値ヘッジ、キャッシュフローヘッジ、在外経営体純投資ヘッジの3つがありますが、為替予約については公正価値ヘッジかキャッシュフローヘッジが適用されます。公正価値ヘッジとは、公正価値の変動リスクに対してヘッジを行うことをいい、キャッシュフローヘッジとは、キャッシュフローの変動リスクに対してヘッジを行うことをいいます。

公正価値ヘッジとキャッシュフローヘッジの基本的相違は、公正価値ヘッジがその変動損益を公正価値変動損益としてその損益を損益計算書に計上するのに対して、キャッシュフローヘッジは、その変動損益を所有者持分（純資産の部）の資本剰余金（その他資本剰余金）に計上することにあります。

公正価値ヘッジは損益計算書を通してその損益を相殺するのに対して、キャッシュフローヘッジは所有者持分変動計算書を通して貸借対照表上の純資産の部で損益を繰り延べて、ヘッジ対象の損益が発生した時に損益の相殺を行います。なお、所有者持分変動計算書とは、純資産の部の変動計算書であり損益計算書を通さない利得と損失は所有者持分（純資産勘定）に直接計上されます。

ヘッジ会計を具体的に理解するために、前述の為替予約と同時に、中国子会社が2009年11月30日に代金決済日を2010年1月31日とする原材料10万米ドルの輸入契約を米国の会社と締結していたと仮定します。このような将来の特定日に約定価格で特定数量の取引を行う契約を確定約定といい、日本では未履行の確定契約といいます。中国のヘッジ会計では、ヘッジ対象が確定約定の為替リスクである場合には、公正価値ヘッジとキ

---

**ヘッジ会計**

ヘッジ会計とは、企業が為替、金利、商品価格、株式価格、信用等のリスクを回避するために、デリバティブ等をヘッジ手段として指定して、同一の会計期間でヘッジ手段とヘッジ対象の公正価値とキャッシュフローの変動を相殺する会計手法です。中国のヘッジ会計には、公正価値ヘッジ、キャッシュフローヘッジ、在外経営体純投資ヘッジの3つがあります。

ャッシュフローヘッジのいずれでも選択適用することができるとされています。

次に、2010年1月31日に原材料を輸入する確定約定の取引をヘッジ対象とし、同日に同一外貨によって同額の建値で決済される為替予約をヘッジ手段とした場合の公正価値ヘッジとキャッシュフローヘッジの会計処理を具体的に説明します。なお、会計処理を単純化するために、中国国内の市場金利、公正価値の現在価値計算、取引に係る税金費用、税効果会計等は一切考慮しません。

2009年11月30日に為替予約が締結された時には、為替予約の価値はまだ0ですので会計仕訳はありません。原材料の輸入取引も実際にはまだ発生していませんので会計仕訳はありません。

2009年12月31日の決算日には、前述と同じように為替予約の時価評価が行われ評価損益が発生します。公正価値ヘッジはその評価損益を当期損益に計上し、キャッシュフローヘッジでは、その評価損益(ヘッジ対象のネットキャッシュフローの現在価値を上限とします)を所有者持分のその他資本剰余金に計上します。会計仕訳はそれぞれ次のとおりになります。

【公正価値ヘッジの場合】

　　ヘッジ手段(資産科目)　20,000元
　　　　　　　　　　　　　　　　　ヘッジ損益(利益科目)　20,000元
　　ヘッジ損益(利益科目)　20,000元
　　　　　　　　　　　　　　　　　ヘッジ対象(資産科目)　20,000元

【キャッシュフローヘッジの場合】

　　ヘッジ手段(資産科目)　20,000元
　　　　　　　　　　　　その他資本剰余金(資本科目)　20,000元

2010年1月31日も為替予約の時価評価等による会計仕訳を同様に行います。

【公正価値ヘッジの場合】
　ヘッジ手段（資産科目）　10,000 元
　　　　　　　　　　　　　　　ヘッジ損益（利益科目）　10,000 元
　ヘッジ損益（利益科目）　10,000 元
　　　　　　　　　　　　　　　ヘッジ対象（資産科目）　10,000 元

【キャッシュフローヘッジの場合】
　ヘッジ手段（資産科目）　10,000 元
　　　　　　　　　　　　その他資本剰余金（資本科目）　10,000 元

　2010年1月31日に輸入原材料を直物為替レート6.9元で計上するとともに、実需原則に基づいて為替予約を全額で決済します。公正価値ヘッジでは、さらに事前に計上した為替予約の評価損益をヘッジ対象とした原材料科目に振替えます。

【公正価値ヘッジ】
原材料（資産科目）　690,000 元
　　　　　　　　　　　　　　　ヘッジ手段（資産科目）　690,000 元
ヘッジ手段（資産科目）　660,000 元
　　　　　　　　　　　　　　　銀行預金（資産科目）　660,000 元
ヘッジ対象（資産科目）　30,000 元
　　　　　　　　　　　　　　　原材料（資産科目）　30,000 元

【キャッシュフローヘッジ】
原材料（資産科目）　660,000 元　　銀行預金（資産科目）　660,000 元
原材料（資産科目）　30,000 元　　ヘッジ手段（資産科目）　30,000 元

　キャッシュフローヘッジでは、ヘッジ手段の公正価値変動の累計額（評価差額）は暫定的に所有者持分に計上されたままで、原材料が製品等になって売却されて企業の損益に影響を与える会計期間に、その他資本剰余金から当期損益に振り替えられます。

## 日本の為替予約の会計処理

　中国のヘッジ会計は国際財務報告基準（IFRS）に準拠して作成されています。これに対して、日本のヘッジ会計は独特であり、繰延ヘッジ法を原則的方法として採用し、例外的に IFRS 等に合わせて時価ヘッジ法を認めており、さらに日本固有のローカル基準として、特例である振当処理法も認めています。

　日本の繰延ヘッジ法は使用している会計科目は多少異なりますが、基本的には、前述したキャッシュフローヘッジと同様であり、時価ヘッジ法は公正価値ヘッジと同様の会計処理方法です。

　日本の金融商品会計基準と外貨建取引等会計処理基準によれば、外貨建金銭債権債務については繰延ヘッジ法は採用されていません。外貨建金銭債権債務については、時価ヘッジ法を原則的な方法として採用した上で、振当処理を例外的に認めています。振当処理とは為替予約を外貨建金銭債権債務の金額に直接振当てる日本固有の会計処理方法です。ヘッジ会計の要件を満たす場合には、為替予約の会計処理について、時価ヘッジ法と振当処理法の選択適用が認められています。

　振当処理とは、為替予約等により固定されたキャッシュフローの円貨額で外貨建金銭債権債務を換算し、直物為替相場と先物為替相場との間の換算額の差額（直先差額）を為替予約締結日から決済日までの期間にわたり配分する方法です。この振当処理は、未履行の確定契約等の予定取引についても適用されますので、前掲例示の将来の外貨建取引の場合にも振当処理を適用することができます。

　ただし、前掲例示では為替予約締結後に予定外貨取引が発生し、為替予約と予定外貨取引が同時に決済されるため、直先差額の期間配分は該当がありません。前掲例示に日本の振当処理を適用した場合には、次のような会計処理が行われます。

2009 年 11 月 30 日（為替予約締結日）
　会計処理はありません。

> 2009年12月31日（期末決算日）
>   為替予約（資産科目）　20,000元
>                         繰延ヘッジ損益（負債科目）　20,000元
>
> 2010年1月1日（翌期首に科目振り戻し）
>   繰延ヘッジ損益（負債科目）　20,000元
>                         為替予約（資産科目）　20,000元
>
> 2010年1月31日（取引実行日）
>   原材料（資産科目）　660,000元　　買掛金（負債科目）　660,000元
>   買掛金（負債科目）　660,000元　　現金預金（資産科目）　660,000元
>
> このように、振当処理は予約レートで換算した金額で外貨建債権債務を直接計上する方法ですが、中国と国際会計基準のヘッジ会計ではこのような特例処理は認められていません。

# 6 ファクタリングの会計処理

## Point! 債権回収困難などの事情でファクタリングが広まっている

　中国でも、債権回収の困難性、債権のオフバランスシート化による貸倒リスクの回避、早期の資金回収等の事情で、ファクタリングが徐々に取引慣行となってきています。

　ファクタリングでは、債務者が債務を支払わない場合にオリジナルベンダーがファクターに賠償責任を負わないで、ファクターがその債権の貸倒損失を負担する償還請求権なしのファクタリング（Factoring without recourse）と、ファクターがその未回収金額をオリジナルベンダーに請求

> ### ファクタリング
>
> 　ファクタリングは、ファクターと呼ばれる金融サービス会社がオリジナルベンダーと呼ばれる債権を有する会社と債権譲渡と債権回収の契約を締結し、一般的には、債権の譲渡を受けたファクターがその債権を回収する金融サービスです。ファクタリングにはこのほかオリジナルベンダーが金融サービス会社に債権を譲渡した後に自ら債権回収を代行する契約もあり、多種多様な契約形態があります。

し、オリジナルベンダーがその貸倒損失を負担する償還請求権付のファクタリング（Factoring with recourse）があります。

　償還請求権なしのファクタリングでは、ファクターが自ら債務者の与信状況を調査して貸倒損失を見積って、その見積額に基づいたファクタリング手数料を設定します。また、債権の買取時からその債権の回収時までの予想期間の受取利息も計算します。ファクタリング手数料と利息は、債権譲渡代金から控除します。

　債権の回収期間に発生する商品の売上返品、売上値引、売上割引についてはオリジナルベンダーが負担すべきものですので、ファクタリング契約時にその合計金額（ホールドバック）を見積っておき、このホールドバックは債権譲渡代金から控除し、契約時のホールドバックの金額と返品対象期間に実際に発生した返品、値引、割引の金額との差額は、期間終了後に精算します。

### 🅟 Point! 現行会計処理：償還請求権付きのファクタリングは担保付借入金として、償還請求権なしのファクタリングは債権の譲渡として会計処理

　企業会計制度と現行会計準則では、ファクタリングの会計処理について、次のように規定しています。

> 　企業が商品を販売し役務を提供した後に、取得した売掛金等の未収債権を銀行等の金融機関に現金割引を申請して、企業と金融機関が締結した契約書において、現金割引した未収債権の期限が到来した時に債務者が期限

> までに返済しなかった場合は、企業が金融機関に弁済する責任が定められている場合には、未収債権と関係するリスクと報酬（経済価値）は金融機関に移転しておらず、未収債権に発生する可能性のあるリスクは企業が負っているため、その会計処理は、未収債権を担保として借入金を取得した処理に属する。
>
> 　企業と金融機関が締結した契約書において、現金割引した未収債権の期限が到来して債務者が期限までに弁済せず、現金割引を申請した企業がいかなる賠償責任も負わない時は、未収債権の売却とみなして処理する。

　すなわち、**償還請求権付きのファクタリングについては、担保付借入金として会計処理し、償還請求権なしのファクタリングについては、債権の譲渡として会計処理すること**が規定されています。企業会計制度と旧企業会計準則におけるこのような会計処理は、新会計準則が制定されたことによってさらに明確な会計処理基準が設定されています。新会計準則は国際財務報告基準（IFRS）に準じて作成されています。

## Point! IFRS：債権のリスクと経済価値が移転しているかどうかを判断してから会計処理

　企業会計制度と現行会計準則においては、金融商品の会計基準はまだ採用されておらず、新会計準則において初めてIFRSの「金融商品：認識と測定」（IAS第39号）が導入されました。

　「金融商品：認識と測定」（IAS第39号）では、債権は金融資産に分類され債権の譲渡取引については、金融資産として認識を中止するかどうかの判定が行われます。金融資産の認識の中止とは、今まで金融資産として認識して貸借対照表に計上していた金融資産を貸借対照表上で認識しなくなることであり、金融資産をオフバランスシートにすることです。

　日本の金融商品会計基準では、金融資産の認識の中止を金融資産の消滅と表現しています。ファクタリングが債権の譲渡として認められるかどうかは、金融資産の認識を中止するか、それともその認識を継続するかの問題として検討することになります。IAS第39号では、金融資産の認識の

図表Ⅰ-13 金融資産の認識の中止と継続

| リスクと経済価値の移転状況 | 会計処理（認識の中止または継続） |
|---|---|
| 金融資産の所有に係るリスクと経済価値のほとんどすべてが移転している場合 | その金融資産は認識を中止します。例えば、ファクタリング取引について言えば、債権のリスクと経済価値がほとんどファクターに移転していればその債権は譲渡したものとして会計処理されます。 |
| 企業がほとんどすべてのリスクと経済価値を保持している場合 | その金融資産は認識を継続します。すなわち、そのファクタリング取引では債権のリスクと経済価値のほとんどがファクターに移転していないため、債権は譲渡されたものとして認められず、債権はそのままにして担保付借入金による現預金の入金処理が行われます。 |
| リスクと経済価値のほとんどすべてが移転したわけでも、または保持されているわけでもない場合 | その金融資産に対する支配が保持されているかどうかを検討することになります。その金融資産に対する支配が保持されていない場合には、その金融資産に対する認識を中止しますので、そのファクタリング取引は債権の譲渡として会計処理が行われます。その金融資産に対する支配が保持されている場合は、その金融資産に対する継続的な関与の程度の範囲においてその資産としての認識を継続します。すなわち継続的関与の程度に応じて債権が存在しているものとして会計処理します。 |

中止は、その金融資産からのキャッシュフローを受け取る契約上の権利が譲渡されたかどうかをまず初めに検討し、契約上の権利が譲渡されている場合には、その金融資産の所有に係るリスクと経済価値が移転しているかどうかを図表Ⅰ-13のように検討します。

## Point! 中国の新会計準則は IFRS の考え方そのまま

中国の新会計準則は、このような IAS 第39号の金融資産の認識の中止の会計処理をほとんどそのまま採用しています。新会計準則では、認識の中止とは、金融資産または金融負債を貸借対照表から除去することであるとし、企業が金融資産のすべてのリスクと報酬（経済価値）を譲受人に移転した場合は、その金融資産の認識を中止します。

ファクタリングについては、企業が請求権を付帯しない方法で金融資産を売却する場合は、その金融資産の所有権上のすべてのリスクと報酬（経

済価値）を譲受人に移転したことを表明しているものとして、その金融資産の認識を中止します。すなわち償還請求権なしのファクタリングは債権の譲渡として会計処理します。

　逆に、企業が金融資産の所有権上のすべてのリスクと報酬を保留した場合は、その金融資産は認識を中止することができません。ファクタリングについては、企業が請求権を付帯する方法を採用して金融資産を売却する場合は、その金融資産の所有権上のすべてのリスクと報酬（経済価値）を保留していることを表明しており、その金融資産の認識は中止してはならないものとしています。償還請求権付のファクタリングは債権譲渡ではなく借入金として会計処理します。

　このように**現行の企業会計制度（現行会計準則）と新会計準則**では、リスクと経済価値の移転を重視する同じアプローチが採用されていますので、ファクタリングの会計処理に限って言えば、**基本的に同一の会計処理**となっています。

　なお、日本の金融資産等の消滅の認識要件にはリスク経済価値アプローチは採用されておらず、支配の移転を重視する財務構成要素アプローチが採用されていますが、ファクタリングの会計処理について言えば、大きな相違はありません。

# 7 ストックオプションの会計処理

### Point! 中国では意外とストックオプションが利用されている

　中国でストックオプションの話を聞いても、日本人には直接の関係はないのではないかと思いがちですが、実際には中国で話の出てくるストックオプションには、外資系企業のストックオプションと中国企業のストックオプションがあり日本人が関係する場合もあります。

## Point! 外資系企業のストックオプション：国外親会社から付与されるケース

　外資系企業については、中国国外で上場している親会社がストックオプション制度を持っており、その中国国内子会社の役員や従業員に対してもストックオプションが与えられるケースがあります。ストックオプション制度では、株式はその会社の自社株式だけではなく、親会社の株式もオプションの対象とすることができます。外資系企業の場合は、中国国内子会社の役員や従業員が国外親会社から付与された親会社株式のストックオプションを行使して、親会社株式を取得するか現金で決済を受ける場合があります。

## Point! 中国ではもともと持株比率が低いが、株主権改革が進行中

　中国企業のストックオプションについては、ストックオプションの歴史を概観してみますと、基本的に次のような流れがあります。1990年代初頭の国有企業改革では、国有企業を会社化するときに従業員持株会制度が実験的に試行されました。しかし、国有会社が中国国内で上場されると従業員の持株はすぐに売却されてしまい、従業員は持株を長期的に保有することはありませんでした。中国では従業員持株会はキャピタルゲインを追求する短期的な福利厚生と批判された結果、持株会はあまり発展せず会社の安定株主としては機能しませんでした。

　中国では従業員と同様に役員の持株も少なく、経営者の会社経営や株価に対する責任の度合いも深くはありません。このような歴史的経緯の中で

---

**ストックオプション**

　ストックオプションとは、会社の役員や従業員が将来の一定期間内に特別の株価でその会社の株式（ストック）を購入する権利（オプション）をいいます。ストックオプションは、会社の役員や従業員が役務や場合によっては財貨を提供し、その対価として与えられる株式購入の権利です。

上場会社の役員と従業員の持株比率は依然として低いまま推移しており、会社経営と株価に責任を感じる経営者や従業員が少ないことが中国では問題となっているようです。もちろん企業集団の中には、役員の持株や従業員持株会等の諸制度が有効に機能している会社もあります。

　中国の上場会社については、はじめに中国国外で上場した中国内資企業にストックオプション制度が本格的に導入され、その後、中国国内の上場会社にもストックオプション制度が導入されるようになりました。非上場の国有企業に対しては国有企業改革の有効な手段として、1999年に北京、上海、武漢等の地方政府が経営者や従業員に対する奨励制度の1つとしてストックオプション制度に関する規定を制定するようになりました。

　これらの奨励制度は北京モデル、上海モデル、武漢モデルといわれ、地方政府によって制度は異なりますが、適用対象企業は国有独資企業、国有資産管理会社等、ストックオプションの付与対象者は董事長、総経理、高級管理職となっています。なお、同時期に民間のハイテク企業等に対してもストックオプション制度が積極的に許可されました。

　その後、中国国内の上場会社は非流通株式を流通株式に転換する株主権の流通化改革を推し進めましたが、この株主権の流通化改革が完了した上場会社に対しては、会社自治の改善、規範的な運営と持続的発展を促進するために、持株奨励制度が認められました。この持株奨励制度は上場会社が自社株式を対象として行う長期的な持株奨励制度であり、董事、監事、高級管理人員とその他従業員に対して特定の価格で限度範囲内の株式を譲渡するかまたはストックオプションを付与するものです。この持株奨励制度は上海と深圳の証券取引所に上場している会社が対象となっています。

## Point! 日本も中国もストックオプションの会計基準がもともとなかった

　日本では、ストックオプションの会計基準は平成17年12月に制度化され、会社法が施行された平成18年（2006年）5月1日以降に適用されました。この会計基準が適用される以前は、日本にはストックオプションの会計基準はありませんでしたので、会社がストックオプションを付与して

もその金額を費用として計上する必要はありませんでした。

　しかし、現在ではストックオプションの会計基準によって、オプションが付与された時点で、そのオプションの公正な評価額を費用として計上しなければなりません。会社法施行後はこの費用負担に応えられる会社はストックオプションを付与することができますが、オプションの公正な評価単価は意外と金額が大きくなることがあり、多額な費用負担に応えられない会社はストックオプションの導入を断念しました。

　中国も同様の状況にあり、2006年1月までストックオプションについての会計準則はありませんでした。したがって、会社がストックオプションを付与した場合にも、対象者の給与報酬を費用計上することはありませんでした。しかし、2006年2月に新会計準則の「企業会計準則第11号－株式給付」が財政部から公表され、2007年1月から上場会社に対して適用されることになりました。

## Point! 中国では持分決済型株式給付と現金決済型株式給付の2つ

　この新会計準則では株式給付という用語が使用されていますが、株式給付とは企業が従業員等の役務提供を受けるために、ストックオプション等を付与するか、または現金等を支払うことを指しています。中国の新会計準則ではストックオプションには、持分決済型株式給付と現金決済型株式給付の2つがあります。持分決済型株式給付は、従業員の勤務に対する報酬としてストックオプション（持分金融資産）を与えるものであり、現金決済型株式給付とは、従業員等の勤務に対する報酬として持分金融資産等と同額の現金等の資産を与えるものです。

　日本の会計基準では、日本の現状に合わせて持分決済型株式報酬（持分決済型株式給付）についてのみ規定されており、現金決済型株式報酬については一切触れていません。中国ではストックオプション等の付与だけではなく、中国人個人が外国株式を自由に保有することができないという規制があり、現金決済型の株式報酬のニーズが存在していたために両者が規定されています。国際会計基準では、持分決済型株式報酬、現金決済型株

式報酬、さらに両者を選択できる選択権型株式報酬が規定されています。

## 🅿️oint! 中国では会社に提供される役務のみが対象

　もう1点、中国のストックオプション会計基準の特徴は会社に提供される役務のみが対象となっていることです。国際会計基準や日本会計基準では会社に提供される役務のほか財貨の提供もストックオプションの対象となっています。したがって、欧州や日本では、企業は財貨の提供を受けて自己株式やストックオプションを与える取引も株式報酬として処理されますが、中国ではこのような取引は株式給付に該当しないため他の会計基準によって処理されることになります。

## 🅿️oint! 中国の持分決済型株式給付：ストックオプションが付与される相手によって費用計上の金額が違ってくる

　また、中国の会計基準では持分決済型株式給付の場合、ストックオプションが付与される相手によって費用に計上される金額が異なってきます。ただし、これは国際会計基準や日本会計基準でも同様の状況があります。中国ではストックオプションが従業員に付与される場合は、そのストックオプションの公正価値（時価）で原価費用とこれに相応する資本剰余金を計上します。これは社内の従業員が提供する役務金額を評価することが困難なため、付与するストックオプションで評価する方が実務的であるからです。

　これに対して、ストックオプションが従業員以外の社外者に付与される場合は、その者が提供する役務の金額が信頼しうる程度に測定できるものであるならば、その付与日のその役務金額（公正価値）で原価費用とこれに相応する資本剰余金を計上します。逆に、その役務金額よりストックオプションの公正価値の方が信頼性の高い場合には、そのストックオプションの公正価値で原価費用とこれに相応する資本剰余金を計上することになります。

# 第Ⅱ部
# 税　務

# 1 税制と税法改正

第Ⅱ部　税務

# 1 中国の税収と税制

## Point! 中国の租税収入と税制はこんな関係にある

　中国は1980年代の対外開放以来、内資と外資の税金を区分して税制を確立してきましたが、1994年から内外の税制の統一を図り、2010年に都市擁護建設税と教育費附加の改正を行って内外の税制を最終的に統一しました。

　中国の税金は大きく区分して、流通税、所得税、資源税、特別目的税、財産行為税、農業税があります。**中国の税金は間接税が主体の税収構造となっており、増値税が税収の半分を占め、増値税、消費税、営業税を合計した流通税で税収の7割を占めています。**

　この中でも最も税収が大きいのが増値税ですが、これは日本の消費税と同様の税法です。ただし日本の消費税は、資産と役務の両方を課税対象としていますが、**中国の増値税は物品のみを課税対象としており、役務については営業税で課税しています。**しかしながら、中国の営業税は売上高に対して税率を乗じて税額を計算しますので、日本には営業税に該当する税金はありません。

　**中国の消費税は日本の旧物品税にあたるものです。**中国の消費税の課税消費品には、煙草、酒アルコール類、化粧品、貴金属アクセサリー、ガソリン、ディーゼル油、自動車、自動車タイヤ、オートバイ等があります。

　**企業所得税と個人所得税を合わせた所得税は、税収の4分の1を占め、流通税と所得税の合計で税収の9割に達します。**日本の法人税にあたるのが企業所得税です。中国の企業所得税は2008年に統一されて内資と外資に共通の企業所得税が課税されています。個人所得税は日本の所得税にあたります。

資源税、特別目的税、財産行為税は合計でも税収の1割にも達しません。これらの税金のうち、外資系企業が一般的に関係する税金は、流通税と所得税以外には、都市郷鎮土地使用税、土地増値税、都市不動産税、車輛船舶使用税、車輛購入設置税、印紙税、契税、都市擁護建設税があり、輸出入取引にかかる関税も関係します。土地使用税と耕地占用税は2008年の税制改正で外資系企業にも課税が開始されました。

租税徴収管理法は日本の国税徴収法にあたるものです。日本にあって中国にない税金としては、国税として相続税、贈与税、登録免許税等があります。地方税としては道府県民税、市町村民税、事業税、不動産取得税等があります。相続税、贈与税、住民税、事業税等は中国にはありません。

図表Ⅱ-1　中国の税制

| 区分 | 税法 | 相当する日本の税法 |
|---|---|---|
| 流通税 | 増値税暫定条例 | 消費税 |
| | 営業税暫定条例 | 消費税 |
| | 消費税暫定条例 | 旧物品税 |
| 所得税 | 企業所得税法 | 法人税 |
| | 個人所得税法 | 所得税 |
| 資源税 | 資源税暫定条例 | 石油鉱産税 |
| | 都市郷鎮土地使用税暫定条例 | |
| 特別目的税 | 都市擁護建設税暫定条例 | 都市計画税 |
| | 固定資産投資方向調節税暫定条例 | |
| | 土地増値税暫定条例 | 土地重課 |
| 財産行為税 | 不動産税暫定条例 | 固定資産税 |
| | 車輛船舶使用税暫定条例 | 自動車従量税 |
| | 車輛購入設置税暫定条例 | 登録免許税 |
| | 印紙税暫定条例 | 印紙税 |
| | 宴席税暫定条例 | |
| | 契税暫定条例 | 登録免許税 |
| 農業税 | 耕地占用税暫定条例 | |
| | 煙草葉税暫定条例 | たばこ税 |
| 関税 | 輸出入関税条例 | 関税 |
| 徴収管理 | 租税徴収管理法 | 国税通則法 |

# 2 最近の税制改正

### Point! 中国の税法は絶えず変わっている

最近の主な税制改正を年代順に並べれば、次のようになります。

| | |
|---|---|
| 2005年12月 | 農業税の廃止 |
| 2006年1月 | 個人所得税の改正、基礎費用控除が800元から1,600元に修正 |
| 2006年2月 | 屠殺税と農業特産物収入課税の廃止 |
| 2006年4月 | 煙草葉税の新設 |
| 2007年1月 | 車輌船舶鑑札使用税と車輌船舶使用税が車輌船舶税に統一 |
| | 都市郷鎮土地使用税暫定条例を改正し、内資と外資に統一適用 |
| 2008年1月 | 耕地占用税の改正 |
| | 企業所得税法の改正 |
| 2008年3月 | 個人所得税法の改正、基礎費用控除が1,600元から2,000元に修正 |
| 2009年1月 | 増値税、営業税、消費税の改正 |
| 2010年12月 | 都市擁護建設税を改正し、外国投資企業、外国企業、外国籍個人にも適用 |
| 2011年6月 | 個人所得税法の改正、基礎費用控除が2,000元から3,500元に修正 |

### Point! 現在の企業所得税法は2008年から

2008年1月1日から中国内資企業に対する企業所得税暫定条例と外資系企業に対する外国投資企業及び外国企業所得税法が統一されて、企業所得税法が実施されました。

この税制改正で、内資と外資の公平な競争を促進するため外資優遇税制が廃止され、産業高度化、技術革新、環境保護等を促進するための新たな優遇税制が確立されました。

主な改正点は、**企業所得税の納税者である居住企業の定義に設立登記地基準と管理支配地基準が併用される**ことになったこと、**基本税率が33％から25％に引き下げられた**こと、**軽減税率として小型薄利企業の税率が20％、高度新技術企業の税率が15％**となりました。

　新たな優遇税制として、環境保護・省エネ・節水事業の優遇税制、技術譲渡所得の減免、非居住者の源泉徴収税率の軽減、環境・省エネ・節水・安全等の投資税額控除があり、また、免税収入の導入、研究開発と就業の所得控除、創業投資の所得控除、加速減価償却費、資源総合利用による収入控除等の優遇制度があります。

　沿海地域における旧外資優遇税率は段階的に廃止されることになり、例えば、15％の軽減税率が適用されていた経済特区等では、2008年から2012年までの5年間に25％の税率に引上げられます。

　2免3減等の定期減免税（タックス・ホリディ）も段階的に5年間の経過措置を経て廃止されます。配当の再投資による税金還付等の優遇税制は2007年度末で廃止されました。

　改正税法では、新たに租税回避対策税制（特別納税調整）が確立されました。租税回避対策税制としては従来からある移転価格税制のほかに、新たにタックスヘイブン税制、過少資本税制が新設され、さらには租税回避行為の否認規定も追加されています。移転価格税制については移転価格文書の義務化、関連取引報告資料の提出、移転価格の事前確認制度、推定課税について規定を設けています。

　このほか、収益総額、不課税収益、免税収益を新たに定義して課税収益を明確にし、合理的支出、寄付金控除、控除不能支出、減価償却費と償却費、資産の原価等を明確にして、税前控除基準すなわち損金算入基準の見直しを行いました。また、繰越欠損金と繰越税額控除の取扱いも明確にしました。

## Point! 個人所得税法の最新改正は2011年6月

　個人所得税は、税法本体の根本的な改正は行われておらず、2005年に

個人所得税法の一部が修正されました。中国の経済発展によって個人所得が増加し、旧法で定められていた基礎控除費用の月額800元では広範な課税が行われてしまうために、**基礎控除費用を800元から1,600元に引上げました。これにより外国人給与所得者の控除費用基準額も、基礎控除費用1,600元＋追加控除費用3,200元＝控除費用基準額4,800元に引上げら**れました。これらの改正は2006年1月から実施されましたが、2008年3月には基礎控除費用は月1,600元から月2,000元に引き上げられましたが、外国人に適用する追加控除費用は逆に3,200元から2,800元に引き下げられましたので、外国人の控除費用基準額は4,800元で変更はありませんでした。

2011年6月30日の第11期全人代常務委員会会議で個人所得税法修正案が可決され、2011年9月1日から実施されました。注目されていた個人所得税の基礎費用控除は改正前の2,000元から3,500元に引き上げられ、給与所得の税率表も改正前の9等級の5％から45％までの税率から、7等級の3％から45％までの税率に改正されました。

ただし、2011年7月19日付で国務院から改正された個人所得税実施条例で、外国人等に適用される追加控除費用は2,800元から1,300元に引き下げられて、前回と同じように外国人の控除費用基準額は基礎控除費用3,500元＋追加控除費用1,300元＝4,800元で変更はありません。

## Point! 現在の増値税、営業税、消費税は2009年に改正施行

2,009年1月から増値税、営業税、消費税が改正施行されました。増値税については、生産型増値税から消費型増値税への移行が行われ、旧法では仕入税額控除できなかった固定資産の仕入増値税が仕入税額控除の対象となりました。小規模納税者の税率は工業6％と商業4％でしたが、統一して3％に軽減されました。

営業税については国内取引の定義が変更され、役務提供については役務発生地で課税する方法から、役務を提供する者または役務提供を引受ける者の所在地で課税する方法に変更されました。これにより中国国外で営業

**1** 税制と税法改正

> **生産型増値税と消費型増値税**
>
> 　改正前の生産型増値税では固定資産の購入にかかる仕入増値税が税額控除することができないため、固定資産のコストとなっていました。これでは企業に重い税負担をかけて投資が抑制されてしまいます。そこで外国投資企業が国外から先進的な設備を輸入することと国内から国産設備を購入することを促進するため、従来は輸入設備の関税と増値税の免税政策や国産設備にかかる仕入増値税の還付政策が採用されていましたが、消費型増値税への転換により、これらの優遇政策は廃止されました。
> 　消費型増値税とは固定資産の仕入増値税を仕入税額控除できる方法をいいます。ただし、不動産は営業税の課税対象ですので増値税の仕入税額控除の対象にはなりません。

税に課税される納税者が大幅に拡大しました。

　消費税については、経済発展につれて課税対象と課税方法の見直しが行われました。

　上記以外の主な税制改正は図表Ⅱ-2のとおりです。

### 図表Ⅱ-2　その他の税制改正

| 年月 | 税目 | 税制改正の内容 |
|---|---|---|
| 2004年1月 | 農業税 | 疲弊している農村、農民、農業に配慮して農業特産税が廃止され、農業税は段階的に税率が引き下げられたが、その後2005年12月に農業税は完全に廃止。 |
| 2006年12月 | 都市郷鎮土地使用税 | 都市郷鎮土地使用税暫定条例が改正されて、これまで外資系企業に課税されていなかった土地使用税が外国投資企業と外国企業にも2007年1月1日から適用開始。土地の使用者に対する税金。 |
| 2006年12月 | 車輛船舶税 | 外資系企業に対する車輛船舶鑑札使用税と中国内資企業に対する車輛船舶使用税が統合されて、2007年1月1日から新たに車輛船舶税として両者に適用が開始。 |
| 2006年4月 | 煙草葉税 | 屠殺税と農業特産物収入課税が廃止され、これに対応して2006年4月に煙草葉税が新設。 |
| 2007年12月 | 耕地占用税 | 従来は外資系企業に課税されていなかったが改正されて、2008年1月1日から課税。 |
| 2010年10月 | 都市擁護建設税 | 都市擁護建設税と教育費附加が改正されて、2010年12月から外国投資企業、外国企業、外国籍個人にも適用。この税制改正により、内資と外資の税法はすべて統一。<br>なお、教育費附加は税金ではなく行政費用。 |

第Ⅱ部　税務

# 2011年経済体制改革と税法改正

◎ **中国は計画的に税制改正を行っている**

　2011年5月28日に国務院から発表された国家発展改革委員会の「2011年経済体制改革深化の重点業務に関する意見書」では2011年度の税法改正について次の点があげられ、このうち個人所得税については、2011年6月30日の第11期全人代常務委員会第21回会議で修正案が可決されました。

- 個人所得税の賃金給与所得の費用控除基準の引上げ
- 税率構造の合理的調整
- 中低収入者の税負担の引き下げ
- 高収入者に対する調節を増大
- 実験的な経験を総括した上で資源税改革の実施範囲を拡大
- 一部の生産性サービス分野において増値税改革の実験を推進
- 消費税の範囲と税率構造を合理的に調整し、一部の大量資源消耗、深刻な環境汚染の商品の消費税課税範囲への取り込みを検討
- 不動産関係租税政策を改善

　なお、外国人については、2011年7月1日から中国の社会保険法により、中国国内で就業する外国人は、基本養老保険、基本医療保険、労働傷害保険、失業保険、生育（出産）保険に強制的に加入されることになり、雇用者と個人は該当する社会保険料を納付することになっています。社会保険の強制加入については実施細則もなく現時点ではその実施状況は不明ですが、個人所得税と社会保険料の負担増加により日本人駐在員の派遣コストは増加することが予想されています。

# 生産性サービス業の財税政策

◎**生産性サービス業とは製造業の川上と川下のサービス産業であり、これからの中国経済の重要な発展分野**

　現在展開されている生産性サービス業の財税政策は主に中国内資企業が対象となっていますが、広い意味で生産性サービス業に含まれる現代物流企業、先進型技術企業の租税政策も紹介します。

　中国の経済発展は、政府がこれまで膨大な失業者を吸収することを最大の政策目標としてきたため、軽工業化に始まる労働集約型の輸出産業の育成が主であり、製造業を中心とする重工業化が重視されてきました。しかし、中国経済のグローバル化と国内消費需要の喚起のため、これまで軽視されてきたサービス産業の育成が重要な政策課題となってきました。

　2005年に始まった第11期5ヶ年計画で、サービス業の発展の総体的な方向と基本的な考え方が決定しました。2005年は国民総生産に占めるサービス業の年成長率は3％、全産業に占めるサービス産業の従業員割合は4％でしたが、2020年までにサービス経済を主たる経済構造に転換し、ＧＤＰに占めるサービス産業の成長率を50％超とする目標が打ち立てられました。

　2011年からの第12期5ヶ年計画では、生産性サービス業の発展を加速させることが重要な経済発展の鍵となりました。生産性サービス業にはかなり広範なサービス業が含まれますが、主なサービス分野としては、研究開発、アウトソーシング、現代物流、ソフトウェアと情報サービス、インターネットと電子商取引、物流と関連する金融と保険、会計・法務・コンサルタント等の商務サービスがあります。

　このような生産性サービス業については、第12期5ヶ年計画により、各地方政府が現地の実情に合わせた財税政策を採用しています。例えば、上海市では2011年6月に、生産企業から生産性サービス業を分離する奨励政策を打ち出しました。

　上海市では、先進製造企業から独立法人資格を有する研究開発設計、検査測定、情報サービス、サプライチェーンサービス等に従事する生産性サービス企業を新規に設立した場合には、購入設備、移転した資産等の一定割合の財政補助が与えられます。各地方政府が公布している奨励政策には財政補助

## 第Ⅱ部　税務

の他に租税政策が採用されている場合もありますが、採用されている財税政策は地方によって多種多様です。

次に、このような生産性サービス分野の発展奨励に関連して外国投資企業にも適用されている租税政策を紹介します。この分野の主な租税優遇措置には次のようなものがあります。

### ◎サービス産業の優遇税制には現代物流実験企業と技術先進型サービス企業がある

#### ① 2005年の現代物流実験企業に対する営業税と増値税の優遇措置

実験企業として認定された現代物流企業は、交通運輸業務とその他業務を区分し、交通運輸業務収入については交通運輸業として営業税を納税しますが、顧客に対して貨物運輸業発票を発行できます。また、他の現代物流企業に支払った貨物運輸費用は運輸業務収入から控除して営業税を計算することができます。さらに、倉庫業務を行っている現代物流企業は、その業務収入から他の倉庫企業に支払った倉庫費用を控除して営業税を計算することができます。

こうした租税政策により、増値税の一般納税者（生産企業、商業企業）が貨物運輸業発票を取得した場合には、この専用発票で増値税の仕入税額控除を行うことができます。また、営業税は、原則として業務収入総額に課税される税金です。上記のように他の業者に支払った業務費用は控除することができませんが、認定を受けた現代物流企業はこれらの業務費用を控除することができ、営業税の二重課税が排除されます。

#### ② 2009年の技術先進型サービス企業の租税優遇措置

北京、天津、重慶、大連等の21のサービスアウトソーシング模範都市の認定を受けた技術先進型サービス企業は、企業所得税について15％の軽減税率が適用され、その従業員教育経費の一部が損金算入できない場合には、翌期に繰り越して損金算入することができ、営業税についてオフショア収入は免税されます。

技術先進型サービス企業とは、インフォーメーション・テクノロジー・アウトソーシングサービス（ITO）、ビジネステクノロジー・プロセス・アウトソーシングサービス（BPO）、ノウハウテクノロジー・プロセス・アウトソーシングサービス（KPO）をいいます。

## ◎生産性サービス業の発展に伴う増値税改革

2011年経済体制改革で打ち出された生産性サービス業の増値税改革とは、これまで矛盾を抱えたまま改正されなかった増値税と営業税の課税範囲の調整と二重課税の排除を目的とするものです。増値税は貨物の販売と加工業務について課税し、営業税はサービスと不動産と無形資産に課税する税金です。

増値税では仕入税額控除制度があり売上税から仕入税を控除することができますが、営業税は総収入に課税しますので、原則として原価、費用に相当する部分を課税対象から控除することができません。下請企業に支払う代金は控除できませんので元請企業の総収入に営業税が課税され、下請企業の総収入にも営業税が課税されて、取引段階ごとに営業税が二重課税、多重課税されます。

また、営業税の納税者は物品を購入してサービスを提供する場合には、その物品に課税された仕入増値税を営業税の課税対象である総収入から控除できませんので、仕入増値税は控除されることなくそのままコストになります。このように営業税には営業税そのものの二重課税と仕入増値税のコスト負担の問題があります。もちろん、特定の取引については二重課税の排除と仕入増値税の控除が可能な場合もありますが、一般論としてはこれらの問題は基本的に存在するものです。

増値税の納税者である生産企業と営業税の納税者であるサービス企業の分離と発展を加速するためには、このような増値税と営業税の不合理な課税構造を是正する必要があります。今回、その手始めとして2011年に一部の生産性サービス分野について、増値税と営業税の課税範囲を調整し、営業税の二重課税を排除して、さらに営業税納税者の仕入増値税のコスト負担を実験的に解決することにより、2012年以降の税制改正につなぐことが期待されています。

第Ⅱ部　税務

# 2010年経済体制改革と不動産税制改革

◎ **2010年に計画した税法改正の一部はまだ検討中で税制改正はこれから**

中国政府は2010年5月31日に「2010年経済体制改革の重点業務を深化させる意見に関する通知」(2010年経済体制改革)を公表しました。この通知の中に、財税体制改革の深化と題する項目があり、これから推進する6つの税制改革が示されています。この6大税制改革とは、資源税改革方案の提出、中国内外の企業と個人の都市擁護建設税と教育附加費制度の統一、房産税改革の漸進的な推進、個人所得税の制度改革実施の検討、消費税制度の改善、環境税の課税開始方案の検討です。

ここでは、資源税、消費税、環境税について紹介します。

① **資源税改革方案の提出**

資源税改革は2006年から準備されていましたが、国際的な原油価格の上昇により時機を失い、2010年に入って原油価格が下落したので価格上昇の見通しは不明ですが、資源税改革の時機到来と中国政府は判断したようです。

資源税の本格的な税制改正の前に、財政部と国家税務総局は「新疆の原油、天然ガスの資源税改革の若干問題の規定」を6月1日に公布施行して、新疆ウイグル自治区の原油と天然ガスについて資源税改革を開始しました。

現行の資源税は、課税範囲が原油、天然ガス、石炭、その他非金属鉱物資源等の7品目に限定されており、税額計算も課税品目の数量に単位税額を乗ずる従量課税方式でした。これに対して新しい資源税は、資源価格の高騰を反映して、従量課税方式から販売金額に税率(5%)を乗ずる従価課税方式に改正されています。将来の資源税改革では、さらに課税範囲が拡大される見込みで、地方税である資源税は地方政府の税収拡大に貢献することが期待されています。

② **消費税制度の改善**

消費税は2009年に改正施行されたばかりですが、今回の改正目的は商品の資源消耗の程度に応じて税率を設定し、資源節約型および環境にやさしい消費税に導くものであるとしています。

### ③ 環境税の課税開始方案の検討

資源税と環境税の税制改革は、将来の資源の節約、省エネ、排ガス減少、環境保護に機能を発揮することが期待されています。

新しい税種である環境税の改革は挑戦的なものであり、企業のコスト負担増に対する懸念を緩和させるためにも、現行の環境関係の行政費用料金を改善して、費用徴収から税金徴収に転換することで問題の解決を図ることとされています。

### ◎本格的な不動産税制改革は地方で実験してから

2010年4月に国務院は常務会議を開催し、不動産市場について次のような決定を行っています。

- 住宅価格の急激な高騰を抑制
- 各都市の地方政府は不動産市場の健全な発展を維持する責任を真剣に果たさなければならない
- 住宅を保障することを強化し、住宅建設用地の有効な供給を増加
- 住宅ローン政策の差別化を厳格に実行し、投機的な不動産の購入を抑制
- 個人の住宅消費の租税政策を合理的に導入する制度制定の検討を加速

この最後の個人の住宅消費の租税政策が具体的に何を意味するのかまだ明確ではありませんが、2010年5月18日付の中国証券報では「地方政府は房産税の課税範囲に対して解釈権はない」とする次のような趣旨の記事を掲載しました。それによると上海市政府は「現行の房産税暫定条例によれば、房産税の課税対象は営業性物業（営業目的の不動産）であり、上海の方案では多層住宅（高層住宅）を営業行為と解釈する」とあるメディアが報道したことについて、国家税務総局のメディア担当官は「現行規定により租税の立法権は中央政府にあり中央政府が決定したことについて地方政府は執行するものであり、地方政府には新しい税法を公布する権限はない」と発言しました。

私見ですが、これは上海市政府が検討している方案では、房産税の課税対象を営業用房産だけではなく、個人が投資目的で保有する高層住宅まで営業行為と解釈して房産税の課税対象を拡大しようとしたことに対して、国家税務総局が房産税の課税範囲の拡大は中央政府の租税解釈権に属するものとして上海市の方案を否定したものと思われます。

## 第Ⅱ部　税務

　なお、その後2011年1月に上海市と重慶市で房産税の実験的改革がスタートしています。
　中国の不動産税制は、不動産の取得段階、保有段階、売却段階に区分すれば、取得段階では、不動産取得税（契税）と印紙税があり、不動産の保有段階では房産税、都市郷鎮土地使用税、耕地占用税があり、不動産の売却段階では土地増値税、個人所得税法、企業所得税、営業税等があります。この税制改正では、不動産の保有段階にかかる房産税の改革が検討されています。

**◎各地方で試行錯誤的に房産税の改正が行われている**

　財政部は房産税制度の改革を2010年の重要課題としていました。国家発展改革委員会は2010年経済体制改革の重点項目として「房産税改革の漸進的な推進」を提議しました。房産税改革は急激な改革ではなく、現実に即した漸進的な改革が求められています。
　現在、議論されている房産税改革の内容は、課税範囲の拡大、課税標準価格の変更、税率の変更と地方税収の税源確保の問題のようです。
　課税範囲の拡大については、現行の房産税の納税者は、都市、県の都市、建設制度の鎮と工業鉱業区内で房産権を所有する単位と個人であり、個人が所有する非営業用の房産は房産税が免税となっています。
　房産税に、収入分配機能すなわち所得格差の是正機能を持たせることにより、個人が保有する住宅に房産税が課税される可能性がありますが、この改革は個人住宅の現状に関する更なる情報収集、住宅の評価、課税する要件等を時間をかけて十分に検討することが必要であり、前述した上海方案はこのような準備作業も不十分であったとされています。
　課税標準価格の変更については、現行の房産税は、房産が保有されている場合には房産の取得価額の70％～90％を課税対象金額としていますが、房産がリースされている場合にはリース料収入を課税対象金額としています。
　不動産価格が高騰している現状を反映して、将来の課税対象金額はこのような取得価額やリース料収入ではなく、不動産の時価評価額等とすることにより、貧富の格差を調節する機能を持たせるものとしています。房産の評価については技術的な問題もあることから、現在、中国では湖南、湖北の一部地域で房産税改革が実験されているようです。
　現行の房産税の税率は、取得原価ベースで課税する場合は1.2％であり、リース収入で課税する場合は12％とされていますが、課税標準価格が変更さ

れることにより税率も当然、変更されることになります。なお、現行の房産税では個人等が住宅をリースする場合の税率は暫定的に4％とされていますが、課税範囲の拡大に伴ってこのような税率も見直しされることになります。

最後に、房産税の税制改革は、多くの地方政府の財政難を反映して、高騰を続ける不動産価格によって地方政府の税収が拡大することが見込まれており、不動産価格の抑制と地方税収拡大の均衡をとることも考慮する必要があります。

# 2 企業所得税

# 1 居住企業

> **Point!** 居住国判定の基準として導入された管理支配地基準に注意

企業の居住地国を判定する基準としては、一般的に**設立登記地基準**、**本店所在地基準**、**管理支配地基準**等があります。

企業所得税法では、**納税者を居住企業と非居住企業に区分し、中国の法律により国内に設立された企業と、外国（地域）の法律により設立されたが実際の管理機構が中国国内に所在する企業を居住企業としました**。このように企業の居住地国の判定基準に設立登記地基準以外に管理支配地基準を新たに採用した理由の1つとして、**いわゆる偽外資または回帰投資の問題**がありました。

偽外資と回帰投資は同じような意味ですが、中国国内の内資企業が国外にペーパーカンパニーを設立して国内に投資を戻して外国投資企業を設立し外資優遇税制を利用したことを指しています。特に、中国より税率の低い香港、英国バージン諸島、ケイマン諸島等のタックスヘイブンに子会社が設立されました。

タックスヘイブンから中国への投資には内資企業による回帰投資以外にも、欧米企業とアジア企業による間接投資、海外上場している中国企業、香港経由の大陸投資等が存在します。欧米企業は直接投資のリスク回避と節税目的のためにタックスヘイブン経由の投資を行い、台湾や韓国の企業は直接投資が規制されていた当時にタックスヘイブン経由の投資を数多く行いました。中国内資企業は海外上場する時にタックスヘイブンに設立した子会社を海外上場させています。また、香港にペーパーカンパニーを設立して大陸に工場等を稼動させている外国企業もあります。

企業所得税法が管理支配地基準を導入したことにより、これらのタック

## 2　企業所得税

スヘイブン会社が中国の居住企業として25％の税率で国内と国外の全所得に課税される可能性が出てきました。

---

**設立登記地基準**

　設立登記地基準とは、企業が準拠する法律を制定した国（地域）の政府機関がその企業を登記登録した場所を、企業の居住地とするものです。中国の法律に準拠して中国国内で設立登記される企業、すなわち中国の会社法により中国国内で設立登記される株式会社と有限会社、合弁・合作・外資企業法により設立登記される外国投資企業等は、設立登記地基準により中国の居住企業となります。

---

**本店所在地基準**

　本店所在地基準とは、企業の本店等が所在する場所を企業の居住地とするものです。日本は本店所在地基準を採用しています。日本の法人税法では、法人を内国法人と外国法人に区分して、内国法人は日本国内に本店または主たる事務所を有する法人とし、外国法人とは内国法人以外の法人としています。例えば、外資系企業であっても、日本の会社法に準拠して設立し、法務省登記所において日本国内で本店登記した会社は内国法人となります。海外では準拠法による設立登記地と本店登記地が異なる国または地域（州）に跨ることは通常のことですが、日本では日本の会社法に準拠しない外国会社は外国会社としての登記が求められます。

---

**管理地支配基準**

　管理支配地基準とは、企業の実際管理機構が所在する場所を企業の居住地とするものです。実際管理機構とは実質的な管理支配の中心とされており、具体的には企業の最高意思決定が行われる株主総会、重要な経営政策が決定される取締役会が開催される場所であり、同時に日常的な経営と管理が執行される場所が実質的な管理と支配の中心であるとされています。企業所得税法では、実際管理機構とは、企業の生産経営、人員、財務、財産等に対して実質的に全面的な管理と支配を行う機構をいいます。外国（地域）の法律により成立したが実際管理機構が中国国内に所在する企業は居住企業とされます。

## 2 居住企業と非居住企業の課税

### Point! 居住企業と非居住企業の区分は重要

　企業所得税法では、中国の法律、行政法規により中国国内において成立した企業と、外国の法律により成立した企業で、その実際管理機構が中国国内に所在する企業を**居住企業**と呼んでいます。
　これに対して、**非居住企業**とは、外国（地域）の法律により設立されかつ実際管理機構が中国国内に所在しないが、中国国内に機構、場所を設立した企業、または中国国内に機構、場所を設立しないが中国国内に源泉のある所得を有する企業をいいます。

### Point! 居住企業と非居住企業で課税所得が異なる

　居住企業は**中国国内と国外に源泉のあるすべての所得について企業所得税を納付する無制限納税義務者**です。これに対して、**非居住企業のうち中国国内に機構、場所を設立した企業については、機構、場所が取得した中国国内源泉所得と機構、場所と実質的な関係を有する中国国外源泉所得が課税所得**となります。
　次に、非居住企業が中国国内において機構、場所を設立しない場合と、機構、場所を設立したが取得した所得がその設立した機構、場所と実質的な関係がない場合は、その中国国内に源泉のある所得について企業所得税を納付します。

## 2 企業所得税

**図表Ⅱ-3 企業所得税の納税者**

| 居住企業 | 中国法により中国国内に成立した企業（事業団体等を含む） | |
|---|---|---|
| | 外国法により成立した企業で実際管理機構が中国国内に所在 | |
| 非居住企業 | 外国法により成立した企業で実際管理機構が中国国外に所在 | |
| | かつ | 中国国内に機構、場所を設立した企業 |
| | | 中国国内に機構、場所を設立しないで、中国国内源泉所得を有する企業 |

**図表Ⅱ-4 課税所得の範囲**

| 納税義務者の区分 | | | 課税所得の範囲 |
|---|---|---|---|
| 居住企業 | | | 中国国内源泉所得と中国国外源泉所得 |
| 非居住企業 | 機構、場所を設立した場合 | 機構、場所と実質的な関係を有する所得がある場合 | 機構、場所の取得した中国国内源泉所得 |
| | | | 機構、場所と実質的な関係を有する中国国外源泉所得 |
| | | 機構、場所と実質的な関係を有する所得がない場合 | 中国国内源泉所得 |
| | 機構、場所を設立していない場合 | | 中国国内源泉所得 |

## Point! 非居住企業に対する課税

　非居住企業すなわち中国国内に実際管理機構を持たない外国企業が中国で企業所得税を課税されるのは、中国国内に機構、場所を有する場合と有しない場合に分けられます。中国国内に機構、場所を有する外国企業は、中国国内源泉所得とその機構、場所に帰属する中国国外源泉所得が課税対象となります。

　外国企業が中国国内に機構、場所を有する場合には、その機構、場所に帰属する中国国内源泉所得と国外源泉所得が課税されますが、この機構、場所とは、例えば日中租税条約でいう恒久的施設（PE）と同じものです。

　中国国内に機構、場所を有しない外国企業が課税されるのは、中国国内から配当、利息、特許権使用料を取得したり、中国国内に所在する動産、

## 機構・場所

中国の企業所得税法では、外国企業が中国国内に機構・場所を設立した場合には、その機構・場所が取得した中国国内源泉所得とその機構・場所と実質的に関係する中国国外源泉所得について納税義務を負うことになります。

例えば、日本企業が中国国内に事業拠点を持った場合には、その事業拠点が中国国内で事業活動を行って獲得した国内所得と、その事業拠点が中国国外に有する財産について取得した国外所得に対して、企業所得税が課税されます。

事業拠点と一口に言っても、中国では外国企業に対する事業規制がありますので、法的に工商登記が要求されるものから税務登記のみが要求されるものまで多種多様な事業拠点があります。

企業所得税法では課税対象となる事業拠点を機構・場所と呼んでいます。機構・場所は、企業所得税法の実施条例で次のように1号から5号まで分類されています。

1号　管理機構、営業機構、事務機構
2号　工場、農場、天然資源開発採掘場所
3号　役務を提供する場所
4号　建設、据付、組立、修理、探鉱等の工事作業に従事する場所
5号　その他の生産経営活動に従事する機構、場所

1号の管理機構とは、企業の事業活動（生産経営活動）について管理方針を決定して実行する機構です。営業機構とは、企業の日常的な事業活動を展開する固定的な場所です。事務機構とは、連絡、市場調査、宣伝等の活動のために設立する機構です。

2号は、企業の事業活動を展開する場所であり、工場とは、製造業の生産工場建物、作業現場であり、農場とは農場、牧場、林業の場所、漁場等であり、天然資源開発採掘場所とは、採掘業の鉱山、油田等をいいます。

3号は、役務を提供する場所であり、交通運輸、倉庫リース、相談仲介、科学研究、技術サービス、教育訓練、飲食宿泊、取次代理、観光、娯楽、加工およびその他の役務サービス活動に従事する場所をいいます。

4号は、建設、据付、組立、修理、探索等の工事作業に従事する場所であり、

建設工事現場、港湾埠頭、地質探索場所等の工事作業場所があります。

5号は上記以外の企業が事業活動に従事する場所をいいます。

上記の機構・場所以外に営業代理人があります。営業代理人は外国企業が持っている機構・場所そのものではなく、外国企業が営業代理人に中国国内での事業活動を委託することにより、外国企業の機構・場所とみなされるものです。

企業所得税法では、営業代理人には、常習的に契約を締結する権限を有する常習代理人と、貨物を保管して引き渡す在庫保有代理人が定められています。

不動産、企業の出資持分を売却する等の中国国内源泉所得を取得した場合に企業所得税が課税されます。

# 3 恒久的施設（PE）

### Point! 恒久的施設とは？

恒久的施設とは、事業を行う一定の場所であって企業がその事業の全部または一部を行っている場所をいいます。恒久的施設には、事業の管理の場所、支店、事務所、工場、作業場、鉱山、石油または天然ガスの杭井、採石場その他天然資源を採取する場所があり、Permanent Establishment 略してPEといわれています。

### Point! 日中租税条約の恒久的施設は企業所得税の機構、場所とほぼ同じ

日中租税条約では、恒久的施設とは、事業を行う一定の場所であって企業がその全部または一部の事業を行っている場所であると定義しており、

次のものが恒久的施設に該当するものとしています。

> ① 事業の管理の場所、支店、事務所、工場、作業場、鉱山・石油または天然ガスの抗井・採石場その他天然資源を採掘する場所
> ② 建築工事現場、建設・組立工事・据付工事の工事現場等、これらに関連する監督活動が6ヶ月を超える期間存続する場合
> ③ コンサルタント役務を12ヶ月の間に合計で6ヶ月を超えて行った場合
> ④ 従属代理人

## Point! 恒久的施設の定義

　日中租税条約は、「恒久的施設とは、事業を行う一定の場所であって企業がその事業の全部または一部を行っている場所をいう」と定義しています。

　この定義は、OECD（経済開発協力機構）が発表しているOECDモデル租税条約の定義と同じです。OECDモデル租税条約ではこの恒久的施設の定義について詳細な解釈を発表していますが、中国の国家税務総局が最近の税務通知で発表している恒久的施設の解釈は、基本的にこのOECDモデル租税条約の解釈に準拠しています。次に、国家税務総局の最近の解釈を紹介しますが、ここでは分かり易くするために語句を若干変えています。

> 　恒久的施設とは一つの総体的に固定的な事業の場所をいい、通常では次のような特徴を備えている。
> ① 支配可能な空間が存在すること
> 　事業の場所が実質的に存在することが重要であり、規模や範囲等の制限はなく、機器の存在もその事業の場所になり得るし、倉庫や売場等もその事業の場所となる。また、企業がその場所を自己所有しているかどうか借用しているかどうかも関係はない。

さらに、建屋、敷地、施設、設備の一部が別の活動に使用されているかどうかも関係がない。事業の場所が市場の一角にある場合もあれば、長期に賃借している倉庫の一部である場合もある。また、他の企業が使用している事務所等の一部である場合もある。一定の支配可能な空間であれば事業の場所とみなすことができる。

② 相対的に固定の場所であり、一定期間存続すること

事業の場所は相対的に固定されており、かつ時間的には一定の持久性をもつものである。下記の場所もこれらの特徴を持っている。

1. 事業の場所には、駐在員事務所、支店等の登記された場所の他に、企業に役務を提供するのに使用された事務室またはその他の類似の場所、例えば、ホテルで長期に使用している部屋等も事業の場所になる。

2. 事業の性格から経常的に隣接する場所を移動する場合には、事業の場所は固定していないようであるが、このような一定地域内の移動はその事業活動の固有の性格であり、単一の一定の場所が存在するものと認定することができる。例えば、外国企業の事務所が必要に基づいて一つのホテル内で異なる部屋を使用するか、または異なる棟を借用する場合は、そのホテルは一つの事業の場所とみなす。また、例えば、ある商人が同一の商場または市場内の異なる場所に売場を設立した場合は、その商場、市場もその商人の事業の場所となる。

3. 事業の場所は時間的に一定程度の持久性を有するものでなければならず、臨時のものであってはならない。ただし、事業活動が暫定的に間断しまたは停滞することは、事業の場所の時間的な持久性をなくすことにはならない。

4. 事業の場所が短期の使用目的に基づいて設立されたが、実際の存在期間は逆に臨時的な範囲を超える場合は固定の場所を構成することになり、遡及的に恒久的施設を構成することになる。これに対して、一つの持久的な目的のための事業の場所に特別な状況が発生した場合、例えば投資に失敗して事前に清算する場合は、実際には極めて短い期間に存在するだけであるが、その設立から恒久的施設を構成するものと判定する。

③ 全部または一部の事業活動が事業の場所を通じて行われること

恒久的施設を通じて事業活動が行われることが重要であり、企業がその恒久的施設の外の地域において直接従事する事業活動はその事業の場所を通じて行うことにはならない。企業が異なる場所で直接に事業活動に従事する場合は、その企業は他方の異なる場所で複数の恒久的施設を構成している可能性がある。

企業が異なる場所で事業活動を行う場合は、単一の恒久的施設が存在するか、または複数の恒久的施設が存在するかどうかについては、異なる場所の事業活動により生ずる利得が単一の恒久的施設に帰属するかどうかで判定する。

事業の場所を「通じて」行う活動には広義に理解する必要があり、企業がその支配可能な場所で従事する活動のすべての状況を含む。例えば、ある道路舗装企業は舗装行為の発生地を「通じて」事業活動に従事していると認識される。

外国企業と中国の異なる都市の顧客が直接契約を締結して、その契約が外国企業が中国側に設立した事業の場所で履行される場合には、外国企業はその事業の場所を「通じて」事業活動に従事しているものと認識する。このほか、その場所が外国企業と中国企業とが形成した顧客関係のために実質的に貢献する場合で、契約が二つの企業の間で直接締結された場合には、外国企業がその場所を「通じて」事業活動に従事していると認識する。

## 最近、中国では役務（サービス）PE 課税が強化

中国の国家税務総局は、外国企業が中国国内で役務提供した場合の課税について次のようなQ＆Aをインターネット上で公表しています。

Q　国外に支払った立替の委託派遣人員の給与は、訪中して役務を提供したものと判定されるかどうか。委託派遣人員の給与は中国の税務機関に個人

所得税を納付済みである。

A　非居住企業が雇用人員を中国に派遣して役務を提供し、企業所得税法が定める機構場所を構成する場合は、当該機構場所が取得する所得に対して税法規定により企業所得税を納付しなければならない。同時に、雇用人員が取得する中国国内源泉の賃金給与は個人所得税法により個人所得税を納付しなければならない。租税条約を適用する場合は、条約の規定により執行する。

上記のＱ＆Ａでは、例えば、日本親会社（非居住企業）が社員を中国子会社に派遣して、中国子会社がその派遣者の給与を支払った日本親会社に負担金を送金した場合には、中国国内における役務提供事業として役務提供期間が6ヶ月を超える場合には、その日本親会社は中国国内に恒久的施設（PE）を構成しており、企業所得税を課税するとしています。

また、中国国内の恒久的施設に派遣された親会社社員の給与はその役務提供の事業の場所である恒久的施設が負担するものとして、短期滞在者の免税規定の適用はなく個人所得税を課税するものとしています。

## 役務（サービス）PE課税

役務とはサービス（service）の訳語で、一定の物理的場所を持たない役務の提供も恒久的施設があるものとみなされて税金が課税されることを役務PE課税といいます。中国では、2009年以降に、親子会社間の役務PE課税の課税問題が新たに発生しました。

親子会社間の役務PE課税は、日本の親会社がその社員等を中国子会社に派遣して勤務させた場合に、日本親会社の社員として中国子会社に役務提供を行い、その役務提供が6ヶ月を超えている場合には恒久的施設を構成しており、事業所得として企業所得税を課税するとともに、その役務提供に係る派遣者すべてに対して個人所得税を課税するものです。従来も中国派遣者に対して同様の課税問題はありましたが、2009年以降は、中国子会社への出

## 第Ⅱ部　税務

向者の勤務状態まで税務調査して親会社の社員としての役務提供を認定することになり、実質的には新たな役務 PE 課税となっています。

このように、これまでは PE 課税されなかった役務提供が最近の実務で PE 課税が優先適用されるようになった背景には、次のような国際課税の動向があります。

租税条約のモデルとしては、国連モデルと OECD モデルがあります。国連モデルは、先進国と発展途上国との間で租税条約の締結が円滑に促進されるように発展途上国の課税権を保護する形で構成されています。先進国は発展途上国に進出して事業や投資を行いますので、事業による所得または投資による所得は発展途上国に源泉があり、発展途上国は所得の源泉地国となります。したがって発展途上国の課税権を保護するには所得の源泉地国の課税権を手厚くすれば良いことになります。

これに対して OECD モデル租税条約は、先進国間の国際的な経済発展を阻害する要因を排除することを主目的としていますので、平等互恵の原則に従っていますが、先進国が発展途上国に投資するのに有利なように、源泉地国（発展途上国）の課税権を制限して企業の居住地国（先進国）に課税権を与える構成となっています。

したがって、OECD モデル租税条約では、恒久的施設なければ課税なしの原則に従って、所得の源泉が発生していても恒久的施設がなければ課税できないものとし、恒久的施設の定義そのものを極力制限しています。これに対して国連モデルは、役務提供取引はかなり多額な取引金額になることも多く、無視できない重要な取引であるとして恒久的施設の範囲に加えています。

OECD は、役務 PE 課税は排除していましたが、物理的な恒久的施設の定義だけでは解決できない、専門性の高い人的役務事業、事業拠点を持たないクロスボーダー取引等の国際課税問題が数多く発生してきたため、2006 年に役務課税の報告書を作成して 2008 年の OECD モデル租税条約に役務 PE 課税を本格的に取り込みました。

このような国際課税の動向が背景として、中国が 2008 年の企業所得税の改正に役務課税を規定して、その後、外国親会社の中国子会社への役務提供について課税を強化してきたものと考えられます。

## 4 課税所得と税率

**Point!** 課税所得は収入総額に加算減算して課税所得を計算

　企業所得税法では、**課税所得額は一納税年度毎の収入総額から不課税収入、免税収入、各種控除と繰越欠損金を控除した残額**とされています。また、企業所得税の優遇税制の所得に対する優遇措置としては、免税収入、研究開発費等の所得控除、創業投資の所得控除、加速減価償却、資源総合利用による減算収入等があります。したがって、課税所得額の計算式は次のとおりになります。

　　課税所得額＝収入総額－不課税収入－免税収入－減算収入－
　　　　　　　　減免税項目所得－各種控除－繰越欠損金
　　各種控除＝合理的支出（原価＋費用＋税金＋損失＋その他支出）－
　　　　　　　寄付金控除＋控除不能支出＋所得控除
　　所得控除＝研究開発等の所得控除＋創業投資の所得控除＋
　　　　　　　加速減価償却費

図表Ⅱ-5　課税所得の計算項目

| | |
|---|---|
| 収入総額 | 貨物販売所得、役務提供所得、財産譲渡所得、配当・利益分配等持分性投資所得、利息所得、リース所得、特許権使用料所得、受贈所得、その他所得 |
| 不課税収入 | 財政交付金、行政事業公共料金、政府性基金の収入 |
| 免税収入 | 国債利息、居住企業間の配当・利益分配所得、非居住企業の機構場所が居住企業から取得した配当・利益分配所得、非営利組織の非営利収入 |
| 各種控除 | 原価、費用、税金、損失、その他支出 |
| 所得控除 収入控除 | 研究開発と就業の所得控除、創業投資の所得控除、加速減価償却、資源総合利用による収入控除 |

## 5 優遇税制

> **Point!** 優遇税制には税額の優遇措置と所得の優遇措置がある

　企業所得税の優遇税制には税額と所得の優遇措置があります。企業所得税の基本税率は 25% ですが、小型薄利企業の税率は 20%、高度新技術企業の税率は 15% です。このほか、特定都市の技術先進型サービス企業、すなわち、インフォーメーション・テクノロジー・アウトソーシングサー

---
**小型薄利企業**

　小型薄利企業とは、国家が制限および禁止していない業種に従事し、かつ下記の条件に適合する企業をいいます。
① 工業企業は、年度の課税所得額が 30 万元を超えず、就業人数が 100 人を超えず、資産総額は 3,000 万元を超えないこと。
② その他企業は、年度の課税所得額が 30 万元を超えず、就業人数が 80 人を超えず、資産総額は 1,000 万元を超えないこと。

---
**高度新技術企業**

　高度新技術企業とは、核心的主体的知的財産権を所有し、かつ次の条件をすべて満たす企業をいう。
① 製品（サービス）が「国家が重点的に支持する高度新技術領域」の定める範囲に属すること。
② 研究開発費用の販売収入に占める割合が規定の割合を下回らないこと。
③ 高度新技術製品（サービス）収入の企業の総収入に占める割合が 60% を下回らないこと。
④ 科学技術人員の企業従業員数に占める割合が規定の割合を下回らないこと。
⑤ 高度新技術企業認定管理弁法が定めるその他の条件。

## 図表Ⅱ-6　企業所得税の優遇税制

| 区分 | 項目 | 適用範囲 | 優遇措置 |
|---|---|---|---|
| 税額の優遇税制 | 軽減税率 | 小型薄利企業 | 20% |
| | | 高度新技術企業 | 15% |
| | | 特定都市の技術先進型サービス企業 | 15% |
| | | 中西部地区に設立した奨励企業 | 15% |
| | 地方税収の減免 | 特定地区の地方政府が決定 | 減免税 |
| | 減免税 | 農業・林業・牧畜業・漁業 | 減免税 |
| | | 公共基盤施設（インフラ）投資 | 3免3減 |
| | | 環境保護・省エネ節水事業 | 3免3減 |
| | | 技術譲渡所得 | 減免税 |
| | | 非居住者の源泉徴収所得 | 10% |
| | | 環境・省エネ節水・安全等 | 投資税額控除 |
| 所得の優遇税制 | 免税収入 | 国債利息、居住企業間の配当・利益分配所得 | 免税 |
| | 所得控除 | 研究開発と労働者の就業促進 | 所得控除 |
| | | 創業投資（ベンチャーキャピタル） | 所得控除 |
| | 加速償却 | 固定資産 | 加速減価償却 |
| | 収益からの控除 | 資源総合利用事業 | 収益控除 |

ビス（ITO）、ビジネステクノロジー・プロセス・アウトソーシングサービス（BPO）、ノウハウテクノロジー・プロセス・アウトソーシングサービス（KPO）に従事する企業の税率は15%、一定の中西部地区に設立した企業の税率も15%となります。

図表Ⅱ-6のうち、公共基盤施設（インフラ）投資と環境保護・省エネ節水事業については3免3減とありますが、これは利益計上開始年度から3年間は免税、その後の3年間は税金が半分という優遇措置です。技術譲渡所得については、技術譲渡所得が500万元を超えない部分は企業所得税を免税し、500万元を超える部分は企業所得税を半減にするものです。

非居住者の源泉徴収所得については基本税率25%が一律に10%に軽減されています。また、免税収入にあるように国債利息と中国国内の居住企業間で分配された配当所得、利益分配所得については免税とされています。

研究開発費の所得控除とは、企業が新技術、新製品、新工芸を開発する

ために発生した研究開発費用をいい、無形資産を形成しないで当期損益に計上した場合は、規定により実額により控除した上で、研究開発費用の50％を追加で所得控除します。研究開発で無形資産を形成する場合は、無形資産原価の150％で償却するものとされています。

企業は、身体障害者の就業配置と国家が就業配置を奨励するその他の就業者に支払われる賃金給与を支出したときは、障害者従業員に支払った賃金給与の100％を追加で所得から控除することができます。

創業投資企業については、創業投資企業が持分投資方式を採用して未上場の中小規模の高度新技術企業に2年以上出資した場合はその出資額の70％を、持分を満2年保有した年度においてその創業投資企業の課税所得得額から控除することができます。当年度に控除しきれない場合は、翌納税年度に繰越控除することができます。

固定資産の加速減価償却制度は、技術進歩によって、製品の新旧交替が比較的早い固定資産、または強度の振動、高度な腐食の状態に一年中置かれている固定資産について、減価償却年数を短縮するかまたは加速減価償却の方法を採用することができます（加速減価償却については49ページを参照）。

非居住者の源泉徴収所得の税率は、企業所得税法では20％とされていますが、その実施条例により一律に10％とされており、例えば、中国国内の外国投資企業、中国企業からの配当所得、利息所得、特許権使用料所得等についてはすべて10％の源泉税率で課税が行われます。

## Point! 旧税法の経過措置もまだ残っている

2008年以前の旧企業所得税法では、地域的な軽減税率、定期減免税率（タックスホリディ）、企業所得税の地方税部分の減免税、再投資による企業所得税の還付、非居住企業に対する外国投資企業の配当・利益分配所得の免税等の優遇税制がありました。

2008年の企業所得税法の改正施行により、これらの旧優遇税制はすべて廃止されましたが、地域的な軽減税率、定期減免税については経過措置

が採用されました。地域的な軽減税率は、例えば旧経済特区等の15％の税率適用地域については、2008年は18％、2009年は20％、2010年は22％、2011年は24％、2012年には25％の税率が適用されます。

定期減免税の主な優遇措置には、例えば生産性外国投資企業の2免3減がありますが、これは経営期間10年以上の生産性外国投資企業について利益計上開始年度から2年間は免税、その後の3年間は企業所得税を半減とするものでした。

例えば、経営期間10年以上の生産性外国投資企業が2免3減の定期減免税を2005年から享受していたとすれば、2005年と2006年の企業所得税は免税、2007年から2009年は半減となります。また、2007年まで累積欠損で2免3減の定期減免税の適用がなかった生産性外国投資企業の場合には、2008年度は利益獲得開始年度かどうかに関係なく適用初年度となり、仮に2009年度に累積欠損を解消して利益を獲得したとすれば、2009年は免税、2010年から2012年まで半減となります。

# 6 確定申告の留意事項

中国の企業所得税法では、**事業年度終了後5ヶ月以内に管轄の税務局に年度企業所得税納税申告表（確定申告書）を提出して、企業所得税の総合精算納付を行い、税金の追加納付または還付精算を行います**。ここでは、これまでの企業所得税の確定申告にあたり税務当局が税務調査で留意した否認項目について紹介します。

## Point! 未払金の滞留残高に注意しよう

例えば、外国本社に対する未払金があり、支払期限経過後2年間に支払請求がなかった場合には、「外国投資企業および外国企業の贈与受入の税務処理に関する通知」（国税発［1999］195号）の規定により、受贈益とし

て当年度の収益に計上することが要求されていました。この195号はすでに廃止されましたが、企業所得税法実施条例第22条の規定により、確実に返済できない未払金としてやはり企業の収入総額に計上することになります。このような関連企業間取引の金額については、独立第三者間の取引価格を参照します。

## Point! 企業が取得した個人所得税の源泉徴収手数料は収入総額に計上

企業が個人所得税を源泉徴収したときは源泉税額の2%の手数料が地方税務局から企業に支払われます。また、企業所得税を源泉徴収したときも手数料が支払われます。企業がこれらの手数料を取得したときには、企業の収入総額に計上しなければなりません。

## Point! 従業員に支給する食品代と通信費は税前控除(損金算入)できない

企業が従業員のために精算した費用、例えば従業員個人が購入した食品代等を従業員福利費として税前控除ができるかという問題と、企業が従業員個人のために精算した通信費を従業員福利費として税前控除できるか、または賃金給与に含めるべきかという問題があります。

国家税務総局の関係規定では、企業が従業員の衛生保険、生活、住宅、交通等のために支給した各種補助と非貨幣性の福利は従業員福利費とすることができるとされています。

例えば、医療費用、従業員扶養直系親族の医療手当、暖房費手当、従業員の暑気防止温度引下費用、従業員の生活困難手当、救済費用、従業員食堂経費、従業員交通手当等がこれに該当しますが、企業が従業員個人のために精算した費用、例えば食品代等はこれに該当せず、税前控除することができません。

また、個人が精算する通信費は従業員福利費の範囲に掲げられておらず、個人が精算する通信費は、その通信工具の所有者が個人であり、発生した通信費が個人使用に使用されたかまたは企業経営に使用されたか明確

に区分することはできないため、その支出が企業の収入と関係するかどうか判断できないので、従業員福利費支出と認められず、税前控除することができません。

### Point! コミッション支出は5％を超えなければ税前控除が認められる

これは、企業が仲介機構と契約を締結し、仲介機構に売上の一定割合で手数料を支払った場合には、その支払額をコミッション支出として実額で税前控除できるかという問題です。国家税務総局の関係規定では、企業の生産経営と関係する手数料とコミッション支出は、合法的な経営資格を有する仲介サービス機構または個人とサービス協議書または契約書を締結した場合には、その仲介による収入金額の5％を超えない部分であれば、税前控除が認められます。5％を超過する部分は控除することができません。

## 7 固定資産の見積残存価額

### Point! 見積残存価額は企業自身が合理的に判断して決める

固定資産の見積残存価額については、2008年の企業所得税法の改正施行以来、現在においても経過措置が継続されています。旧税法では、固定資産の残存価額は10％と規定されていましたが、**改正税法では固定資産の性格と使用状況に基づいて企業が見積残存価額を合理的に決定しなければならない**ことになりました。

国家税務総局は関係規定で、企業が改正税法の実施前に使用していた固定資産について、旧税法の規定により純残存価額を見積って減価償却費を計上した場合には、そのまま税務上の修正は行わないものとしました。

これに対して、新税法の実施後に、継続して使用している固定資産につ

いて、その残存価額を新たに見積って決定した場合には、その未償却価額について、新税法の定める減価償却年数からすでに減価償却を計上した年数を差引いた残余の年数で、新税法の定める減価償却方法で減価償却を計算することができるものとしました。

　ある地域の国家税務局の質問回答書では、新税法に基づいて企業は固定資産の残存価額をゼロとすることができるかとの質問に対して、企業は職業的判断に基づいて税法の規定により固定資産の見積純残存価額をゼロとすることができ、旧税法の10％制限の適用を受けることはないと回答しています。

# 8 賃金給与の損金算入

## Point! 合理的に支出された賃金給与は損金算入できる

　企業所得税法では、**企業に実際に発生した、収入の取得と関係する原価、費用、税金、損失、その他支出を含む合理的支出は、課税所得額から控除することが認められています。**これを受けて、企業に実際に発生した合理的賃金給与支出は、税前控除すなわち税務上で損金に算入することができます。

　賃金給与が税前控除（損金算入）できない場合には、その金額は企業所得税の課税所得に加算されますので、その分だけ企業所得税を多く納付することになります。企業所得税法では、**賃金給与とは、企業が一納税年度ごとにその企業に職務就任または雇用された従業員に支給するすべての形式の労働報酬をいい、具体的には、基本給与、賞与、手当、補助手当、年末賞与、残業手当、および従業員の職務就任または雇用と関係するその他支出を含むものとされています。**

　このように賃金給与とは、企業に職務就任または雇用された従業員に支

## 2 企業所得税

> **合理的賃金給与**
>
> 　企業に実際に発生した合理的な賃金給与支出は、課税所得の計算上控除が認められます。賃金給与とは、企業が一納税年度毎にその企業に職務就任または雇用された従業員に支給するすべての現金形式または非現金形式の労働報酬をいい、基本賃金給与、賞与、手当、補助手当、年末賞与、残業手当、および従業員の職務就任または雇用と関係するその他支出を含むものとされています。
> 　例えば、実務では、次の条件に該当する場合、合理的賃金給与とはならず、損金算入は認められません。
> ・賃金給与規定が整備されていない場合、
> ・業界と地域の給与水準と乖離している場合、
> ・固定された賃金給与が秩序だっていない場合、
> ・個人所得税が源泉徴収されていない場合、
> ・利益を減少させるために賃金給与が計上されている場合

給するすべての労働報酬を言いますので、従業員の職務就任と雇用関係がその前提にあります。中央政府の税務通知ではこれ以上の具体的な言及はありませんが、例えば、青島市地方税務局が発布した企業所得税業務問題回答書では、従業員の法的地位と企業所得税の税務処理について次のように解説しています。

> 　企業が税前控除する賃金給与の必要条件は、企業と従業員との間に職務就任または雇用関係が存在することであり、労働法の関係規定に基づいて、職務就任または雇用関係を判定する根拠は、企業と従業員との間で書面による労働契約を締結するとともに当地の労働部門にその届出を行うことである。

労働社会保障部が2007年1月に発布した「労働社会保障部の労働要員届出制度に関する通知」によれば、「2007年から我国国内のすべての雇用単位は法により労働関係を形成する従業員を招聘雇用した場合は、登記登録地の県級以上の労働保障行政部門で労働要員届出手続を行わなければならない」と規定しました。したがって、企業はその従業員と書面による労

働契約を締結しかつ労働部門に届出を行うことにより、その合理的な賃金給与を税前控除することができることになります。

また、浙江省国家税務局の「2008年度総合精算納付問題解答」では、従業員とは企業と労働契約を締結したすべての人員をいい、正社員、兼職者、臨時工を含み、企業と労働契約をまだ締結していないが企業が正式に任命した人員、例えば、董事会の構成員、監事会構成員等も含むと解説しています。

# 9 企業所得税の申告納付

## Point! 居住企業だけではなく非居住企業も申告納付が必要です

企業所得税法では、**居住企業が中国国内に法人格を持たない営業機構を設立した場合には、本部機構（本店）が企業所得税を総合計算します。**これに対して、**非居住企業が中国国内において2ヶ所以上の機構場所を設立した場合には、それぞれの機構場所で個別に申告納付するのが原則**です。

ただし、企業の申告によりそれぞれの機構場所の所在地の税務局が共同して上級の税務局の審査批准を受けて、その主要な機構場所を選択して総合申告納付することもできます。

## Point! 企業は四半期予納申告納付が必要

2008年の企業所得税法の改正施行により四半期予納申告納付制度が導入されています。適用される企業は、財政予算上で国有企業、株式制企業、香港台湾マカオ及び外国投資企業、その他企業に4分類されています。これらの企業の分支機構は企業の納付税額の一部を分支機構所在地で**予納しなければなりません**。

## 2 企業所得税

図表Ⅱ－7　申告納付場所

| 区分 | 機構、場所の設立 | 申告納付場所 |
|---|---|---|
| 居住企業 | 居住企業が中国国内に法人格を持たない営業機構を設立した場合 | 本部機構（本店）が企業所得税を総合申告 |
| 非居住企業 | 非居住企業が中国国内において2ヶ所以上の機構場所を設立した場合 | それぞれの機構場所で個別に総合申告納付 |

　また、予納する分支機構は主体的な生産経営機能を有する二級分支機構とされており、主体的な生産経営機能を持たず、かつその所在地で増値税、営業税を納付しない製品のアフターサービス、内部研究開発、倉庫等の企業の内部補助的な二級以下の分支機構は該当しないため、その所在地で企業所得税を予納する必要はありません。さらに、前年度に小型薄利企業として認定された場合もその分支機構は予納する必要はありません。

### 四半期予納申告導入は地方財源調整のため

　2008年の企業所得税法の改正によって中国内資企業が完全に総合申告納付することになれば、これまで企業所得税を個別申告納付していた独立採算制の分支機構所在地の税務局は税収がなくなりますので、地方政府間の税収が著しく変動することになりました。

　このような地方財源の著しい変動を調整するために、2008年1月に財政部、国家税務総局、中国人民銀行は「省市を跨ぐ本支店機構の企業所得税分配と管理暫定弁法」を公布し、これにより3月に国家税務総局は「地区を跨って経営する総合納税企業所得税租税管理暫定弁法」を公布しました。

　これらの暫定弁法は、中国国内の各省、自治区、直轄市に法人格のない分支機構を設立している企業に関係するものであり、分支機構を持たない企業は関係しません。また、暫定弁法は企業所得税収が中央税収と地方税収に分配される企業に適用されますので、税収がすべて中央税収である国有企業、国有銀行、海洋石油天然ガス企業等には適用されません。

## 企業所得税の電子申告納税

　企業所得税は四半期別に予納申告して年度終了後5ヶ月以内に確定申告と精算納付を行わなければなりません。例えば、2011年度の企業所得税の総合精算納付期限（確定申告納付）は2012年5月末となります。

　企業所得税の総合精算納付については、各地方の国家税務局が関係通知を発布しています。この通知の中で、最近強調されているのは企業所得税の電子申告納税です。企業所得税の電子申告納税の利用割合を昨年に比べて大幅に引き上げるべきことが強調されています。

　上海市の国家税務局と地方税務局が2011年1月21日に発布した「2010年度企業所得税総合精算業務に関する通知」によれば、上海市の企業所得税の納税者は、上海市税務局のホームページから「2010年度企業所得税総合精算納付ユーザー端末」のソフトをダウンロードして、「企業所得税年度納税申告表」と「居住納税者財務会計報告書」のデータを入力し、ネットワーク電子申告企業端末ソフトを通してデータを主管税務機関にアップロードし、企業所得税の年度納税申告を自分で完成させ、同時に、主管税務機関の指示したスケジュール等に従って、規定の期限内に書面（紙質）による納税申告資料も提出しなければなりません。

　上海市税務局の2010年の税務通知では、2011年と同じように電子申告納税が規定されていましたが、ネットワークによる電子申告納税は試行するとあり任意適用となっていましたが、本年度の税務通知では強制適用に変更されています。この税務通知が徹底されれば、上海市内の企業所得税の納税者はすべてe-taxによって確定申告することになりますが、電子申告納税とともに紙質による確定申告資料の提出も求められています。

# 10 総合申告納付の方法

### Point! 居住企業は全ての課税所得額と納付税額を合わせて計算する

　居住企業はその全ての課税所得額と納付税額を統一的に計算します。ただし、本部機構と分支機構の適用税率が異なる場合は、各別に課税所得額、納付税額を計算して適用税率別に納税します。本部機構が統一計算した当期納付税額の地方税収部分（全体の40％）については、その25％は本部機構所在地の地方政府が分配享受し、50％は分支機構所在地の地方政府が分配享受し、残りの25％は一定比率により各地方政府間で分配されます。

### Point! 月次または四半期ごとに、一定割合で企業所得税を各地域で予納します

　本部機構と分支機構は、その所在地の税務局で税務登記してその監督管理を受け、月次または四半期ごとに、一定割合で企業所得税を各地域で予納します。本部機構は、月末後または四半期後10日以内に、その企業の実際の利益額、納付税額を統一計算します。実際額の計算が困難な場合は、本部機構所在地の税務局の承認を受けて、前年度の課税所得額の1/12または1/4によることもできます。次に、月末後または四半期後15日以内に、本部機構と分支機構がそれぞれ分配享受する納付税額をその機構所在地で予納します。

　本部機構は納付税額の25％を本部機構所在地にて予納し、地方政府の国庫に入金した税収は中央と地方で60：40で分配されます。納付税額の50％は分支機構所在地で予納し、地方政府の国庫に入金した税収は中央と地方で60：40で分配されます。

　各分支機構が予納する50％の税額は、旧税法と同じく各分支機構の前

年度の営業収入、賃金給与、資産総額の加重割合（営業収入0.35、賃金給与0.35、資産総額0.3）によって各分支機構に分配計算します。企業所得税の四半期予納申告表には総合納税分支機構分配表があり、この申告表で各地域の予納税税額が計算されます。

　納付税額の残りの25％は、本部機構がその全額を所在地の中央国庫に納付した後に、中央と地方に60：40の割合で分配され、地方税収部分40％は2004年から2006年の各省市の実績割合に応じて各地方政府に分配されます。

### Point! 総合精算納付、追加納付、還付、過不足調整などはすべて本部機構が行う

　居住企業は年度終了後5ヶ月以内に企業所得税の総合精算納付を行いますが、各分支機構は総合精算納付を行わず、本部機構が追加納付する時はその全額を本部機構所在地で納付し、税金の還付を受ける時も本部機構所在地で還付を受けます。予納税額と確定税額の過不足調整は本部機構が行い、中央政府と地方政府、地方政府間の最終的な税収の調整は、財政部が定期的に行います。

# 11　外国税額控除制度

### Point! 中国の企業所得税法は国際的な二重課税に対して外国税額控除方式を採用

　中国の企業所得税法は国際的な二重課税に対して外国税額控除方式を採用しています。日本の法人税法等も外国税額控除制度を採用していますが、平成21年税制改正による外国子会社からの受取配当免税制度（益金不算入制度）に見られるように、部分的にですが、配当については所得免除方式が採用されるようになりました。米国では外国税額控除方式、ＥＵ

> **外国税額控除**
>
> 　外国税額控除とは、所得の源泉地国と企業の居住地国等の間で、同一所得に対して複数の国が課税を行うことにより発生する国際的な二重課税を排除する方法です。国際的な二重課税の排除の方法としては、国外所得そのものを課税所得から排除する所得免除方式（Exemption Method）と、外国で納付した税額を居住地国の税額から控除する税額控除方式（Tax Credit Method）があります。

では主に所得免除方式が採用されており、国によって二重課税排除の方法は異なっています。

　中国の外国税額控除制度が整備充実されてきた背景には、海外企業の買収を含めた中国企業の国際化が進展していることと、従来から存在するレッドチップ（300ページ参照）等の中国企業の国際課税のあり方を見直し、さらに最近、中国課税当局が重視している海外子会社を利用した国際的な租税回避行為を防止するための基盤整備をしていることがあげられます。

　中国の外国税額控除制度は、中国に進出している日系企業にはあまり直接の関係がないように見えますが、将来の中国国内における企業再編等によって実務的に直面する可能性があり、また、日本の本社から見れば、日本に進出する中国企業の国際税務を理解すること、さらには、中国企業と各種の契約を締結する際の契約の前提にある国際税務を理解することに役立ちます。

# 12 外国税額控除の適用範囲

**Point!** 中国の PE 課税では国内外の区別がないため、国外源泉所得について外国税額控除を認めている

　中国で外国税額控除を適用できる企業には、居住企業のほかに、中国国

内の機構・場所（恒久的施設：PE）と実質的に関連する所得を有する非居住企業が含まれています。日本の外国税額控除は、日本国内に本店等を有する内国法人に限定されています。これは日本の外国法人に対する課税が日本国内の源泉所得に対してのみ課税されることから、外国法人の国外源泉所得について二重課税が発生しないため、外国法人に対しては外国税額控除が必要ではないからです。

これに対して、**中国では非居住企業すなわち外国の法律で設立した企業でその実際の管理機構も中国国外にある外国企業が、中国国内に恒久的施設を有する場合には、その恒久的施設と実質的に関連する国外源泉所得に対しても、中国の企業所得税が課税されます。**

日本の法人税は、外国法人の恒久的施設に対して日本の国内源泉所得のみを課税する総合主義を採用していますが、中国の企業所得税は、非居住企業の恒久的施設に対して中国の国内源泉所得だけではなく国外源泉所得についても恒久的施設に帰属する部分について課税する帰属主義を採用しています。

**中国では、このように恒久的施設に帰属する国外源泉所得を課税する見返りとして、その国外源泉所得について発生する外国税額の控除を認めています。**このような非居住企業の恒久的施設に帰属する国外所得については、直接納付した外国税額のみが税額控除の対象となります。

なお、中国の居住企業には、中国の法律で設立された中国企業と、外国の法律で設立されたが企業の実際管理機構が中国国内にある外国企業が含まれており、例えば、香港で設立されたがその実際管理機構が中国国内にあるレッドチップ企業等の居住企業も中国の外国税額控除の適用を受けることができます。

# 13 直接外国税額控除と
## 　　　　　　　間接外国税額控除

### Point! 直接税額控除は直接納付した金額から控除

　外国税額控除には直接税額控除と間接税額控除があります。
　直接税額控除とは、企業が納税者として直接納付した外国税額を控除することをいいます。**直接税額には、企業が外国の恒久的施設を通して獲得した事業所得について申告納付する企業所得税額（法人税額）と、外国から受け取る配当、利子、使用料等の受動所得について、その外国で源泉徴収される企業所得税額があります。**なお、配当、利子、使用料等は、積極的な事業活動によるものではないことから受動所得といわれています。

### Point! 間接税額控除は配当についてのみ行われる

　次に、間接税額控除とは、外国の企業が配当する前の税引前利益について納付する企業所得税額のうち、出資している中国の居住企業がその出資割合で間接的に負担しているものとされる税額を、居住企業の企業所得税額から控除することをいいます。すなわち、**外国子会社が申告納付した企業所得税額（法人税額）のうち配当に係る部分の税を間接税額といい、直接に納付していませんが間接的に負担している税額**になります。
　このように間接税額控除は配当についてのみ行われるものであり、日本では平成21年の税制改正で外国子会社からの配当について配当免税制度（益金不算入制度）が導入されたことに伴って、間接税額控除制度は廃止されました。ただし、税制改正の経過措置により中国の特定外国子会社等については旧間接税額控除制度が期間限定で適用されています。

### Point! 間接税額控除の適用範囲：中国では曾孫会社まで対象となる

日本の旧間接税額控除制度では、親会社である内国法人が配当確定日以前6ヶ月以上にわたって25％以上の持株割合を有する外国子会社と、その間接持株割合が6ヶ月以上にわたって25％以上である外国孫会社に対して間接税額控除が認められていました。したがって、孫会社の子会社である曾孫会社に対しては、間接税額控除は認められていませんでした。

中国の間接税額控除は、居住企業が直接または間接に20％以上の持株割合を保有する第3階層（レベル3）までの外国企業に適用されます。すなわち、親会社→子会社（レベル1）→孫会社（レベル2）→曾孫会社（レベル3）までが間接税額控除の対象となります。

現行の日中租税条約では、間接税額控除を適用する持株割合については、日本法人は中国法人の25％以上の持株を所有すること、中国法人は日本法人の10％以上の持株を所有することが規定されていますので、租税条約の規定が優先適用されて、中国法人については日本法人の10％以上の持株を所有することが間接税額控除の適用要件となります。

# 14 外国税額控除の限度額：国別限度額方式と一括限度額方式

### Point! 中国では外国税額控除の厳密な計算手順によらないで簡便法により計算

中国で控除できる外国税額は、国外所得に中国の税率25％を乗じた税額を控除限度額としていますが、この控除限度額は国別に限度額を計算する国別限度額方式が採用されています。日本の外国税額控除では、国別には計算しないで、すべての国外所得と外国税額を一括して限度額計算する一括限度額方式が採用されています。

日本の一括限度額方式では国別の損益（黒字と赤字）を通算することができますので控除枠に融通を利かせることができますが、中国の国別限度額方式では国別の税率の高低差によって控除に過不足が発生します。

 中国では、外国の実際の実効税率が中国の法定税率より著しく高い場合と低い場合について、外国税額控除の厳密な計算手順によらないで、簡便法により控除限度額を計算することを認めています。

### ① 外国の税率が著しく高い場合

 中国の企業が国外から取得した事業所得と間接控除が適用される配当所得について、外国の実際の実効税率が中国の法定税率25％より著しく高い場合、規定に基づく外国税額控除の計算手順によらないで、**外国税額の控除限度額を国外所得額×25％とする簡便法**を採用することができます。

 例えば、日本の法人税等の実効税率は約40％であり、中国より著しく高い税率の国として認められていますので、この簡便法を適用して、中国の税額控除規定により計算した国外所得額（日本の国内源泉所得額）に25％を乗じた金額を控除限度額として外国税額控除を行うことができます。

### ② 外国の実際の実効税率が中国の法定税率25％より低い場合

 企業が国外で取得した事業所得と間接控除が適用される配当所得について、外国政府機関が外国税額の納付証明書等を発行した場合に限りますが、その外国税額そのものについて客観的な理由により正確に認識できなかった場合には、**その納付証明書等に記載された外国税額に12.5％（中国の法定税率25％×50％）を乗じた金額を控除限度額として税額控除する**ことができます。なお、外国の実際の実効税率が12.5％未満の場合にはこの簡便法は適用されません。

第Ⅱ部　税務

# 国別の控除可能な間接税額

## ◎間接税額控除適用の判定基準

　居住企業が国外からの配当所得について、その外国子会社が納付した企業所得税を控除する間接税額控除を行う場合には、居住企業が直接または間接に20％以上の持株割合を有する第3層（レベル3）までの外国企業に適用されます。すなわち、親会社→子会社（レベル1）→孫会社（レベル2）→曾孫会社（レベル3）までが間接税額控除の対象となります。

　この間接税額控除の適用範囲については、やや複雑な判定基準がありますので、操作指南（ガイドライン）の設例を引用して解説します。図表Ⅱ-8の点線内の企業が間接税額控除を適用できる会社です。

　中国居住企業が図表Ⅱ-8のように、甲、乙、丙、丁、戊の各国に子会社を持っていたとします。第1階層（レベル1）の外国企業、すなわちＢ１、Ｂ２、Ｂ３、Ｂ４については、単一の居住企業Ａが20％以上の持分を直接または間接に保有しているので、これらの外国企業はすべて間接税額控除の持株要件を満たしており、間接税額控除が適用されます。

　第2階層（レベル2）の外国企業、Ｃ１、Ｃ２、Ｃ３、Ｃ４については、1つ上の第1階層の単一の外国企業が20％以上の持分を直接保有し、かつ単一の居住企業Ａが直接に20％以上の持分を保有するか、または間接に20％以上の持分を保有する場合に間接税額控除が適用されます。

　Ｃ１は居住企業Ａの直接持株割合が0％で間接持株割合も15％（50％×30％）であり、20％以上の持株要件を満たしていませんので、間接税額控除は適用されません。Ｃ２、Ｃ３、Ｃ４は、居住企業Ａの直接持株割合が0％ですが、間接持株割合はすべて20％以上（Ｃ２は25％、Ｃ３は50％、Ｃ４は50％）であり、第2階層としては間接税額控除が適用されます。

　第3階層（レベル3）の外国企業Ｄについては、第2階層の外国企業が20％以上の持分を直接保有し、かつ居住企業Ａが20％以上の持分を直接保有するか、または20％以上の持分を間接保有する場合に間接税額控除が適用されます。

　第2階層の外国企業のうちＣ１はすでに間接税額控除が適用されていませんので、Ｃ１のＤに対する持分20％は間接税額控除から除かれます。Ｃ

## 2 企業所得税

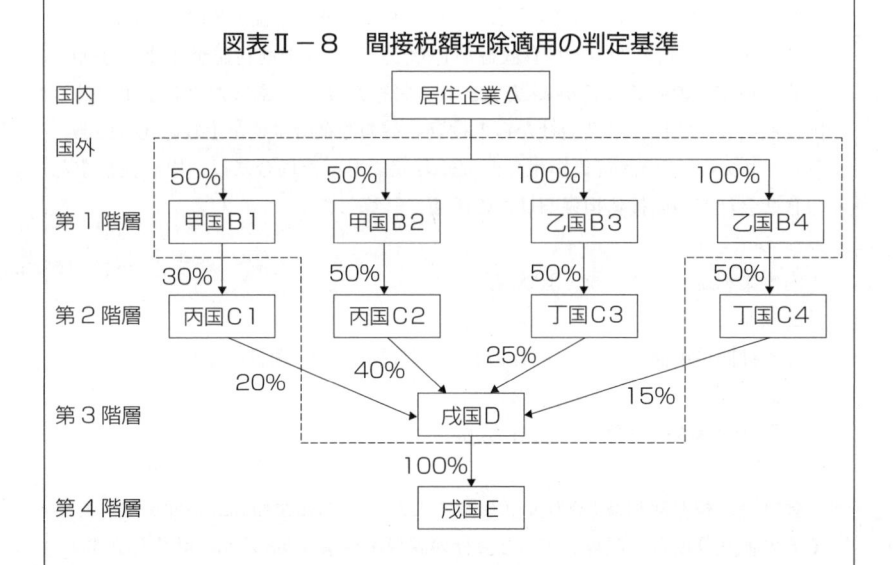

### 図表Ⅱ-8　間接税額控除適用の判定基準

```
国内            居住企業A
               ┌────┼────┬────────┐
国外         50%│  50%│ 100%│    100%│
第1階層    甲国B1  甲国B2  乙国B3   乙国B4
            30%│   50%│   50%│     50%│
第2階層    丙国C1  丙国C2  丁国C3   丁国C4
            20%│   40%│   25%│     15%│
第3階層           戊国D
                  100%│
第4階層           戊国E
```

4についても第2階層の外国企業C4の持株割合15%が20%未満ですので間接税額控除は適用されません。

居住企業AのC2とC3を通した間接持分割合は、それぞれC2が10%（50%×50%×40%）、C3が12.5%（100%×50%×25%）と単独では20%以上となりませんが、合計で22.5%となり20%以上を満たしていますので、C2とC3を通したDについては間接税額控除が適用となります。

外国企業Eは第4階層に位置しますので、間接税額控除は適用されません。以上のように間接税額控除の適用範囲の判定についてはやや煩雑な手続を踏むことになります。

◎間接負担税額の計算

間接負担税額の計算式は下記のとおりですが、この計算式だけでは理解できませんので、以下に設例を用いて解説します。

当該階層企業の納税額のうち一階層上の企業の負担に属する税額＝（当該階層企業の利益と投資収益について実際に納付した税額＋本通知の規定に該当する当該階層企業が間接負担する税額）×当該階層企業が一階層上の企業に分配する配当（利益分配）÷当該階層企業の所得税税引後の利益額

例えば、図表Ⅱ－8のＢ２会社について、国内の事業利益が3,800万元あり、このほかにＣ２会社からの投資収益が1,200万元で、税引前利益が合計で5,000万元、税務上の減算項目が42万元あり、税率が30％であったとします。外国税額については、Ｃ２会社からの投資収益の源泉所得税が120万元（1,200万元×10％）、その間接負担税額が325万元であった場合には、甲居住企業のＢ２会社での間接負担税額は次の手順で計算します。

| | |
|---|---|
| 国内事業利益 | 3,800万元 |
| 投資収益 | 1,200万元 |
| Ｃ２会社間接税額 | 325万元　（間接税額は課税所得に加算します） |
| その他減算項目 | － 42万元 |
| Ｂ２会社の課税所得額 | 5,283万元 |

　会計上の税引前利益5,000元（3,800＋1,200）に間接税額325万元を加算してその他減算項目を減算してＢ２会社の課税所得額5,283万元を計算します。

| | |
|---|---|
| 企業所得税 | 1,585万元　（課税所得額5,283万元×30％） |
| 　直接税額控除 | 120万元　（源泉所得税は直接控除） |
| 　間接税額控除 | 325万元　（実際には納付していないが負担） |
| 差引申告納付税額 | 1,140万元 |

　課税所得額5,283万元にＢ２会社のある甲国の企業所得税税率30％を乗じて、納付すべき企業所得税額1,585万元を計算し、外国税額445万元（直接税額120万元＋間接税額325万元）を控除して、差引納付税額1,140万元を計算します。

| | |
|---|---|
| 税引前利益 | 5,000万元 |
| 差引申告納付税額 | 1,140万元 |
| 源泉税納付額 | 120万元 |
| 税引後利益 | 3,740万元 |

　Ｂ２会社は、税引前利益5,000万元から実際に申告納付した1,140万元と源泉税120万元を差し引いた3,740万元の50％（1,870万元）を甲会社に配当

しました。甲会社の間接負担税額は前述した計算式によって、次のとおり792.5万元となります。

甲会社の間接負担税額＝（Ｂ２会社の実際納付税額1,140万元＋Ｂ２会社の源泉税額120万元＋Ｂ２会社の間接負担税額325万元）×（甲会社への利益配当1,870万元÷Ｂ２会社の税引後利益3,740万元）
　　　　　　　　　＝792.5万元

　実は、Ｂ２会社の間接負担税額も同じ計算式によって算定した税額であり、一番下の階層の企業から計算を始めて、順次、一階層上の企業の間接負担税額を計算して、最終的に居住企業Ａの負担すべき間接税額を計算する仕組みとなっています。
　中国の外国税額控除は国別に計算しますので、上記の間接負担税額についても国別に限度額計算しますが、前掲の設例に見られるように、Ｂ２会社は甲国、Ｃ２会社は丙国、Ｄ会社は戊国というように、どの階層の会社のどの国別に限度額計算を行うべきかの問題があります。
　国家税務総局は外国税額控除の通知（国税公告2010年第1号）で、中国国外の第1階層（レベル1）の企業の所在地国で国別に限度額計算を行うべきことを決定しました。

◎**控除限度額の計算**
　企業は、下記の計算式で国別の外国税額の控除限度額を計算します。

某国の控除限度額＝企業所得税の納付税額×$\frac{某国の課税所得額}{国内と国外の課税所得総額}$

　企業所得税の納付税額は、国内と国外の課税所得総額に中国の税率25％を乗じた金額であり、国内と国外の課税所得総額がゼロかまたはマイナスとなった場合には、外国税額の控除限度額もゼロとなります。実際の外国税額が控除限度額を超えた部分の税額は翌年度以降5年間繰り越して税額控除することができます。

第Ⅱ部　税務

# 15 租税回避対策税制の導入

**Point** 2008年改正で本格的な租税回避対策税制が導入

　2008年改正施行の企業所得税法では、租税回避対策税制について特別納税調整として包括的に1章を設けて、関連者、独立取引原則、移転価格税制、タックスヘイブン対策税制、過少資本税制、一般租税回避否認規定、加算税、時効について定めています。

　旧税法と租税徴収管理法では、関連企業、移転価格税制、時効の規定はありましたが、タックスヘイブン対策税制、過少資本税制、一般租税回避否認規定、加算税に関する規定は存在していませんでした。

　移転価格税制の中には原価分担契約、事前確認制度、関連者間取引資料、推定課税の規定が含まれています。

# 16 移転価格税制

**Point** 取引の価格操作によって中国子会社に計上されるべき所得が日本の親会社に移転する取引を移転価格という

　移転価格とは、例えば、日本の親会社から中国の子会社に原材料・部品を供給するときに、一般の取引価格より高い価格で販売すれば、中国子会社の仕入原価が高くなり利益が減少します。反対に、その原材料・部品を使用して生産した中国子会社の製品を日本の親会社に輸出するときに、一般の取引価格より低い価格で販売すれば、同様に中国子会社の利益は減少

## 2 企業所得税

図表Ⅱ-9 租税回避対策税制の改正

| 主な改正項目 | 改正内容 |
| --- | --- |
| 移転価格税制の改正 | 年度報告資料と移転価格調査資料移転価格文書の提出義務が明記されるとともに、企業が独立企業間価格の算定に必要な資料を提出しないか、または提出した資料が不備な場合には、税務機関が独立企業間価格を推定する権限を有するという推定規定が新たに規定された。事前確認制度も一部改正された。 |
| タックスヘイブン対策税制の新設 | 中国の居住企業または居住企業と居住者が、税率が25％より明らかに低い国または地域に企業を設立して支配し、かつ合理的な経営の必要性によることなく、その会社に配当を行わせないかまたは配当を減らして利益を留保させた場合に、その出資持分に対応する部分の留保利益を中国居住企業の所得とみなして合算課税する税制。 |
| 過少資本税制の新設 | 企業が資本金に代えて関連者から借入金等により資金を調達することにより、過大な借入金等により支払利息が増加して課税所得が減少することを規制するために、一定の負債資本比率を超える負債の利子について課税所得から控除することを認めない税制。<br>ただし、外国投資企業については総投資額と出資金の比率規定と外貨借入枠の制限があり、関連者（日本親会社等）からの借入金が該当になりますので、設立後に金融機関からの借入金を増加してもこの税制が該当することは少ないと思われる。 |
| 租税回避否認制度 | 租税回避目的のために企業が合理的な事業目的を持たない取引を行うことにより課税収入または課税所得を減少させた場合に、税務機関は合理的な方法で課税所得を修正する権限を有するという制度。 |
| 加算税の新設 | 従来の滞納金に加えて新たに加算税が新設された。中国の加算税は日本の利子税または延滞税に相当するものであり、税務機関が法律、行政法規に基づいて、企業に対して特別納税調整を行う場合は、企業所得税の納期限の翌日6月1日から税額を追加納付した日までの期間に応じて、追加納付税額に人民元貸出基準利率に5％を加算した利率で加算税を計算。 |

します。

このように、**実際の取引価格が独立した企業間の価格と異なる価格で取引されることにより、中国子会社に計上されるべき所得（売上高－売上原価＝営業利益）が日本の親会社に移転することを移転価格**といい、移転価格税制によって、親子間で実際に行われた取引の価格を一般の取引価格に引き直して、中国子会社の所得（利益）を修正します。この移転価格の例は、中国では「高進低出」と呼んでいます。

## 高進低出とシークレット・コンパラブル

「進」とは輸入、「出」とは輸出のことですから、原材料・部品等を高価格で輸入し、製品を低価格で輸出する典型的な移転価格事例です。中国の当初の移転価格調査はこの高進低出企業の利益率が極端に低いことの調査から始まりました。

1990年代の税務当局の移転価格調査は、管轄地域の同業種企業の平均利益率と調査対象企業の利益率を比較することに始まり、当時は売上総利益や営業利益ではなく一番下の当期利益が重点調査項目となっていました。

税務当局は、管轄地域内の同業他社の財務会計報告書等の政府内部情報で、同一業種の平均当期利益率を基準にして調査対象企業の利益率を推定課税してくるので、調査対象企業は同様のデータを持てないため検証して反論することができませんでした。

当時は、このようなシークレット・コンパラブルの問題が一般的に存在しており、企業は対応に苦慮して移転価格の正当な議論ではなく、単純な企業の当期利益率の決定交渉に入ることになりました。

2008年の企業所得税の改正によりシークレット・コンパラブルの問題は排除されたわけではなく、現在においてもこのような実務が継続されている可能性はあります。

◎**移転価格対象取引の範囲は広いので注意！**

移転価格は、このような資産の売買取引だけではなく、**資産の貸借取引、ロイヤルティ等の無形資産の譲渡と使用許諾の取引、金銭の貸借取引、役務提供取引等**によっても行われますので、企業が行うほとんどすべての取引が**移転価格税制の対象**になります。

このような移転価格が可能となるのは、ある法人とその取引先企業に特殊な関係があるからです。資本関係により取引先企業を支配している場合は取引価格を調整することが可能ですが、資本関係以外にも実質的な支配関係を持つことが可能です。

例えば、取引先企業に役員の過半数を派遣したり、代表権のある役員に就任させて経営の支配権を持つこともあります。取引先企業の主要な事業活動

が依存関係にある場合、多額な貸付を行ったり融資の保証をしている場合も同様です。製造技術について言えば、必須のノウハウ等を提供して支配関係を持つこともあります。

# 17 移転価格税制、
## 　　日本と中国はここが違う

### Point! 中国では25％以上の資本関係で関連企業

　移転価格税制の基本構造は、日本と中国でほとんど同じですが、その枠組みと運用については若干または大きな相違があります。若干の相違としては、前述した資本関係ですが、日本の移転価格税制では特殊な関係として資本関係は、発行済株式または出資金額の50％以上の保有関係がある場合に関連企業となりますが、中国では25％以上の資本関係で関連企業となります。

　中国の外国投資企業（合弁、合作、外資企業）は、一部の例外を除いて、外国企業からの出資が25％以上ですので、一般的に日本の出資会社（親会社）と中国の現地法人（子会社）はほとんど関連関係のある企業に該当し、両者の取引はすべて移転価格税制の対象となります。

　中国の移転価格の調査対象は、過去においては相対的に外資系企業に向けられてきた傾向があります。また、日本の移転価格調査は大企業の比較的大きな金額の取引に限られていますが、中国の移転価格調査は大企業ばかりではなく中小規模の外国投資企業もその対象としていたことに大きな特徴があります。

## Point! 中国では国外の関連企業だけではなく国内の関連企業間の取引も移転価格の対象

次に、日本と中国の移転価格税制の枠組みについても大きな相違があります。その1つは、日本の移転価格税制では、移転価格の対象となる関連企業（正確には国外関連者といいます）は、日本国外の法人等に限られていることです。日本の法人と国外関連者との間の取引が対象になりますので、日本国内の法人間の取引は移転価格の対象ではありません。もちろん、日本国内の法人間の取引についても適正な取引価格で行われない取引については、税務上の問題となります。日本の移転価格税制では、日本国内の法人と国外関連者との間の取引が移転価格の対象となっています。

これに対して、**中国の移転価格税制では、国外の関連企業だけではなく、中国国内の関連企業間の取引も移転価格の対象**とされています。中国では省、自治区、直轄市と計画単列市等の同一の税務機関の管轄区域内において国内移転価格は問題とされませんが、**管轄区域を跨る国内取引については移転価格税制の対象**となります。

## Point! 中国の移転価格税制では企業所得税ばかりではなく、消費税、増値税、営業税等にも影響

次に、大きな相違といえるものは、日本の移転価格税制では対象となる税金は法人税に限られており、決して消費税等に移転価格修正の影響が波及しないことです。これに対して、**中国の移転価格税制では、移転価格修正の税金の範囲は、企業所得税ばかりではなく、消費税、増値税、営業税等にもその影響が及びます**。中国の移転価格事例として、消費税の移転価格問題がありますが、これは消費税の適用企業とその税率を利用して、消費税の租税回避が行われるケースがあるからです。

## Point! 中国では連続欠損企業が移転価格調査の対象となる

中国では、移転価格調査対象企業の選定基準が規定されています。たと

えば、連続2年間欠損状態となっている企業、長期間にわたり利益が薄利であるにもかかわらず経営規模が拡大している企業、利益が大幅にアップダウンする企業、同業種の利益水準より低い企業、利益水準とその企業が引き受けた機能とリスクが著しく不相応な企業、タックスヘイブン（軽課税国、税金が免税となっているか軽減されている国または地域）に設立した企業との取引を行っている企業、関連取引の金額が大きい企業等は、移転価格調査の重点対象企業となる可能性があります。

# 18 移転価格文書

### Point! 2008年改正施行により中国では本格的な文書化規定が導入

　中国の移転価格文書には、年度確定申告時に提出する「企業年度関連取引報告表」と、移転価格調査時に提出する「同期資料」の2つがあります。すなわち、**企業所得税の年度確定申告期限である毎年5月末までに確定申告書と一緒に年度関連取引報告表を提出して、その年の6月末までに、移転価格調査に備えて年度確定申告と同一期間を対象とした同期資料を作成して備え置く**ことが要求されています。

### Point! 企業年度関連取引報告表は確定申告後に毎年提出

　この報告表を提出する義務のある企業には、税務局の推定課税ではなく会計帳簿に基づいて申告納税する居住企業と、中国国内に恒久的施設を有して会計帳簿に基づいて申告納税する非居住企業の2つがあります。税務機関は、企業が確定申告時に提出する年度関連取引報告表を分析検討して、同期資料の作成義務の有無、重点調査対象企業の選定等を判断します。

　この報告表には、「関連関係表」、「関連取引総括表」、「仕入販売表」、

第Ⅱ部　税務

---

**企業年度関連取引報告表と同期資料**

　企業年度関連取引報告表とは、企業が企業所得税の確定申告書（企業所得税年度納税申告表）を提出する時に添付する報告書であり、移転価格、過少資本、タックスヘイブン、その他の租税回避対策のための基礎データを報告し、納税者に同期資料の作成または免除を申告させ、原価分担（コストシェアリング）契約の有無も申告させるものです。

　企業年度関連取引報告表は、企業所得税の課税所得を申告するすべての納税者が提出するものです。税務局はこの企業年度関連取引報告表のデータと申告内容を審査して、企業に同期資料の作成義務があるかどうか、確定申告書の中の特別納税調整項目（過少資本、タックスヘイブン、その他の租税回避に関係する申告調整）の申告金額が正しいかどうかを判断します。

　これに対して、同期資料は上述したように作成義務がある企業と作成が免除される企業に分かれます。

　税務局は確定申告書とその添付資料、関連取引報告表等を審査して必要がある場合には、企業に対して同期資料の提出を求めることができ、税務局の要求があった場合には、企業は20日以内に同期資料を提出しなければなりません。

---

「役務表」、「無形資産表」、「固定資産表」、「資金融資表」、「対外投資状況表」および「対外支払金額状況表」があります。

　この報告表には、「仕入販売表」と「役務表」があり、これには国外関連取引の価格決定方法の記載が必要であり、この報告表を提出する段階で、移転価格の決定方法のいずれかを選択適用するかを決めておく必要があります。

　委託加工のうちの来料加工貿易を行っている企業は、無価格で輸出入している原材料部品と製品の輸出入通関価格を仕入販売金額に含めなければならないため、移転価格金額が容易に多額となり、同期資料作成の金額基準を超える可能性がありますので注意が必要です。

## Point! 同期資料の作成義務は関連仕入販売の年間取引2億元以下、その他の関連取引4千万元以下で免除

　会計帳簿に基づいて企業所得税を申告納付する居住企業と非居住企業はすべて企業年度関連取引報告表を提出しなければなりませんが、これらの

**2 企業所得税**

図表Ⅱ－10　同期資料の構成

| 本文 | |
|---|---|
| 組織構成 | その企業集団の構成から始まってその企業の関係者を明らかにする。 |
| 生産経営状況 | 企業の取引概況から始まり、主要な営業収入と利益の状況、競争上の地位等を記載して、企業の機能とリスクを明らかにする。 |
| 関連取引状況 | 上述した関連取引の類型にしたがって関連取引を具体的に記述し、関連取引と関係する無形資産、契約、経済法規を明らかにし、関連取引と非関連取引の損益の状況を記述する。その参照情報として企業年度関連取引財務状況分析表を付属文書として作成する。 |
| 比較可能性分析 | 上述の関連取引についてその企業と比較する比較可能企業または取引を選定するために、比較可能性要素を分析する。<br>比較可能性要素とは、取引における資産または役務の特性、取引各当事者の機能とリスク、契約条項、経済環境、経営戦略の5つの項目をいう。<br>ここでは、企業の関連取引と比較可能企業／取引と価格決定方法の3つを結びつける比較要素を明らかにし、比較可能情報の源泉とその選択条件を決定する。<br>関連取引と比較可能取引との間に差異がある場合には差異調整を行う必要がある。<br>なお、企業が実際に移転価格調査を受けた場合には、税務局の要求により企業比較可能性要素分析表を提出しなければならないので、同期資料の作成時にこの企業比較可能性要素分析表も同時に作成する必要がある。<br>この比較可能要素分析表では、上述した5つの比較可能性要素について関連取引類型にしたがって調査すべき項目が具体的に規定されている。 |
| 移転価格決定方法 | 企業の関連取引についてどのような価格決定方法を採用しているかを明らかにする。<br>移転価格決定方法には、独立価格比準法（比較可能非支配価格法）、再販売価格基準法（再販売価格法）、原価加算法（原価基準法）、取引単位純利益法（取引単位営業利益法）、利益分割法（一般利益分割法と残余利益分割法）、その他方法の6つがある。<br>これらの移転価格決定方法を選択適用した条件と理由を説明し、これらをサポートする比較可能情報を記載する。<br>関連取引の価格決定方法を決める際には比較可能情報を有効にするための仮定と判断が必要となるので、その説明も必要となる。<br>移転価格決定方法の章では、合理的な移転価格決定方法と比較可能性分析結果の運用の説明、比較可能な非関連取引の価格または利益の決定の説明、および独立取引原則が遵守されたことを記述する。 |
| 附属書類 | |
| 企業機能リスク分析表 | 企業の機能とリスクとその使用資産の関係情報をサポートする分析表。 |
| 企業比較可能要素分析表 | 上述の比較可能分析をサポートする分析表。 |
| 企業年度関連取引財務状況分析表 | 上述の関連取引状況をサポートする分析表。 |

企業のうち次のいずれか１つに該当する場合は同期資料の作成義務が免除されます。

> ① 年度に発生した関連仕入販売金額が２億元以下であり、かつその他の関連取引金額が４千万元以下である場合、ただし来料加工取引は年度の輸出入通関価格で計算します。また、この関連取引金額には企業が同一年度内に実施した原価分担契約または事前確認手続を行った関連取引金額は含みません。なお、関連融資取引は利息の収支金額で計算します。
> ② 関連取引が事前確認手続の実施に関係する範囲に属する場合
> ③ 外資の出資持分が 50% より低く、かつ国内の関連者とのみ関連取引が発生した場合

企業は関連取引が発生した年度の翌年５月 31 日の前までにその年度の同期資料の作成を完了し、かつ税務機関が要求した日から 20 日以内に提出しなければなりません。

# 19 事前価格確認制度

### Point! ６段階の交渉手続

企業は、税務機関と企業の将来年度の関連取引の価格決定の原則と計算方法について事前価格確認合意に達することができます。**事前価格確認手続の締結交渉と実施は、通常は、予備会談、正式申請、照合審査評価、協議、署名締結の手続と監督執行の６段階を経過します。**

事前価格確認手続は一般的に次の条件のすべてを満たす企業に適用します。

## 2 企業所得税

① 年度に発生した関連取引金額が4,000万人民元以上であること
② 法により関連申告義務を履行していること
③ 規定により同期資料を作成、保存、および提出していること

事前価格確認手続は、企業が正式な書面による申請書を提出した年度の翌年から3連続年度から5連続年度の関連取引に適用されます。企業が申請しなければ、申請年度以前の移転価格調査には遡及適用されません。

図表Ⅱ－11　事前確認手続の順序

| | |
|---|---|
| 予備会談 | 企業は事前価格確認手続を正式に申請する前に、税務機関に書面により締結交渉意向書を提出。 |
| 予備会談の結論 | 予備会談で合意に達した場合は、税務機関は合意に達した日から15日以内に書面で企業に通知し、事前価格確認手続と関係する事項について正式交渉を行うことができ、かつ企業に「事前価格確認手続正式会談通知書」を送達。<br>予備会談で合意に達することができなかった場合は、税務機関は最後の予備会談の終結日から15日以内に書面により企業に通知し、企業に「企業が申請した事前価格確認手続の拒絶通知書」を送達。 |
| 正式申請書 | 企業は、税務機関の正式交渉通知書を受け取った日から3ヶ月以内に、税務機関に事前価格確認手続の書面による申請報告書を提出し、「事前価格確認手続正式申請書」を送付。 |
| 照合審査と評価 | 税務機関は、企業が提出した事前価格確認手続の正式書面による申請書と必要な文書、資料を受け取った日から5ヶ月以内に、照合審査と評価する。 |
| 協議 | 税務機関は、モノラテラルの事前価格確認手続で照合審査評価結論書を作成した日から30日以内に、企業と事前価格確認手続書草案の協議する。 |
| 署名締結 | 税務機関が企業と事前価格確認手続草案の内容について一致した後に、双方の法定代表者または法定代表者が授権した代表は、事前価格確認手続書を正式に署名締結する。 |
| 監督管理 | 税務機関は監督管理制度を確立し、事前価格確認手続の実施状況を監督する。事前価格確認手続の実施期間内において、税務機関は定期的（一般的には半年）に企業の確認手続履行の状況を検査する。<br>事前価格確認手続の実施期間内において、企業に実際の経営結果が確認手続の予期していなかった価格または利益の値幅の範囲内となる状況が発生した場合は、税務機関は一級上級の税務機関に報告して照合批准を受けた後に、実際の経営結果を確認手続で決定した価格または利益の値幅の範囲内に調整する。 |

# 20 中国の企業再編

## Point! 日本とは少し異なる中国の企業再編

　中国の企業再編税制は、企業の法律形態の変更、債務再編、持分買収、資産買収、合併、分割をその対象範囲に含めています。

図表Ⅱ－12　企業再編の区分

| 再編区分 | 取引内容 |
|---|---|
| 債務再編 | 債務者に財政的な困難が発生した時に債務の減免等を行う取引であり、通常の債務弁済取引以外に、棚卸資産、固定資産等の非貨幣性資産で債務を弁済する取引、債務を資本金に転換させる債権の持分転換取引等がある。 |
| 持分買収 | 企業の持分を購入し被買収企業に対する支配を実現する取引である。買収企業が企業支配の対価を支払う方法には、出資持分を対価とする持分支払と、出資持分以外の現預金、債権、棚卸資産、固定資産等を対価とする非持分支払、さらに両者の組合せがある。この持分支払と非持分支払の区別は、後述するように、企業再編税制の課税と免税を決定する重要な要件となっている。 |
| 資産買収 | ある企業が他の企業の実質的な営業資産を購入する取引をいう。資産買収においても対価の支払方法には、持分支払と非持分支払、および両者の組合せがある。 |
| 合併 | ある企業または複数の企業が、その全部の資産と負債を他の既存企業または新設企業に譲渡し、被合併企業の株主が合併企業の持分または非持分を取得する取引であり、会社法等に基づいて企業の合併が行われる。 |
| 分割 | ある企業が一部または全部の資産を、他の既存企業または新設企業に分離譲渡し、被分割企業の株主が分割企業の持分または非持分を取得する取引であり、会社法等により企業の分割が行われる。 |
| 法律形態の変更 | 企業の名称、住所、組織形態の簡単な変更をいうものであり、日本企業にとって特に重要な内容はない。 |

## 企業再編税制の2つの規定

　再編取引は原則的には課税取引であり、課税取引に適用する税務規定を一般税務処理規定といいます。これに対して、一定の適格要件を満たす再編取引に適用する税務規定を特別税務処理規定といい、免税または課税の繰延が認められています。

**◎一般税務処理規定（課税規定）では課税取引として処理**
　一般税務処理規定では、再編取引は課税取引として処理され、再編取引の類型別にそれぞれの課税関係が規定されています。

① **債務再編取引**
　債務再編取引で非貨幣性資産（現物資産等）によって債務を弁済する取引については、まず、債務の弁済に当てる非貨幣性資産の公正価値とその帳簿価額を比較してその差額を資産譲渡所得／損失として計算します。次に、その非貨幣性資産の公正価値と弁済債務の帳簿金額を比較してその差額を債務弁済所得／損失として計算します。このように非貨幣性資産による債務再編取引では、資産譲渡所得と債務弁済所得の2つを区分して課税所得計算を行います。また、債権の持分転換取引（日本では債務の資本金転換という）が行われた場合には、債務弁済所得と持分投資所得の2つの取引に区分して課税所得計算を行います。

② **持分買収と資産買収**
　持分買収と資産買収については、持分／資産の譲渡取引が行われますので、持分／資産は公正価値（時価）で取引されたものとして、持分／資産の譲渡者は譲渡所得／損失を計上します。これに対して、持分買収者または資産譲受者は、購入した持分／資産を公正価値（時価）で受け入れ処理します。なお、買収された被買収企業の税務処理には何も影響はありません。

③ **企業合併**
　企業合併では、合併企業は公正価値（時価）で資産と負債を受け入れ処理

します。被合併企業とその株主は企業清算取引の税務処理規定（財税[2009]60号）により清算所得を計算します。なお、企業合併の一般税務処理では、被合併企業の欠損は合併企業に引き継ぐことはできません。

#### ④ 企業分割

企業分割では、分割企業は資産を公正価値（時価）で受け入れ処理します。分割された企業は公正価値で資産を分割譲渡したものとして資産の譲渡所得／損失を計算します。分割された企業が存続する場合は、その株主が取得した対価は分配所得とみなされて課税され、分割された企業が存続しない場合には、その企業と株主は企業清算取引の税務処理規定により清算所得を計算します。なお、分割による企業の欠損金はお互いに使用することはできません。

#### ◎特別税務処理規定（免税規定）は適用に 5 つの条件

免税または課税の繰延が認められる特別税務処理規定を適用する要件には、次のようなものがあり、免税規定を適用するためにはこれらの条件のすべてを満たす必要があります。

a 合理的な事業目的を有し、かつ税金の納付を減少、免除または遅延させることを主要な目的としないこと。
b 買収、合併または分割される一部の資産または持分の割合が一定割合以上であること。
c 企業再編後の連続した 12 ヶ月内に再編資産の本来の実質的営業活動を変更させないこと。
d 再編取引対価の持分支払金額の割合が一定割合以上であること。
e 企業再編において持分を取得した旧主要株主は、再編後の連続した 12 ヶ月内に、取得した持分を譲渡することはできない。

上記の適格要件のすべてを満たす取引当事者は、その再編取引の対価のうちの持分支払に相当する部分についてのみ特別税務処理規定（免税規定）を選択適用することができます。すなわち、対価のうちの持分支払金額に相当する部分については免税または課税の繰延が認められますが、持分以外の非持分支払金額に相当する部分については課税取引として課税されます。

① **債務再編取引**

まず、はじめに債務再編取引については、債務再編取引で計上した課税所得額が年度の課税所得額の50％以上を占める場合は、その再編所得の課税を繰り延べることができ、再編所得は5年間にわたりその均等額を課税所得に計上することができます。また、債権の持分転換が行われた場合には、旧債権の帳簿価額を持分の取得価額として計上し、債務弁済所得と持分投資所得を計上しない処理が認められています。

② **持分買収と資産買収**

持分買収と資産買収については、買収する持分／資産がその全体の持分／資産の75％以上であり、かつ買収の対価である取引支払総額に占める持分支払金額の割合が85％以上である場合には、特別税務処理規定を適用することができます。旧税法では、持分支払金額の割合が80％以上であれば免税取引とされていましたが、新税法では持分支払割合が85％以上に引き上げられるとともに、持分／資産割合75％以上が新たに設定されました。

上記の適格要件を満たした場合には、買収企業／資産譲受企業は新たに取得した持分／資産を、引き渡した持分／資産の税務上の簿価（課税標準価額）で受け入れることができます。被買収企業の株主または資産譲渡企業が新たに取得した持分は、旧持分または譲渡資産の税務上の簿価（課税標準価額）で受け入れることができます。すなわち、再編取引の当事者は税務上の簿価で取引を処理するため課税所得は発生しません。

③ **企業合併**

合併の適格要件は、対価に占める持分支払金額が取引支払総額の85％以上であることとされています。なお、旧税法ではこの持分支払割合は80％以上とされていました。このほか、企業集団内の共通支配下における企業合併で支払対価を必要としない企業合併である場合にも、次の特別税務処理規定が適用されます。

合併企業は資産と負債を税務上の簿価で受け入れることができます。被合併企業の株主が取得する新株は旧株の簿価で計上しますので、譲渡所得は発生しません。被合併企業の合併前の企業所得税関係事項は合併企業に承継されます。被合併企業の欠損金は一定の限度がありますが合併企業に引き継がれます。

#### ④ 企業分割

企業分割の適格要件は、分割される企業のすべての株主が旧持分割合で分割企業の持分を取得し、分割企業と被分割企業の実質的事業活動が変更されることなく、かつ取引支払総額に占める持分支払金額の割合が85％以上であることとされています。

企業分割に特別税務処理規定が適用される場合は、分割企業は資産と負債を税務上の簿価で受け入れることができます。分割される企業の株主が取得する新株は旧株の税務上の簿価で計上されます。旧株と新株が並存する場合は、新株をゼロとするかまたは一定の調整が行われますが、課税所得は原則として発生しません。また、分割資産の所得税関係事項は分割企業が承継することになります。

#### ◎クロスボーダー取引は更に適用要件が加わる

中国の国内と国外にまたがるクロスボーダーの持分と資産の買収取引については、上述した5つの適格要件を満たすとともに、下記の条件のいずれかに該当する場合には、特別税務処理規定（免税規定）を選択適用することができます。

① 非居住企業が100％直接支配している他の非居住企業に、その所有している中国居住企業持分を譲渡して、その持分譲渡によって所得税の源泉課税が発生することなく、かつ譲渡者である非居住企業が譲受者である非居住企業の持分を3年内に譲渡しないことを、中国の主管税務機関に書面で確約した場合
② 非居住企業が100％直接支配している居住企業に、その所有している中国居住企業持分を譲渡した場合
③ 居住企業がその所有する資産または持分で、その100％直接支配する非居住企業に投資を行った場合

旧税法では、外国企業がその所有する中国居住企業持分を100％直接支配する外国投資性公司（傘型企業）に譲渡する取引について免税規定がありました。上記の規定は、これらの免税規定を踏襲するとともに、新たに中国居住企業の海外投資を促進する企業再編税制となっています。上記③については、その資産／持分の譲渡収益は10年間にわたり均等に繰延計上すること

が認められています。

# 21 日本の税制改正による影響Ⅰ：中国子会社の配当免税制度

　平成21年度税制改正では、外国子会社の受取配当金の配当免税制度（益金不算入制度ともいいます）が創設され、中国に子会社を持つ日本企業に直接関係する税制改正が行われました。

### Point! 対象となる外国子会社の条件は？

　この配当免税制度の対象となる外国子会社とは、内国法人（日本親会社）が外国法人（中国子会社）の発行済株式等（出資額）の25％以上を、配当支配義務が確定する日（董事会決議日）以前に6ヶ月以上にわたり引き続き直接に所有していた外国法人です。中国子会社の出資持分の25％以上を配当決議日までの6ヶ月以上にわたり直接所有していた場合に外国子会社に該当します。

　配当免税制度は、平成21年4月1日以後に開始する事業年度において受ける外国子会社からの受取配当金から適用されました。平成21年3月31日までに受け取る外国子会社からの受取配当金については、現行の外国税額控除制度が適用されますが、平成21年4月1日以後に受ける配当金については、改正後の配当免税制度が適用されますが、後述するように経過措置があります。

　平成21年改正前の外国税額控除制度には、直接税額控除と間接税額控除がありました。直接税額控除とは、配当、利子、ロイヤリティのように送金時に外国で源泉徴収された外国法人税を日本の法人税等から控除する

図表Ⅱ-13　平成21年改正内容

| 外国子会社の配当 | 改正前 | 改正後 |
|---|---|---|
| 適用年度 | 平成21年3月末決算まで | 平成21年4月開始年度 |
| 適用制度 | 外国税額控除制度 | 益金不算入制度 |
| 益金算入金額 | 配当金の税込金額 | 配当金の5% |
| 配当源泉税 | 外国税額控除または損金算入 | 外国税額控除も損金算入もしない |
| 外国子会社の納付した外国法人税等 | 間接外国税額控除を適用 | 間接外国税額控除は廃止 |
| みなし税額控除 | 適用 | 適用なし |
| 申告方法 | 明細書と関係資料の提出 | 明細書の提出のみ 関係資料は保管 |

ものです。間接税額控除とは、配当を支払った外国子会社が現地で納付した外国法人税をあたかも日本の親会社が納付したものとして、日本親会社の法人税等から控除するものです。

日本親会社が中国子会社から受け取る配当金は、配当送金時に課税される源泉税（10％の企業所得税）と、中国子会社が現地で納付した企業所得税（基本税率25％）が控除された後の税引後金額ですので、この直接納付した源泉税と間接納付した企業所得税額を日本で控除する制度が外国税額控除制度です。

## Point! 益金不算入制度が導入される代わりに、間接税額控除制度は廃止

平成21年改正では、配当免税制度が導入される代わりに、間接税額控除制度は廃止されました。外国子会社からの受取配当金については直接税額控除制度も適用されません。直接税額控除制度そのものは存続していますが、利子、ロイヤルティ等の配当以外の国外所得に適用されます。

この制度の適用を受けるには、確定申告書に益金不算入となる配当金額とその計算に関する明細書を記載して提出するだけであり、配当関係書類は会社が保存することになります。

## Point! 配当免税制度では5％だけ益金に算入

　配当免税制度では外国子会社からの受取配当金の95％を益金に算入しません。残りの5％は益金に算入します。なぜ5％だけ益金に算入するかと言うと、日本の本社で発生している外国子会社の管理費を5％とみなして、この5％相当の益金と損金を相殺させて所得または損金のみが発生しないようにするためです。このように益金不算入制度は、国外所得を完全に免除する国外所得免除方式となっています。

## Point! 受取配当金が日本で課税されない代わりに、その受取配当金に課税されていた外国の源泉税と間接納付税についても外国税額控除制度は適用されない

　受取配当金が日本で課税されない代わりに、その受取配当金に課税されていた外国の源泉税と間接納付税についても外国税額控除制度は適用されません。日本親会社が直接納付したものとされる外国源泉税は、外国税額控除に使用できないだけではなく、日本の法人税の損金にも算入することはできません。

　現行の外国税額控除制度では、中国子会社からの受取配当金については、実際に源泉徴収された直接外国税額（受取配当金の10％）とみなしの直接外国税額（独資企業は受取配当金の10％）があり、また、中国子会社が実際に納付した間接税額（基本税率は25％）とみなしの間接税額（中国優遇税制による減免税額）があります。平成21年4月1日以後に開始する事業年度から受ける配当金については、これらの外国税額控除は適用されなくなりました。

　ただし、次に述べるような経過措置が採用されましたので、平成21年税制改正直後に配当免税制度の適用を受けた中国子会社の範囲は限定的なものとなりました。

第Ⅱ部 税務

## Point! 平成21年税制改正の経過措置

　外国子会社から受けた配当免税制度は、内国法人の平成21年4月1日以後に開始する事業年度に外国子会社から受ける配当等について適用されました。ただし、経過措置により、外国子会社が外国子会社合算税制における「特定外国子会社等」に該当する場合には、内国法人の平成21年4月1日以後に開始する事業年度において特定外国子会社等から受ける配当等の額で、その特定外国子会社等における平成21年4月1日前に開始した事業年度に係るものについては、配当免税制度は適用しないものとされました。

　平成21年税制改正では、内国法人によって発行済株式等の50％超を直接または間接に保有されている外国法人を外国関係会社といい、外国関係会社のうちその所得に対する租税がないかまたは租税の割合が25％以下のタックスヘイブン（軽課税国）に本店または主たる事務所を有する外国法人を特定外国子会社等としています。

　中国の企業所得税の税率は2008年1月1日から25％となり、内国法人が配当支払義務の確定する日まで6ヶ月以上継続して発行済株式等の50％を直接または間接に保有する中国子会社は、平成21年税制改正によって特定外国子会社等に該当することとなりました

　したがって、中国子会社について言えば、平成21年1月1日すなわち2009年1月1日から2009年12月31日までの事業年度に係る配当については、配当免税制度は適用されないことになりました。中国子会社は2010年事業年度に係る配当から配当免税制度が適用されることとなりました。

　この平成21年税制改正の経過措置は、特定外国子会社等の平成21年4月1日前に開始する事業年度について、外国子会社合算税制が適用されるかまたは適用除外とされるかに関わらず、すべての特定外国子会社等に適用されました。

# 22 日本の税制改正による影響Ⅱ：
## タックスヘイブン税制との関連

**Point!** 中国子会社は 2008 年事業年度からタックスヘイブン税制の検討が必要となった

　平成 21 年税制改正の配当免税制度は、外国子会社に留保されている利益を日本に還流して日本経済の活性化に使用させるために創設された制度ですが、この制度改正に伴って、タックスヘイブン税制も見直しが行われました。はじめに、改正前と改正後のタックスヘイブン税制を簡単に比較すれば、次のようになります。

　特定外国子会社等の株式等の 5％以上を直接または間接に保有する内国法人と日本の居住者個人は、その特定外国子会社等の利益剰余金に出資割合を乗じた課税対象金額をその内国法人等の益金に合算して課税する制度です。

　**中国の企業所得税率は 2008 年 1 月から 25％になりましたので、中国子会社はタックスヘイブン税制の適用除外基準に該当しない限り日本のタックスヘイブン税制の適用対象となります。**例えば、ペーパーカンパニーに近い中国の保税区貿易商社、日本の関連者との取引が 50％超である外国投資商業企業、純粋持株会社である投資性公司のほかに、香港子会社の

図表Ⅱ－ 14　平成 21 年税制改正

| タックスヘイブン税制 | 改正前 | 改正後 |
|---|---|---|
| 適用年度 | 平成 21 年 3 月決算まで | 平成 21 年 4 月開始年度 |
| 課税対象 | 未処分利益の留保金額 | 決算所得金額（配当含む） |
| 特定子会社の支払配当 | タックスヘイブンの課税適用対象外、ただし日本親会社で益金算入 | タックスヘイブンの課税適用対象金額 |
| 一般子会社の支払配当 | 日本親会社で益金算入 | 日本親会社で益金不算入 |

> **タックスヘイブン税制**
>
> タックスヘイブン税制とは、内国法人等がタックスヘイブン（軽課税国）に子会社を設立して利益を現地に留保して日本の租税を不当に回避しようとする行為を防止するために昭和53年度に導入された制度です。

> **外国関係会社と特定外国関係会社等**
>
> 日本に本店等を有する内国法人（日本親会社）が50％超の出資を直接または間接に保有する外国法人を外国関係会社といい、外国関係会社のうち租税割合（税率）が25％以下のタックスヘイブンに本店を有する外国法人を特定外国子会社等といいます。

中国国内委託加工工場も日本のタックスヘイブン税制の適用対象となる可能性があります。

日本のタックスヘイブン税制では、特定外国子会社等の事業年度終了の日から2ヶ月を経過する日を含む内国法人の各事業年度の所得とみなして益金に合算課税しますので、2008年12月31日に事業年度が終了する中国子会社は2009年3月31日に事業年度が終了する日本親会社の法人税課税で合算課税の対象となりました。

平成21年税制改正により、日本に還流する受取配当金については国外所得免除ということで課税されないことになりますので、一般の外国子会社が日本に配当する場合は課税が免除されます。しかし、タックスヘイブン税制に該当する場合には、特定外国子会社等が利益を留保した場合であっても、または、日本親会社に剰余金の配当等を支払った場合であっても、いずれの場合でも特定外国子会社等の課税対象金額として合算課税の対象となりました。

この税制改正ではタックスヘイブン税制を強化する見直しが行われており、特定外国子会社等が支払う配当等の額は、合算対象とされる金額の計算上控除しないものとされました。すなわち特定外国子会社等の事業年度の決算に基づいて日本の法人税等により計算した基準所得金額から外国法

人所得税額等を控除した税引後所得が合算課税の対象となっています。

この結果、一般の外国子会社から受ける受取配当金は免税（益金不算入）となりましたが、逆に、タックスヘイブン税制が適用される特定外国子会社等の課税対象金額の計算では支払配当の控除は認められないことになりました。

> **Point!** 平成22年税制改正によりトリガー税率は25％から20％に引き下げられた結果、合算課税の対象となっていた中国子会社は2011年事業年度から合算課税の対象外

中国子会社の2011年事業年度については、平成22年4月1日以後に開始する事業年度に該当して平成22年税制改正のトリガー税率20％が適用されるため、中国子会社は特定外国子会社等に該当することなく、合算税制と外国税額控除制度の適用はなくなります。

# 23 日本の税制改正による影響Ⅲ：グループ法人税制

平成22年税制改正では、グループ法人税制が新たに導入されました。日本には連結納税制度がありますが、連結納税制度を選択した場合のデメリットや多大な事務負担から、この制度は上場会社でさえあまり利用されていません。連結納税制度を選択しても、100％子会社しか連結できず、連結開始時の子会社の資産評価等の事務負担があるからです。

しかし、最近では子会社の完全子会社（100％）化や親会社の分社化、また共同持株会社の設立等が活発に行われており、企業の意思決定の迅速化とグループ経営の一体的運営等が重視されるようになりました。このようなグループ経営を阻害することなく、その経済実態に即した法人税制すなわちグループ法人税制の確立が喫緊の課題となっていました。

企業の一体的なグループ経営を促進する税制を確立するには、従来の連結納税制度と組織再編税制を見直すとともに、連結納税制度と単体納税制度の区別、適格組織再編による免税制度と非適格の組織再編による課税

度の区別によって、税制上の有利不利が生ずることのない新しいグループ法人税制を創設する必要がありました。

グループ法人税制によって、株式保有割合 100％の完全支配関係がある法人間の資産の譲渡等については、その譲渡損益が譲渡時に課税されることなく、資産が再譲渡等されるまで課税が繰り延べられることになりました。この改正は、平成 22 年 10 月 1 日以後に行う資産譲渡について適用されます。

この新税制の導入に伴って、これまで資産譲渡益が課税されていた非適格合併においても課税の繰延が認められるようになり、新会社設立後の資産譲渡を免税（課税繰延）とする適格事後設立は制度的な意味がなくなったことにより廃止されました。

## Point! 中国子会社にとっては現物分配が重要

グループ法人税制のうちで中国子会社に影響を与えるものは、グループ内法人間の現物分配かもしれません。現物分配とは、法人がその株主に対して金銭以外の現物資産を配当することをいいます。

例えば、親会社と子会社と孫会社が 100％の出資関係（完全支配関係）にあり、子会社がその有する孫会社の株式を親会社に配当として現物分配した場合には、子会社ではその孫会社株式の移転に伴う資産譲渡益の課税が行われません。改正前の税制では、現物分配を行った場合には配当財産の時価と簿価との差額は資産譲渡益として課税されていました。この改正は、平成 22 年 10 月 1 日以後に行う現物分配について適用されます。

この制度の導入によって、従来の適格組織再編税制で課税の繰延が認められていた適格合併、適格分割、適格現物出資、適格株式交換、適格株式移転に加えて、新たに適格現物分配の制度が認められました。免税となる適格組織再編方法を利用して孫会社である中国子会社を親会社直結の子会社とすることができます。

2 企業所得税

# 24 日本の税制改正による影響Ⅳ：
# 　　統括会社

　平成22年税制改正のうち中国子会社に直接影響を与える改正事項として、外国子会社合算税制における統括会社の新制度が掲げられます。平成22年税制改正前においては、中国の傘型会社（外国投資性公司）または地域統括会社と香港の持株会社等は、中国の企業所得税または香港の事業所得税等の税率が25％以下であったため特定外国子会社等に該当していました。

　その特定外国子会社等が投資（株式保有）を主たる事業として営む持株会社である場合には、合算税制の適用除外基準を満たすことなく、外国子会社合算税制が適用される状況にありました。

　平成22年の税制改正では、外国子会社合算税制におけるトリガー税率が25％から20％に引き下げられると同時に、新たに統括会社の新制度が採用されました。統括会社とは、日本親会社（内国法人）等によって出資の全部を直接または間接に保有されている会社であり、2社以上の被統括会社を有してその事業を統括し、統括業務に必要な固定施設と従業員を有している会社です。被統括会社とは、統括会社が発行済株式または出資等の25％以上を直接に保有し、統括会社と取引を行う関連者をいいます。

　この税制改正により、統括会社（中国の傘型会社、地域統括会社、香港子会社等のタックスヘイブンに所在する会社等）が保有する被統括会社の株式または出資については、合算課税の適用除外を受けることのできない株式保有等を主たる事業として営む会社としての判定上の保有株式等に該当しないことになりました。

　また、卸売業を主たる事業として営む統括会社が被統括会社との間で行う取引も関連者取引に該当しなくなったことから、中国の統括会社と香港等の統括会社については、外国子会社合算税制が適用されない可能性が出てきました。ただし、統括会社の新制度は、特定外国子会社等の平成22

年4月1日以後に開始する事業年度から適用されます。

## 日本と中国の税制改正

　日本政府は、平成21年（2009年）に配当免税制度の創設、平成22年（2010年）にタックスヘイブン税制の改正とグループ法人税制の創設を行いました。配当免税制度は海外に留保されている資金を日本に還流させるために外国子会社からの配当を免税としたものです。

　しかし、主要な中国子会社については平成21年税制改正の経過措置によりこの配当免税制度はすぐに適用することができませんでした。出資割合50％超の中国子会社については中国の企業所得税率が25％であったので特定外国子会社等に該当してしまい、経過措置によって中国子会社の2009年事業年度までの配当については配当免税制度の適用はなく、従来の配当益金算入制度と外国税額控除制度が適用されたのです。この中国子会社の配当について配当免税制度が適用できたのは日本親会社の平成22年3月期決算期からでした。

　平成21年税制改正は平成21年3月に成立しましたが、この経過措置の具体的な解釈、すなわち合算課税が適用除外となる特定子会社等についても経過措置が適用されることが明らかになったのは4月以降でした。

　さらに外国子会社からの配当がどの事業年度に属するかの解釈が国税庁から発表されたのは平成22年1月でした。配当の直前の外国子会社の事業年度末日が配当基準日であると明らかにされたので、配当免税制度の適用は、中国子会社の平成21年4月1日以降に開始する事業年度すなわち2010年事業年度に係る配当から適用されることになりました。

　配当免税制度の趣旨は、海外からの資金の還流を目的としていましたので、このような経過措置を適用する必要はなく、直ちに配当免税制度を適用できる措置を行うべきであり、この経過措置は合算課税適用会社のみで十分であったかと思います。

　日本政府は、平成22年税制改正のタックスヘイブン税制で統括会社を適用除外とすることにしました。中国政府は、2008年に企業所得税率を25％としましたので、日本親会社が中国に設立していた投資性公司（傘型企業）

## 2 企業所得税

は投資専門の会社ですので、投資性公司は2008年事業年度から日本のタックスヘイブン税制の適用会社となる可能性がありました。

　中国の投資性公司の性格は、中国政府の外資導入政策により企業グループを中心とした投資専門会社、地域統括本部として本社機能を専門に行う統括会社、さらには集中的に関連会社と仕入販売を行う地域調達センターとして設立されています。このような投資性公司は中国政府の規制によって止むを得ず設立されていますので、もともとタックスヘイブンを目的とした会社ではないことは明らかです。

　日本政府が、このような投資性公司を含む統括会社をタックスヘイブンの適用除外としたのは、平成22年（2010年）税制改正であり平成22年4月1日以降に適用されます。このように配当免税制度にしても、統括会社にしても日本政府の対応は時間がかかっています。

　さらに重要な問題は、日本の法人税率の問題です。平成23年税制改正大綱で、日本の国内企業の国際競争力の強化と外資系企業の立地を促進し、雇用と国内投資を拡大するために、世界の最高水準にある法人実効税率を40.69%から35.64%に5.05%だけ引き下げる改正案が提出されていました。残念なことにこの改正案は、東日本大震災の影響を受けて、逆に法人税等の増税に向かっています。

　中国政府は、2008年に改正施行した企業所得税法で、税率を旧税法の33%から25%に引き下げました。高度新技術企業（ハイテク企業）、小型薄利企業（零細企業）の税率は15%と20%です。当時の中国政府は、全世界の動向として法人税率は低税率化の傾向にあり、法人税の平均税率は28.6%であり、中国周辺のアジア諸国の平均税率も26.7%程度であったことから、自国企業の国際競争力を保持するために、企業所得税率をこれらの平均税率を下回る25%に設定しました。

　同時に、それまで外資導入政策の有力な優遇措置であった経済特区等の軽減税率15%等を廃止しました。さらに、配当の海外送金については源泉税を免税としていましたが、10%の源泉税率を設定しました。また、中国国内の外資系企業が利益を留保して中国国内に再投資するように、すでに納付した企業所得税を再投資した企業に還付させる再投資の税金還付政策も採用されていましたが、当時の中国政府の外貨準備高の急増を背景として、これらの外資優遇措置はすべて廃止されています。

　2000年代後半から、中国では資金の国内導入と国内還流ではなく、資金

の海外展開が重要な政策課題となっています。正に、日本と中国では政府の政策が逆方向に向かっていますが、その是非はともかく、スピードについては中国の方が3～4年早いようです。

# 3 個人所得税

第Ⅱ部　税務

# 1 個人所得税とは？

## Point! 中国の個人所得税は所得ごとの分離課税

　中国の個人所得税法は1980年に制定されてから2011年6月まで6回の修正が行われています。これまで個人所得税法が本格的に改正されるとの憶測が何回も広まりましたが、本格的な改正には程遠く、毎回の改正は基礎控除費用の一部修正等にとどまっています。個人所得税法は地方税として中国国民の所得格差問題にも深く関係しており大幅な改正が難しいのかもしれません。

　1995年の個人所得税の年間税収は73億元でしたが、2010年の年間税収は4,837億元となり約66倍に増えています。この間、沿海地域の経済発展により個人富裕層が急激に拡大したことと外国人駐在員の増加が税収拡大に貢献していると考えられます。

　中国の個人所得税の特徴は、日本のような総合課税ではなく所得の種類別、すなわち賃金給与所得、個人事業所得、経営請負所得、役務報酬所得、原稿報酬所得、特許権使用料所得、財産賃貸所得、財産譲渡所得、利息・配当・利益分配所得、一時所得、その他所得の**11種類の所得区分による分離課税**が行われていることです。

　特に給与所得については毎月の源泉徴収で課税関係が終了して、原則として年度末の確定申告はありません。これまで議論されてきた個人所得税法の改正についても、給与所得、事業所得等については分離課税を総合課税に改めて、確定申告等により所得控除（扶養控除等）ができる方向で検討されています。

## 3 個人所得税

### Point! 課税区分と課税所得計算

所得の種類別に毎回、毎月または年度の収入が課税対象となっています。

図表Ⅱ-15　課税区分と課税所得計算

| 課税所得区分 | 課税区分 | 課税所得計算 |
|---|---|---|
| 賃金給与所得 | 外国人<br>国外給与所得のある中国人 | 毎月の収入額－4,800元 |
|  | 国外給与所得のない中国人 | 毎月の収入額－3,500元 |
| 個人事業所得 |  | 納税年度の収入総額－原価－費用－損失 |
| 経営請負所得 |  | 納税年度の収入総額－必要費用（3,500元×12ヶ月） |
| 役務報酬所得<br>原稿報酬所得<br>特許権使用料<br>財産賃貸所得 | 毎回の収入額が4,000元以下の場合 | 毎回の収入額－800元 |
|  | 毎回の収入額が4,000元超の場合 | 毎回の収入額－収入額×20% |
| 財産譲渡所得 |  | 収入額－取得原価－合理的費用 |
| 利息所得、配当所得、利益分配所得 |  | 毎回の収入額 |

### Point! 所得区分別の税額計算と税率

所得の種類別に課税所得計算と税率が異なっています。

図表Ⅱ-16 税額計算と税率

| 所得区分 | 税額計算と税率 | |
|---|---|---|
| 賃金給与所得 | ［税込収入金額－費用控除額（社会保険料等＋基礎控除3,500元＋追加控除1,300元）］×適用税率－速算控除額<br>税率は3％から45％ | |
| 個人事業所得 | （年度収入総額－原価－費用－損失）×適用税率－速算控除額<br>税率は5％から35％ | |
| 経営請負所得 | （年度収入総額－3,500元×月数）×適用税率－速算控除額<br>税率は5％から35％ | |
| 役務報酬所得 | 4,000元以下 | （税込収入額－800元）×税率20％ |
| | 4,000元超<br>25,00元以下 | （税込収入額－収入額×20％）×税率20％ |
| | 25,000元超 | （税込収入額－収入額×20％）×適用税率－速算控除額 |
| 原稿報酬所得 | 4,000元以下 | （毎回の収入額－800元）×70％×20％ |
| | 4,000元超 | （毎回の収入額－収入額×20％）×70％×20％ |
| 利息・配当・利益分配 | 毎回の収入額×税率20％<br>ただし、預貯金利息は暫定的に免税 | |
| 特許権使用料所得 | 4,000元以下 | （毎回の収入額－800元）×20％ |
| | 4,000元超 | （毎回の収入額－収入額×20％）×20％ |
| 財産賃貸所得 | 4,000元以下 | （毎回の収入額－800元）×20％ |
| | 4,000元超 | （毎回の収入額－収入額×20％）×20％ |
| 財産譲渡所得 | （収入額－取得原価－合理的費用）×20％ | |
| 一時所得他 | 収入金額×20％ | |

# 2 納付期限

### Point! 個人所得税の納付期限は翌月15日以内か翌年15日以内

　賃金給与所得は月別に課税計算して、賃金給与所得の源泉徴収義務者または源泉徴収義務者のいない自己申告納税者は、毎月納付する税額を翌月15日以内に納税して納税申告表を提出します。

個人事業所得は、年度単位に課税計算して月別に翌月15日以内に予納し、年度終了後3ヶ月以内に総合精算納付します。経営請負所得は、年度単位に課税計算して年度終了後30日以内に納税して納税申告表を提出します。

個人所得税の源泉徴収義務者は毎月源泉控除した税額を、自己申告納税者は毎月納付する税額を翌月15日以内に納税して納税申告表を提出します。

中国国外から所得を取得した納税者は、年度終了後30日以内に税額を納税して納税申告表を提出します。

# 3 納税義務者

中国に社員を派遣して個人所得税のトラブルに巻き込まれることがあります。それは、ひとつには社員を派遣している日本の本社が中国の税法を知らないことにもよりますが、さらには中国の税務が国際社会とはやや異なる独特の解釈を行っていることにも原因があります。

### Point 納税義務者を居住者と非居住者区別に区別するのは日本と同じ

例えば、中国の個人所得税法では、納税者には居住者と非居住者があります。**居住者とは中国国内に住所を有するか、または中国国内に満1年以上居住する個人**とされています。**非居住者とは、中国国内に住所がなく中国国内の居住が1年未満である個人**です。このような居住者と非居住者の区分は日本と同じものとなっています。

### Point 外国人は住所基準ではなく、居住期間で判定される

しかし、中国の居住者区分では中国国内に住所を有するものは中国国籍

図表Ⅱ-17　居住者と非居住者の区分

| 住所基準 | 居住基準 | 居住者区分 |
|---|---|---|
| 国内に住所を有する個人 | | 居住者 |
| 国内に住所のない個人 | 国内に満1年居住する個人 | |
| | 国内に1年未満居住する個人 | 非居住者 |
| | 国内に居住しない個人 | |

の人に限定されており、**外国人は住所基準ではなくすべて居住基準で居住者かどうかが判断されており、このような実務解釈は日本と異なる**ものです。

　日本では外国人であってもまず住所基準が適用され、次に居住基準が適用されて居住者かどうかが判断されます。日本の本社から日本人を派遣する場合と本社で採用した中国国籍の現地に実家のある中国人を派遣する場合とでは、同じ日本本社からの派遣でも現地での取り扱いが異なる可能性があります。

　このように、中国の税務は国際的に共通したものと中国独特のものがあり、日本人社員を派遣する本社の担当者は中国の個人所得税の実務を知っておく必要があります。

## 🅿🅾🅸🅽🆃 納税者の区分によって課税所得の範囲が異なる

　**中国国内に住所を有する居住者については、中国の国内源泉所得と国外源泉所得の全てに対して納税義務を負う**ものとされています。また、**中国国内に住所がなく満5年居住する個人についても、その第6年目から国内源泉所得と国外源泉所得の全てに対して納税義務を負う**ものされています。これらの居住者を**無制限納税義務者**といいます。

　これに対して、**国内源泉所得と国外源泉所得の一部に対して個人所得税の納税義務があるものを制限納税義務者**といいます。制限納税義務者には居住者と非居住者の両方が該当します。居住者である制限納税義務者とは、中国国内に住所がないが中国国内に満1年以上5年未満居住する個人であり、中国の国内源泉所得と一部の国外源泉所得に対して納税義務を負うものとされています。

## 3 個人所得税

図表Ⅱ-18 納税義務者と課税所得

| 区分 | 適用基準 | 適用条件 | 課税所得 | 納税義務者 |
|---|---|---|---|---|
| 居住者 | 住所基準 | 国内に住所あり | 全所得 | 無制限納税義務者 |
| | 居住基準 | 国内に満5年の居住 | | |
| | | 国内に満1年以上5年未満の居住 | 国内源泉所得と国外源泉所得の国内払部分 | 制限納税義務者 |
| 非居住者 | | 国内に1年未満居住 | 国内源泉所得 | |
| | | 国内に住所も居所もなし | | |

　すなわち、満1年以上5年未満居住する個人は、国外源泉所得については、中国国内の会社、企業およびその他の経済組織または個人から支払われる部分についてのみ納税義務があります。

　中国国内に住所もなく居住もしないが中国国内から所得を取得する個人と、中国国内に住所もなく中国国内に満1年も居住しないが、中国国内から中国国内に源泉のある所得を取得する個人も制限納税義務者となります。

## Point! 中国にも永住者と非永住者の区分がある

　中国国内に5年以上居住する外国人は、永住の意思がある場合には日本の永住者と同じように、その人のすべての所得が中国の個人所得税の課税所得になりますが、このような永住者になる人は実際にはあまり該当がありません。

　中国に1年以上派遣される日本人はそのほとんどが1年以上5年未満の居住者です。日本の非永住者に当たるこの居住者になった場合は、中国国内源泉所得が課税所得になります。**通常は中国国内に勤務することにより支給される賃金給与所得が中国国内源泉所得に該当します。**厳密に言えば、この居住者には中国国内源泉所得のほかに、中国国内の会社、企業等の命令によって中国国外で勤務した場合に支払われる国外源泉所得も課税所得となりますが、実際にはあまり該当することはありません。

> **Point!** 中国勤務による給与であれば、中国国内で支給されても日本で支給されても中国国内源泉所得として課税対象

　この国内源泉所得という言葉でよく誤解してしまうのが、中国国内で支払われる給与のみが課税対象であって、例えば、日本の本社が支給する留守宅手当等の中国国外支給の中国国内源泉給与所得を申告しないケースが発生します。
　**中国国内源泉所得とは、中国で勤務することにより支給される給与**ですから、中国国内で支給されるものも日本で支給されるものも、**その勤務が中国で行われることによって支給される給与**であれば、**中国国内源泉所得として課税対象**になります。

> **Point!** 非居住者の中国国内源泉所得には賃金給与所得のほかに財産所得等がある

　中国国内に住所もなく居住もしない個人で中国国内に源泉のある所得を取得するというのは、中国国内で動産、不動産等を賃貸または譲渡して取得する所得、その他の中国国内で発生する利息所得、特許権使用料所得等をいいます。

# 4 短期滞在者の免税

> **Point!** 短期出張の場合には3つの基準に注意

　次に、非居住者すなわち日本からの出張者に対する個人所得税課税の留意点について説明します。
　日中租税条約では日本から中国に短期出張した人については、183日基準、国外雇用主支給基準、恒久的施設負担基準の3つの基準をクリアーし

## 3　個人所得税

| 183日基準 | 国外雇用主支給基準 | 恒久的施設負担基準 |
|---|---|---|
| 日本の居住者が中国国内に滞在する期間（居住期間）が年間（1月1日から12月31日までの暦年）で合計して183日以内ということ。 | 国外の雇用主（会社と個人）がその給与を支払っていること。 | 中国国内の恒久的施設（事業の場所）がその給与を負担していないこと。 |

た場合には、中国で個人所得税を課税されることはありません。

### Point! 中国では恒久的施設での短期滞在者に免税規定は適用されない

　しかし、中国の税務では国際的な解釈ではなく、中国独自の解釈でこの3基準を適用していますので、すこし留意しなければなりません。それは3つ目の恒久的施設が給与を負担しているかどうかという基準です。

　国際的には恒久的施設が、給与を負担しているかどうかは、その事業の内容等によって会社が決定できるものとされていますが、**中国の解釈では、恒久的施設があるならば、そこに派遣される外国人の給与はその事業によって負担されるべきであるとして、恒久的施設に派遣される人には短期滞在者の免税規定の適用はなく、個人所得税が課税されるべきであるとされています。**このような解釈の相違から、個人所得税が免税とされるものと思っていたところ、課税されてしまったというケースが発生します。

### Point! 駐在員や高級管理職は中国滞在期間に関係なく課税されるので注意

　もう1つ、中国独自の実務で思わぬ課税が発生するケースを紹介します。それは中国の個人所得税の規定では、**駐在員事務所の駐在員として登記された場合および現地法人の高級管理職に任命登記された場合は、中国の居住（滞在）とは関係なく、その職務就任期間における報酬所得または給与所得に対して個人所得税が課税される**ことになっているからです。

ここで高級管理職とは、総経理、副総経理、総帥、総監、およびその他の類似の管理職とされており、現地法人のこれらの役職に就任した場合には、その就任期間の報酬または給与については所得を申告しなければなりません。このような規定に気が付かず無申告のまま税務局員から納税を指摘されるケースも発生します。

# 5 滞納金と罰金と時効

## Point! 中国の滞納金は年利 18.25%

中国の実務で、個人所得税の無申告、過少申告が発生して多額の追徴金が課税されることがありますが、追徴課税には滞納金も加算されてきます。

滞納金は日本の延滞税と同じものです。日本では延滞税は納税期限から税金を完納するまでの期間の日数に応じて、未納税額に年利14.6%を乗じたものです。**中国の滞納金は、税金を滞納した日から1日あたり0.0005%の滞納税金とされていますので、年利に換算すると18.25%になります。**

中国の滞納金は今では驚くような年利ではありませんが、現行の租税徴収管理法が執行される2001年4月以前では、滞納金の年利は73%とかなりの高率であり、2001年4月以前の所得について追徴課税が行われた時には、この高率の滞納金が加算されていました。

所得の申告に関する罰金については、図表Ⅱ－18のような規定があります。なお、このような納税者の法律責任については、日本の国税通則法に類似した租税徴収管理法に規定があり、租税徴収管理法とその他の税法の規定が異なる場合には、租税徴収管理法により執行するものとされています。

最後に時効については、税務局の責任で未納付または過少納付が発生し

**3** 個人所得税

図表Ⅱ－19　租税徴収法による罰金

| 区分 | 本税と滞納金のほかに課せられる罰金 |
|---|---|
| 不申告 | 2,000元以下の罰金、情状が厳重な場合は2,000元以上10,000元以下の罰金 |
| 脱税 | 不納付または過少税額の50％以上5倍以下の罰金のほか、刑事責任もある |
| 虚偽申告 | 虚偽の課税証憑を捏造した場合50,000元以下の罰金 |
| 納税拒否 | 暴力、威嚇等の方法で拒絶して税金を納付しないのは納税拒否であり、滞納金のほかに税額以上5倍以下の罰金 |
| 不納付と過少納付 | 不納付または過少税額の50％以上5倍以下の罰金 |

図表Ⅱ－20　時効と滞納金

| 責任の所在 | 時効と滞納金 |
|---|---|
| 税務局に責任がある場合 | 税務局は3年以内に追徴できるが、滞納金は加算できない |
| 納税者に責任がある場合 | 税務局は3年もしくは5年以内に追徴でき、滞納金も加算 |

た場合は、税務局は3年以内に追徴することができますが、滞納金は加算できないものとされています。納税者の錯誤等の過失により未納付または過少納付が発生した場合は、税務局は3年以内に追徴することができ、状況によっては5年間の追徴が可能です。この場合には滞納金も加算することができます。ただし、脱税、納税拒否、税金の詐取については、時効はありません。

# 6 個人所得税の自己申告義務

> Point! 源泉徴収義務のある所得は10種類あり、年間所得12万元以上の場合には自己申告する必要

個人所得税の課税所得には、次の11種類の所得があります。

① 賃金給与所得
② 個人事業所得（個人工商業者の生産経営所得）
③ 経営請負所得（企業事業単位に対する経営請負所得・経営リース請負所得）
④ 役務報酬所得
⑤ 原稿報酬所得
⑥ 特許権使用料所得
⑦ 利息所得・配当所得・利益配当所得
⑧ 財産賃貸所得
⑨ 財産譲渡所得
⑩ 一時所得
⑪ その他の所得

　上記の課税所得のうち、中国で個人経営している個人工商業者の生産経営所得を除く10種類の所得については、所得の支払者に対して源泉徴収義務が課せられています。これに対して、自己申告の対象となる課税所得は上記の全ての課税所得となっています。個人所得税法では通常の申告納付のほかに、個人所得の自己申告義務があり、毎年3月31日までに申告しなければなりません。ただし、自己申告の義務を負うのは、次の場合に限られています。

① 年間所得が12万元以上の場合
② 中国国内の2ヶ所または2ヶ所以上から賃金給与所得を取得する場合
③ 中国国外から所得を取得する場合
④ 課税所得を取得し、源泉徴収義務者がいない場合
⑤ 国務院が規定するその他の状況

## Point! 中国居住期間が1年に満たない外国人には自己申告義務なし

年間の課税所得合計が12万元以上の自己申告納税義務者は、中国国内に満1年以上居住する個人（居住者）とされています。**外国人が居住者かどうかは基本的に住所ではなく、居住期間のみで判定されますので、中国国内に居住している期間が西暦1月1日から12月31日までの間で1年に満たない外国人は非居住者となり、この自己申告義務はありません。** 中国国内に満1年以上居住している外国人に自己申告義務があります。

## Point! 1回の出国日数が30日以内または累積日数が90日以内なら中国にそのまま居住しているとみなされる

日本親会社から中国子会社、駐在員事務所等に長期派遣される場合は、1年のうちには何回か中国から出国することがありますが、1回の出国日数が30日以内であるか、または1年間の出国累積日数が90日以内の場合には、中国にそのまま居住しているものとみなされて満1年と計算されて居住者となります。

## Point! ほとんどの日本人居住者には自己申告義務が生ずる

この年間12万元以上の課税所得は、個人所得税の全ての課税所得の合計とされており、賃金給与所得については基礎控除費用と追加控除費用が差し引かれる前の課税所得で計算します。**中国に派遣されて満1年以上居住する日本人は、賃金給与所得だけで年間所得が12万元以上（約160万円）になることが予想されますので、ほとんどの日本人居住者にはこの自己申告義務が生じます。**

ただし、賃金給与所得のみを取得する給与所得者に限っていえば、賃金給与所得は源泉徴収所得でもあります。多くの場合、中国国内のいずれかの拠点で給与の源泉徴収が行われていますので、自己申告制度はすでに源泉徴収された給与所得の確認の意味しか持ちません。

第Ⅱ部　税務

## Point! 自己申告納税者は12月31日後3ヶ月以内に申告しなければならない

　この意味で年間所得12万元以上の給与所得者にとっては、自己申告制度は給与所得が全て源泉徴収されているかどうか、給与所得以外に課税所得があるかどうかの所得の網羅的な把握を目的とするものです。源泉徴収所得である利息所得も自己申告の対象となっています。年間12万元以上の自己申告納税者は、納税年度終了日すなわち毎年の12月31日後3ヶ月以内に申告しなければなりません。

　この自己申告納税制度は、年間所得12万元以上の申告納税については2006年1月1日から施行されています。給与所得者は給与の源泉徴収を納付している地方税務局で、身分証、パスポート等の写しを提出するとともに、「個人所得税納税申告表（年間所得12万元以上の納税者に適用する申告）」を記載して提出します。

　なお、2ヶ所以上から賃金給与所得を取得する場合、国外所得を取得する場合、源泉徴収義務者のいない場合についても、2007年1月1日から執行されています。

### 2ヶ所以上から賃金給与所得を取得する場合

　中国国内の2ヶ所または2ヶ所以上から賃金給与所得を取得する場合も自己申告の対象となっています。この規定を理解する前に、中国における賃金給与所得の源泉徴収制度とその実務を知る必要があります。

　**中国の源泉徴収義務者とは、個人の課税所得を支払う企業、会社、事業単位、機関、社団組織、個人等と規定されており、所得の支払者には個人所得税の納税義務者がその企業等に属しているかどうかに関わらず源泉徴収義務があります。**源泉徴収暫定規則では、このように所得の支払者を源泉徴収義務者としていますが、外国人に対する税務では、源泉徴収義務の範囲がより広く適用されています。

例えば、中国に子会社等を設立して派遣者の給与が中国子会社と日本親会社の両者から支給されている場合は、派遣者の中国国内勤務に起因する賃金給与所得は、中国国内源泉所得として中国国内で支払われようと国外で支払われようと関係なく、中国個人所得税の課税所得となります。

　この場合に、その中国子会社（外国投資企業）と関連関係を持つ日本親会社（国外関連企業）が支払った給与部分についても、中国における外国投資企業が源泉徴収義務を負わなければなりません。外国企業（日本企業）が中国国内で事業の場所（機構、場所で恒久的施設に該当するもの）を持つ場合もこれに準じますので、駐在員事務所等が源泉徴収義務を負うこともあります。

　また、中国における企業または事務所が給与を支給している外国人納税者に対しては、その企業または事務所が一ヶ所で集中して源泉徴収納付を行うことが定められていますので、一般的には日本人派遣者は中国拠点の一ヶ所で給与の源泉徴収が行われることになります。

**◎中国国内の2ヶ所または2ヶ所以上から賃金給与所得を取得する場合とは？**

　中国国内の2ヶ所または2ヶ所以上から賃金給与所得を取得する場合とは、一般論としては**複数の中国子会社の高級管理職を兼務しておりそれぞれの会社が給与を負担している場合、日本企業と関連性のない中国内資企業からも賃金給与所得が支払われるような場合**などがあります。このように複数の給与支払者から源泉徴収されている場合は、自己申告制度によって給与所得が合算されて賃金給与所得の控除費用が公平に控除されることになります。

　自己申告制度は、これまでの分離課税から総合課税に向けての課税所得を合算して控除費用も統一していくための過度的な措置であり、中国人富裕層と個人事業主の所得把握も視野に入れた将来の本格的な所得税制の試行暫定規則として位置づけられています。

　2ヶ所以上から賃金給与所得が支払われる場合と中国国内に源泉徴収義務者がいない場合は、納税者が所得を取得した翌月15日以内に自己申告納付を行わなければなりません。

# 7 中国国外源泉所得

### Point! 日本人に課税される国外源泉所得は限定的

　一般の日本人派遣者に関係する所得には、賃金給与所得、役務報酬所得、利息・配当・利益分配所得、財産賃貸所得、財産譲渡所得等があります。これらのうち、職務就任、雇用、契約の履行等により中国国外で役務提供する賃金給与所得、役務報酬所得等は中国国外源泉所得になります。
　中国国外で動産、不動産等を賃貸して使用させる財産賃貸所得、中国国外の不動産、土地使用権を譲渡する財産譲渡所得、中国国外で特許権、商標権、著作権、ノウハウ等を提供して取得する特許権使用料所得、中国国内の会社等から取得する利息・配当・利益分配所得が中国国外源泉所得になります。
　中国国内源泉所得はこれらの所得で「中国国外」を「中国国内」と読み替えれば、国内源泉所得となります。

### Point! 居住者でも永住者と非永住者では中国国外源泉所得の課税が異なる

　中国に満1年以上5年未満居住する居住者で、中国国外所得を中国国内の会社、企業等が支払った場合には、その国外所得に対して納税義務を負います。したがって、国外源泉所得が中国国内で支払われなければ国外源泉所得に対して納税義務はありません。
　**満5年以上中国国内に居住する個人については、中国国内と国外の全ての課税所得に対して納税義務を負う**ことになります。例えば、日本にある不動産の賃貸所得や譲渡所得、有価証券の配当所得や譲渡所得、預貯金国債等の利息所得等が国外所得になります。

### 図表Ⅱ-21　中国国内源泉所得

| 所得区分 | 中国国外源泉所得 |
|---|---|
| 賃金給与所得 | 職務就任、雇用により中国国外において役務を提供して取得する所得 |
| 役務報酬所得 | 契約の履行等により中国国外において役務を提供して取得する所得 |
| 財産賃貸所得 | 財産を賃貸して中国国内において使用させる動産、不動産等の所得 |
| 特許権使用料所得 | 中国国外で特許権、商標権、著作権、ノウハウ等を提供して取得する所得 |
| 利息・配当・利益分配所得 | 中国国内の会社等から取得する所得 |

### 図表Ⅱ-22　永住者と非永住者の国外源泉所得の課税

| 区分 | 居住者の定義 | 中国国外源泉所得の取扱い |
|---|---|---|
| 永住者 | 中国国内に満5年以上居住する個人 | 中国国内と国外の全ての課税所得に対して納税義務がある |
| 非永住者 | 中国に満1年以上5年未満居住する居住者 | 中国国内で支払われなければ国外源泉所得に対して納税義務なし |

　中国に派遣される前に所有していた不動産等を賃貸または譲渡した所得も対象になります。一般的には、このような無制限納税義務者とならないように満5年になる前に、途中で一旦帰国して非居住者となり、満5年とならないことも実務的には配慮されています。

## 8　給与所得課税

### Point!　中国では日本のような給与所得控除はない

　中国に駐在した日本人が個人所得税を納税するときに驚くことは、中国の給与所得課税では、給与収入金額から基礎費用控除と追加費用控除を差し引いた金額がそのまま課税所得金額となることです。

日本のような給与収入のかなりの割合に達する給与所得控除はありませんし、その他の所得控除もありません。したがって、給与収入金額から中国国内の法定社会保険料と4,800元を差し引いた金額で給与所得の税率表を適用して税額計算することになります。給与所得の税率表は課税所得に応じて7ランクに区分されており、税率は3％から45％までとなっていますが、収入の高い外国人には比較的高い税率が適用されることになります。

また、賞与が支給された時にはその支給月の給与所得として、その月の給与所得と合わせて個人所得税の税額計算が行われます。

## Point! 基礎費用控除と追加費用控除の金額は2011年9月1日から変更

2011年9月1日からは、個人所得税法の改正により、基礎控除は2,000元から3,500元に1,500元引き上げられました。ただし、個人所得税法実施条例の改正により、外国人の追加費用控除は2,800元から1,300元に1,500元引き下げられましたので、外国人の控除費用合計は、基礎控除3,500元＋追加控除1,300元＝控除合計4,800元、中国人の控除費用は3,500元となりました。華僑と香港、マカオ、台湾の同胞も外国人と同様に合計の4,800元が控除されます。

## Point! 賃金給与所得の税額計算には、会社負担方式と個人負担方式

賃金給与所得の税額計算には、個人所得税の税込みの賃金給与金額により個人所得税額を計算する本人負担方式（税込給与方式）と個人所得税の税引きの賃金給与金額により個人所得税額を計算する会社負担方式（税引給与方式）があります。

## Point! 本人負担方式の税額計算

本人負担方式の税額計算は、次の算式により計算されます。

**3** 個人所得税

納付税額＝全月課税所得額×適用税率－速算控除額

ここで税率を決定するときの全月課税所得額とは、毎月の収入金額から控除費用基準額を控除した金額です。控除費用基準額は、基礎費用控除額 3,500 元に追加費用控除額 1,300 元を合計した金額です。

全月課税所得額＝毎月の税込収入金額－控除費用基準額
税込収入金額＝賃金給与収入総額－減免税収入－社会保険料－
　　　　　　　住宅公積金
控除費用基準額＝基礎費用控除額 3,500 元＋追加費用控除額 1,300
　　　　　　　元＝4,800 元

したがって、納付税額計算の公式は次のように表示されます。

納付税額＝[ 税込収入金額（収入総額－減免税収入－社会保険料－
　　　　　住宅公積金）－控除費用基準額（基礎費用控除額＋追加
　　　　　費用控除額）] ×適用税率－速算控除額

図表Ⅱ－23　賃金給与所得の税率表

| 等級 | 全月課税所得額 税込所得 | 全月課税所得額 税引所得 | 税率 | 速算控除額 |
|---|---|---|---|---|
| 1 | 1,500 元を超えない場合 | 1,455 元を超えない場合 | 3% | 0 元 |
| 2 | 1,500 元を超え 4,500 元までの部分 | 1,455 元を超え 4,155 元までの部分 | 10% | 105 元 |
| 3 | 4,500 元を超え 9,000 元までの部分 | 4,155 元を超え 7,755 元までの部分 | 20% | 555 元 |
| 4 | 9,000 元を超え 35,000 元までの部分 | 7,755 元を超え 27,255 元までの部分 | 25% | 1,005 元 |
| 5 | 35,000 元を超え 55,000 元までの部分 | 27,255 元を超え 41,255 元までの部分 | 30% | 2,755 元 |
| 6 | 55,000 元を超え 80,000 元までの部分 | 41,255 元を超え 57,505 元までの部分 | 35% | 5,505 元 |
| 7 | 80,000 元を超える部分 | 57,505 元を超える部分 | 45% | 13,505 元 |

# 第Ⅱ部　税務

　上記のうち社会保険料については 2010 年 10 月 28 日に制定された社会保険法により、基本養老保険、従業員基本医療保険、傷害保険、失業保険および生育（出産）保険があり、2011 年 10 月 15 日より外国人もこの社会保険に参加することが求められています。中国人についてはこれらの社会保険に加えて住宅公積金制度があり個人の納付する住宅公積金も控除の対象となっています。

　したがって、外国人と中国人の税額計算は次のとおりとなります。なお、人力資源及び社会保障部が 2011 年 9 月 6 日付で公布した「中国国内において就業する外国人の社会保険参加暫定弁法」により、中国国内で「外国人就業証書」等を有して中国国内の企業、駐在員事務所等に勤務する外国人は、基本養老保険、基本医療保険、労働傷害保険、失業保険、生育（出産）保険に強制加入することになりました。また、通常は減免税収入はあまり該当がないのでここでは省略します。

【外国人の税額計算】

　　納付税額＝（税込収入総額－社会保険料－ 4,800 元）×適用税率－速算控除額

【中国人の税額計算】

　　納付税額＝（税込収入総額－社会保険料－住宅公積金－ 3,500 元）×適用税率－速算控除額

## Point! 会社負担方式（税引給与方式）

　会社負担方式も同じように次のように計算します。

　　全月課税所得額＝毎月の税引収入金額－控除費用基準額
　　税引収入金額＝税引収入総額－減免税収入－社会保険料－
　　　　　　　　　住宅公積金
　　控除費用基準額＝基礎費用控除額 3,500 元＋追加費用控除額 1,300

## 3 個人所得税

元 =4,800 元

会社負担方式の税額計算は、次の算式により計算されます。

　　課税所得額＝（税引収入金額－控除費用額－速算控除額）
　　　　　　　÷（1－税率）
　　納付税額＝課税所得額×適用税率－速算控除額

このように会社または個人が納税義務者のために負担した個人所得税額は、納税義務者が取得した税引収入を課税所得額に換算して、個人所得税を課税計算するものとされています。

上述した会社負担方式の税額計算式は、次のように1つの公式で表されます。

$$納付税額＝\frac{（税引収入金額－控除費用基準額）×適用税率－速算控除額}{1－適用税率}$$

したがって、会社負担方式による外国人と中国人の税額計算公式を求めれば、次のとおりとなります。

【外国人】

$$納付税額＝\frac{（税引収入総額－社会保険料－4,800元）×適用税率－速算控除額}{1－適用税率}$$

【中国人】

$$納付税額＝\frac{（税引収入金額－社会保険料－住宅公積金－3,500元）×適用税率－速算控除額}{1－適用税率}$$

第Ⅱ部　税務

# 9 賞与課税

**Point!** 賞与の税額計算には一般賞与の税額計算と年間1回賞与の税額計算がありそれぞれ計算方法が異なる

　中国では一般賞与は、例えば、半年賞与、四半期賞与、残業奨励金、勤務考課奨励金等の形で支給されます。このような一般賞与については、**給与の月額と単純に合算して税額計算する単純合算法**か、または、**賞与を支給対象期間で割って算出した賞与平均月額と給与月額を合算して税額計算する平均合算法が選択適用**されています。ただし、**中国に住所を持たない**とされる外国人については原則として**単純個別法が適用**されます。

　この単純個別法と平均合算法のほかに、年間一括法があり1年間に1回だけ中国人、外国人ともにこの年間一括法を適用することができます。なお、単純個別法と平均合算法については218ページをご参照ください。

## **Point!** 年間一括法の適用は年1回だけ

　**年間一括法は、年間の企業の経済的効益と社員の勤務実績を総合的に考課した結果に基づいて、1社員につき1回限りの賞与（年間一次的賞与）に限定されています。** この年間一次的賞与には、年度末賞与、年俸制による年俸、実績考課賃金制度による実績考課賃金が含まれますが、その他の各種名目による奨励金（その他賞与）、例えば、半年賞与、四半期賞与、残業奨励金、勤務考課奨励金等は年間一次的賞与には該当しません。年間考課による賞与であれば数回に分けて支給された場合でも、1回に限り年間個別法を適用することができます。

　年間一括法では、年間一次的賞与の金額を12ヶ月で割り、その1ヶ月当たりの賞与金額で適用する税率を決定します。この適用税率の求め方

は平均合算法と同じです。賞与 36,000 元を 12 ヶ月で割ると賞与金額は 3,000 元になりますので、適用税率は 10％、速算控除額は 105 元になります。給与の税額計算は、単純個別法と同じで（30,000 元 − 4,800 元）× 25％ − 1,005 元 = 5,295 元となります。外国人の費用控除額 4,800 元が全額使用されなかったときは、その未使用の費用控除額を賞与の課税所得計算に使用することができますが、ここでは給与計算で使用済みですので、賞与の税額計算は、36,000 元 × 10％ − 105 元 = 3,495 元となります。

## Point! 年間一括法適用には税金負担軽減の意図がある

　年間一括法による税額は、5,295 元 + 3,495 元 = 8,790 元となり、219 ページで示した単純個別法の 13,340 元より税負担は 4,550 元だけ軽くなります。このように単純合算法から平均合算法、単純個別法、年間一括法へと**賞与の税金負担を軽減する方向にあるのは、個人所得税の税率が高いために税金負担が重過ぎて賞与のインセンティブが効果的に働かず企業の経営効率に悪影響があるという世論があったからです。**

　この年間一括法を適用できる年間一次的賞与は、企業の経済的効益と社員の勤務考課の一年間の評価結果によるものでなければなりません。年度末賞与がこのような意味合いの賞与であれば年間一括法を適用することができます。

---

### 賞与課税の遷り変わり

　中国では賞与の税額計算方法は、個人所得税法が施行された 1994 年からの 17 年間の間に何回か変更されています。個人所得税法が施行された 1994 年当時は、個人所得税の納税者が数ヶ月分の賞与を取得したときには、その賞与の金額とその月の給与の金額を合計してそのまま税率表を適用して税額の計算を行なう**単純合算法**が採用されていました。

　この単純合算法による賞与の税額計算は適用税率が高くなり税金負担が重

くなるため、税法改正後間もなく賞与の金額を月平均金額にならして給与と合算し税率を適用する**平均合算法**が認められました。

例えば、当初の単純合算法では、毎月の給与が30,000元で賞与が36,000元とすれば合計金額は66,000元となり、当時の外国人の費用控除額を4,800元と仮定すれば66,000元 − 4,800元 = 61,200元の税率表を適用します。税率表では税込給与所得61,200元の適用税率は35％で、その速算控除額は5,505元ですから、その月の税額は61,200元×35％ − 5,505元 = 15,915元となります。

これに対して、賞与36,000元の支給対象期間が12ヶ月であったとすれば、賞与を12ヶ月で割れば、賞与の月額は3,000元となります。この平均合算法によれば、賞与月額3,000元と給与30,000元を合計した33,000元から費用控除4,800元を差し引いた28,200元を税率表に適用して、税率は25％、速算控除額は1,005元になります。

平均合算法でも、課税所得は給与と賞与の合計の66,000元から4,800元を差し引いた61,200元ですので、その月の税額は61,200元×25％ − 1,005元 = 14,295元となります。このように賞与の金額と給与の金額を単純合計して税率を適用するのではなく、賞与の平均月額と給与の金額を合計して税率を適用する平均合算法により低い税率の適用が認められていました。

しかし、このような賞与の計算方法についてもその合理性について税務局間で統一した意見が形成されず、2年後の1996年には次のような**単純個別法**の採用が認められました。単純個別法によれば、個人が取得した賞与につ

### 図表Ⅱ−24　賃金給与所得税率表（賃金給与所得適用）

| 等級 | 全月課税所得額 税込所得 | 全月課税所得額 税引所得 | 税率 | 速算控除額 |
|---|---|---|---|---|
| 1 | 1,500元を超えない場合 | 1,455元を超えない場合 | 3％ | 0元 |
| 2 | 1,500元を超え4,500元までの部分 | 1,455元を超え4,155元までの部分 | 10％ | 105元 |
| 3 | 4,500元を超え9,000元までの部分 | 4,155元を超え7,755元までの部分 | 20％ | 555元 |
| 4 | 9,000元を超え35,000元までの部分 | 7,755元を超え27,255元までの部分 | 25％ | 1,005元 |
| 5 | 35,000元を超え55,000元までの部分 | 27,255元を超え41,255元までの部分 | 30％ | 2,755元 |
| 6 | 55,000元を超え80,000元までの部分 | 41,255元を超え57,505元までの部分 | 35％ | 5,505元 |
| 7 | 80,000元を超える部分 | 57,505元を超える部分 | 45％ | 13,505元 |

いて給与とは個別に1ヶ月の給与所得として計算し納税することができます。毎月の給与所得を計算するときにはすでに費用控除額4,800元は控除されたものとして、賞与はその全額を独立した課税所得として税率を適用して計算します。

給与の税額計算は、(30,000元 − 4,800元) × 25% − 1,005元 = 5,295元となります。賞与の税額計算は、36,000元 × 30% − 2,755元 = 8,045元となります。合計の税額は、5,295元 + 8,045元 = 13,340元となり、この単純個別法は前述した平均合算法の14,295元より税負担はさらに955元軽くなります。

さらに2005年1月から賞与の計算方法には年間一括法が加えられました。この年間一括法は、年間の企業の経済的効益と社員の勤務実績を総合的に考課した結果に基づいて、1社員につき1年間に1回限りの賞与(年間一次的賞与)に限定されています。

この年間一括法が規定された趣旨は、中国では賞与の乱発により単純個別法を何回も適用して税金負担を軽減する企業が多かったため、中国人については単純個別法の適用を年1回に制限すると共に12ヶ月の平均賞与計算により税率を軽減して賞与課税の軽減を図るためと説明されています。また、年俸制による年収の課税と、給与と賞与の課税との公平性も考慮しています。

この結果、中国人については、一般賞与は単純合算法または平均合算法が選択適用され、年1回賞与については年間一括法を1回限り適用することを認めています。外国人については、一般賞与は単純個別法が適用され、年1回賞与については年間一括法が1回限り適用することを認めています。

# 10 退職金課税

**Point!** 中国人の退職金はレイオフによる一時金支給や労働契約解除による一時的経済補償金が一般的

中国の個人所得税法では退職金は退職費の用語で規定されており、個人所得税では免税となる退職費とは、国務院が定めた「労働者の一時休職・

退職に関する暫定規定」が定める退職条件に適合してその費用基準によって支給されるものです。

すなわち、**一般的には中国人が中国企業から国務院の暫定規定により受け取る所定の退職費が免税とされており、この暫定規則の退職条件と退職費用基準に適合しない退職費は個人所得税が課税される**ことになります。

このように中国人の退職費課税は、国有企業改革の進展につれてレイオフによる一時金の支給、さらに労働契約解除による一時的経済補償金の支給が一般的となっていることにより、これらの経済的一時金補償収入について課税と免税を規定するものでした。

まず、レイオフによる一時金支給とは、企業または行政機関の人員削減を目的として、実際には退職することなく内部の余裕人員として、企業または機関内部で実質的に休職させて一時金を支給するとともに実際に退職するまでの間に給与も支給する制度です。この一時金収入は退職時までの月数で按分して平均賃金給与月額を算定して、月次給与と合算して個人所得税を課税します。

次に、労働契約解除による一時的経済補償金とは、企業再編、会社組織の変更、人員削減を目的として、企業が従業員を解雇するか従業員が自主的に退職することによって支払われる一時的経済補償金です。この補償金も数ヶ月の給与を一括して支払ったものとみなして、その収入金額を月次給与に平準化して最大で12ヶ月の給与とみなして個人所得税を課税します。この税額計算式は次のようなものです。

（一時的経済補償収入－免税収入額―社会保険料納付額）÷
実際勤務年数－費用控除額＝1月当り賃金給与の課税所得額
個人所得税の月額＝1月当り賃金給与の課税所得額 × 適用税率
－速算控除額納付税額＝個人所得税の月額 × 勤務年数

簡単に説明しますと、一時的経済補償収入とは退職金のことです。免税収入額とは、その企業が所在する地方の前年の労働者平均賃金の3倍以内の金額であり、地方政府がその金額を定めます。例えばある地方政府では、この免税収入額を年間10万元と定めており、10万元以下の退職金に

3 個人所得税

ついては個人所得税の自己申告納税が不要となっています。免税収入額の考え方は、この一時的収入が経済補償金、生活補助金、その他の補助費用であることから一定の金額範囲内の収入を免税とするものです。

社会保険料納付額は、中国人が実際に納付した住宅公積金、医療保険費、基本養老保険費、失業保険費をいい、退職費が支払われるときに控除される実際納付額です。

> **Point!** 1ヶ月当りの平準化した給与所得額を計算するのに、実際勤務年数を勤務月数と読み替えて12で割って平準化

実際勤務年数は12年を超える場合は12年で計算します。**面白いのは1ヶ月当りの平準化した給与所得額を計算するのに、実際勤務年数を勤務月数と読み替えて12で割って平準化していることです。**

例えば、退職費収入が23万元で、その地方の免税収入額が10万元、社会保険料の実際納付額が1万元、実際勤務年数を20年とすれば、中国人の個人所得税の費用控除額は月額3,500元ですので、

1月当り課税所得額＝（退職金23万元－免税収入額10万元
　　　　　　　　－社会保険料1万元）÷勤務年数（最大12年）
　　　　　　　　－費用控除額3,500元
　　　　　　＝6,500元

課税所得6,500元は賃金給与の税率表では、税率20％と速算控除額555元が適用されますので、次のようになります。

個人所得税月額＝課税所得6,500元×税率20％－速算控除額555元
　　　　　　＝745元
納付税額＝個人所得税の月額745元×勤務年数（最大12年）
　　　＝8,940元

従来の税務規定では平準化した勤務月数は6ヶ月を上限としていましたが、2006年5月以降は12ヶ月（12年）が上限となっています。この勤務年数についても本来は実際の勤務年数を使用すべきなのでしょうが、実際

第Ⅱ部　税務

勤務年数を使用して平準化した給与月額を求めれば、ほとんど最低税率になってしまいますので、6ヶ月から12ヶ月（12年）に平準化したのではないかと思います。

なお、中国人の退職金については、このほかにも企業の破産宣告による一時金収入等については個人所得税が免除されています。

## <sub>Point!</sub> 外国人の退職金については特別な規定はなく、12ヶ月（12年）平準化の税務規定を適用

中国の個人所得税では、外国籍個人に限定した退職金課税に関する税務規定はありません。これまでの退職金の課税実務では、中国人に対して適用されていた6ヶ月平準化による税額計算の規定が適用されていました。しかし、この6ヶ月平準化による1996年の税務規定は廃止されましたが、これに代わる新しい税務規定が公布されていません。

したがって、厳密に言えば外国籍個人に対してどのような退職金課税が行われるか明確ではありませんが、中国人の退職金については現在では6ヶ月平準化の税務規定に代わり、一時的経済補償収入として12ヶ月（12年）平準化の税務規定が適用されています。

中国のある地方税務局のホームページでは、外国籍個人に対して12ヶ月（12年）平準化による税額計算を適用することが記載されています。この外国人の退職金課税実務では、外国人は中国人とは異なり地方政府が定める免税収入額（例えば10万元以下の退職金）の適用がなく、中国国内の社会保険料控除も実施されていなければ該当がありません。

外国籍個人について免税収入額は適用されません。外国人が退職金支給時に別の賃金給与所得を取得していなければ、賃金給与の費用控除額については4,800元の控除費用額を適用することになります。この方法によれば、外国人の退職金の税額計算は次のようになります。

　　1月当り賃金給与の課税所得額＝退職金収入 ÷ 実際勤務年数
　　（上限12年）－控除費用額 4,800元
　　個人所得税の月額＝1月当り賃金給与の課税所得額 × 適用税率
　　　－速算控除額

納付税額＝個人所得税の月額×勤務年数（上限12年）

　ただし、この外国籍個人の退職金計算の適用事例は、中国国内に居住する外国籍個人が中国国内の企業、会社から退職金を支給された場合の課税計算事例となっていることに留意する必要があります。

　なお、はじめに紹介した個人所得税の免税所得である国務院の「労働者の一時休職・退職に関する暫定規定」に適合する退職金免税については、外資系企業であってもこの暫定規定に適合する退職金支給であれば免税となりますが、そのような退職金支給は実際には該当がないと思います。

# 11 日本と中国では「役員」の考え方が違う

### Point 中国の社長（総経理）は役員ではないので、一般社員と同様の給与所得が課税される

　日本の税法と中国の税法では、役員に対する考え方と課税の仕方に相違があります。日本の税法では、役員といえば取締役、執行役、監査役、理事、監事が該当し、このほか実質的に経営に従事している場合には同族関係者、会長、顧問、相談役も役員とみなされます。役員に対しては役員報酬が支払われ、役員以外の社員に対しては給与が支払われますが、日本の所得税法ではいずれも給与所得者として源泉徴収課税が行われます。

　これに対して、中国の現地法人では董事と高級管理職という役職があります。通常、董事は少なくとも年一回開催される董事会に出席するだけの非常勤役員ですので、董事報酬は支払われることはありません。常勤の董事、高級管理職兼務の董事に対しては董事報酬が支払われることがあります。中国の董事会は会社の最高意思決定機関として、出資者が指名した董事が会社経営の重要事項を決議する場ですが、日本の株主総会と取締役会を兼ねたような会社機関です。

第Ⅱ部　税務

　中国の税法では高級管理職とは、総経理（社長）、副総経理（副社長）、経理（部長）、副経理（副部長）、総帥、総監、その他の管理職者とされており、非常に幅広い範囲の管理職が該当します。もともと日本の会社と中国の会社の役職制度は基本的に異なっており、日本では社長、副社長は取締役が担当し通常は会社の役員ですが、**中国では総経理（社長）、副総経理（副社長）は、高級管理職であって董事（役員）ではありません。日本における役員と中国における董事と高級管理職には制度的に大きな隔たりがあります。**

　中国の税法では、董事に対しては役務報酬所得として20％の税率で個人所得税が源泉徴収課税されます。これに対して、高級管理職に対しては社員と同じように給与所得が課税され、所得のランキングによって3％から45％の税率で源泉徴収課税が行われます。したがって、**総経理、副総経理等は会社の経営に従事していますが、一般社員と同じ給与所得者**になります。

# 12 日本人派遣者の役員課税

### Point! 中国に派遣された日本人役員：日本で役員報酬課税、中国では給与所得課税され、二重課税なので税額控除できる

　まず日本人役員が中国に派遣された場合ですが、日本法人が役員報酬を支給したまま中国に赴任して中国現地法人の総経理等に就任した場合は、日本で役員報酬に対して20％の源泉徴収が行われるとともに、その役員報酬に対して中国でも課税が行われます。

　これは、**給与所得は勤務に基づく所得ですから勤務地すなわち役務提供地に所得の源泉があるものとして課税される**のに対して、**役員報酬は役務提供地に関わらず、会社全体の経営に従事していることから会社の所在地（日本）でも課税される**性格の所得とされているからです。

役員報酬と給与所得では課税の仕方が基本的に異なります。このように日本と中国で同じ所得に対して二重に課税が行われますので、いずれかの居住国でその国の所得税から外国税額として控除することができます。

## Point! 中国現地法人で役員に就任：全期間にわたって個人所得税を課税

次に、中国の現地法人に董事、高級管理職として就任した日本人に対する中国での課税について紹介します。中国の個人所得税では、中国現地法人の董事、高級管理職に就任し、その現地法人が董事報酬または高級管理職給与を支払った場合は、その現地法人の董事、高級管理職を担当したときから辞職したときまでの期間については、中国国外で職務を行ったかどうかに関わらず、その董事報酬または高級管理職給与について中国の個人所得税が課税されます。この課税の仕方は、あたかも董事と高級管理職がいわゆる役員に該当するものとして、役務提供地に関わらず役員報酬として会社所在地国（中国）で課税するものです。

日本人の高級管理職が取得する報酬については、雇用関係による役務提供所得すなわち給与所得として、**①1年間のうち中国に居住している期間が183日以内の短期滞在者**、**②183日超1年未満の長期滞在者**、**③居住期間が満1年以上の居住者**という3分類に従った課税が行われます。例えば、中国現地法人の高級管理職に就任している日本人が、1年間に183日を超えて中国に滞在した場合は、その中国滞在期間に応じた部分の高級管理職が取得する給与所得が中国で課税されることになります。

中国現地法人の高級管理職務を担当すると同時にその董事を担当している場合、もしくは名義上は董事を担当していないが実際上は董事の権益を享受している場合、または実質的に董事の職責を履行している場合は、その中国現地法人から取得した報酬は、董事名義で取得した報酬と高級管理人員の名義で取得した報酬を含めて、従来どおり、役員に対する報酬として董事、高級管理職を担当したときから辞職したときまでの期間については、中国国外で職務を行なったかどうかに関わらず、その董事報酬または高級管理職給与について中国の個人所得税を課税するものとしています。

すなわち、董事兼務の高級管理職または実質的に董事の役割を担っている高級管理職に対しては、その現地法人から取得した報酬と給与の全体を会社所在地国（中国）で課税するとしたものです。

## 日本の確定申告と中国の自己申告

　日本では毎年3月15日までに前年度の所得税の確定申告が行われます。所得税の確定申告は、事業所得や不動産所得、利子所得や配当所得、退職所得やその他の所得があって申告納付しなければならない人、給与を2ヶ所以上から受けていて申告が必要な人、前年の給与収入が2,000万円を超える人、住宅ローンなどによって還付申告が必要な人などが対象となっています。
　この確定申告の時には、給与所得者は給与収入とその源泉徴収税額を証明するものとして会社が発行した源泉徴収票を確定申告書に貼付します。また、源泉徴収された報酬を取得した人も、その報酬を支払った会社から確定申告前に報酬額とその源泉徴収税額が記載された支払調書を受け取り、確定申告書にその支払調書を貼付します。
　給与や報酬を支払った会社は、その給与や報酬にかかる所得税を源泉徴収する義務があり源泉徴収義務者となります。源泉徴収義務者は、支払った金額や源泉徴収税額を記載した給与所得の源泉徴収票や報酬等の支払調書を2枚作成して、その内の1枚を本人に、もう1枚を税務署に提出します。税務署は確定申告の時に本人が貼付した源泉徴収票や支払調書を、会社から提出を受けたものと照合して申告漏れがないかどうか課税の公平性を確保しています。
　中国もこのような所得税の源泉徴収制度の徹底と課税所得の本格的な掌握に乗り出しています。2005年10月に個人所得税法が一部修正されましたが、その改正事項の中に、自己申告と源泉徴収の制度変更が含まれています。自己申告制度については、個人の所得が国務院の規定する金額（12万元以上）を超える場合に自己申告が必要とされました。
　すなわち、中国の居住者である納税者は、年間所得が12万元以上となった場合、中国国内の2ヶ所以上から給与所得を取得した場合、または中国国外から所得を取得した場合、もしくは課税所得を取得したが源泉徴収義務者

# ❸ 個人所得税

がいない場合には、翌年3月末までに中国国内で自己申告が必要となります。年間課税所得が12万元未満か、または上記の状況に該当しない場合には、中国での自己申告は必要ではありません。

中国では個人所得税は原則として月次ベースで源泉徴収納付されるか申告納付しますが、所得区分別の分離課税となっています。日本のような総合課税制度がありませんので、補完的に自己申告制度を設けて、総合的な所得を把握しようとしています。日本の確定申告納付制度と中国の自己申告制度はこのように性格の異なる制度となっています。

# 13 源泉徴収制度の徹底

### Point! 源泉徴収義務者に対して納税者の個人情報を税務当局に提出することが義務付け

2005年10月の個人所得税法の一部修正により、源泉徴収義務者に対して納税者の個人情報を税務当局に提出することが義務付けられました。2005年12月にはこの税法改正を受けて「個人所得税全員全額源泉徴収申告管理暫定規則」が制定されています。

この暫定規則によれば、賃金給与所得、役務報酬所得、原稿報酬所得、特許権使用料所得、利息・配当・特別配当所得、財産リース所得、財産譲渡所得、一時所得等を個人に支払う源泉徴収義務者は、本人がその源泉徴収義務者の会社に属するかどうか、支払った金額が課税所得に達するかどうかに関係なく、源泉徴収した月の翌月までに、税務当局に個人の基本情報と「源泉徴収個人所得税提出表」、「個人収入支払明細表」を提出することになりました。

中国国内に住所のない個人、つまり外国籍個人（中国国内で雇用されている者と雇用されていない者を含む）の基本情報には、次の情報が含まれて

います。少し長くなりますが、日本人に関係することですのでご参考に列記します。

- 外国語の姓名
- 国籍又は地域
- 出生地（中国語と外国語）
- 居留許可証番号（または台湾同胞証番号、帰郷証番号）
- 労働就業証番号
- 職業
- 国内職務
- 国外職務
- 入国時期
- 職務就任期間
- 中国滞在予定時間
- 出国予定時期
- 国内職務就任単位の名称と税務登記証番号
- 国内職務就任単位の住所と郵便番号および電話連絡先
- 国外派遣単位の名称（中国語、外国語）
- 国外派遣単位の住所（中国語、外国語）
- 支払地（国内支払と国外支払を含む）等

　源泉徴収義務者は、初めて源泉徴収を行うときに上記の個人の基本情報を「個人基礎情報登記表」として源泉徴収申告の翌月までに税務当局に提出しなければなりません。また、源泉徴収申告を行った時は、個人別、項目別の「源泉徴収個人所得税提出表」と「個人収入支払明細表」を記載して、源泉徴収税額を税務当局に納付するときに同時にこの2つの書類を提出します。

　この2つの提出書類は、日本の法定書類（源泉徴収票と支払調書）と同じ役割を果たしますので、個人のほとんどの課税所得を集計することが可能となります。税務当局は、個人の身分証明書番号、納税コード番号をキ

### 3 個人所得税

ーとして個人の基礎情報、収入金額と納税情報を検索することができるようになります。

個人所得税の納税者は、源泉徴収義務者が所得税を源泉徴収納付した時に源泉徴収税額の納税証憑を要求することができます。この要求が行われた時には、源泉徴収義務者は税額代理控除証憑を納税者に発行することになっています。また、税務当局は年度終了後3ヶ月以内に個人所得税を源泉徴収された個人のために、その年間に実際に納付した個人所得税額を項目別に記載した「中華人民共和国個人所得税納付証明書」（完税証）を発行するものとされており、これらの税務証憑は、日本での所得税の確定申告時における外国税額控除に使用されることになります。

このように中国では個人所得税の徴税管理が強化されていますが、個人所得税の税収は驚異的な増加率を達成しています。その主な原因は都市富裕層の出現と外国人の増加にあると思いますが、中国全体ではまだ個人所得税全体の徴収管理が整備されていないことも事実です。源泉徴収制度の徹底の動きは、依然として富裕層と外国人に向けられていますが、本来的には中国人の個人事業主と給与所得者の徴税管理制度、過少申告と脱税等の管理制度を更に整備する方向にあると思います。

## 外国人のタンアン制度

2005年の個人所得税法の一部修正に伴って、2005年度より上述したような自己申告と源泉徴収の強化が行われていますが、外国人に対しては更なる徴税管理の強化が進められています。2006年1月には外国籍個人の個人所得税保管記録資料管理の強化に関する通知が公布されました。この「保管記録」という用語そのものは原文では「タンアン」と呼ばれているもので、以前においては、タンアンは中学入学時から記録が始まり、一般的な履歴・経歴以外に個人の出身階級、身分階級、政党関係、親族関係、友人関係、海外関係、信賞必罰等の細部にわたる個人記録が一生ついて回るものでした。

現在でもタンアン制度は存続して実施されており、中国籍の人が転職する

## 第Ⅱ部 税務

時にはこのタンアンも転職先の会社に引き継がれます。もちろん、今回の外国人のタンアンにはこのような詳細な個人情報の記載はありませんが、タンアンの意味としては個人の人事的保管記録、保存書類ということになります。

　外国人の所得税の徴収管理を強化するため、外国籍個人のタンアン制度が確立されています。この外国人の個人台帳には、外国籍人員の姓名（中国語と外国語）、性別、出生地（中国語と外国語）、生年月日、国外住所（中国語と外国語）、派遣単位名称、国内職務就任時期または役務提供時期、職務、滞在期間、出入国時期、国内居住住所、電話、郵便番号、収入金額、支払地、源泉徴収義務者、申告額、納税額、納税済額、納税時期等の個人情報が記録し永久保管されます。

# 4 増値税・営業税・消費税

第Ⅱ部　税務

# 1 増値税と営業税

> **Point!** 中国の増値税では、税金還付されない税額控除または仕入税は企業のコストになる

　日本の消費税では売上税から仕入税を控除した差引額を納税し、仕入税は必ず仕入税額控除されるか、税額控除できないときは税金還付されますので企業の消費税負担は発生しません。しかし、中国の増値税では仕入税は必ずしも税額控除または税金還付されない場合がありますので、その税額控除または還付されない仕入税は企業のコストになります。**中国の増値税は日本の消費税と似ていますが、仕入税の一部が企業のコストになってしまう点では全く似て非なるものです。**中国でビジネスを行うには増値税を正確に理解することが重要です。

　日本の消費税は、資産の譲渡、資産の貸付、資産の輸入という資産の取引だけではなく、役務の提供取引についても課税され、資産と役務は同じ消費税の中で統一して課税計算されます。日本の消費税の納税額は、課税資産と課税役務に係わる売上税と仕入税を合算した後に差引計算します。したがって日本の消費税では、中国の増値税や営業税に見られるような資産と役務の課税区分問題や、それにより引き起こされる税金の有利不利の問題は発生しません。

> **Point!** 貨物の販売取引に対しては増値税が、役務提供取引に対しては営業税

　中国では、貨物の販売、貨物の輸入、加工役務等に対しては増値税が課税されます。役務の提供取引、例えば、交通運輸、建設、金融、郵便通信、文化体育、娯楽、サービス等と、無形資産の譲渡、不動産の販売取引に対しては営業税が課税されます。大まかに言えば、**貨物の販売取引に対**

**4 増値税・営業税・消費税**

図表Ⅱ-25 増値税と営業税

| 増値税 | 貨物の販売、貨物の輸入、加工役務等 |
|---|---|
| 営業税 | 役務の提供取引、例えば、交通運輸、建設、金融、郵便通信、文化体育、娯楽、サービス等と、無形資産の譲渡、不動産の販売取引 |

図表Ⅱ-26 増値税と営業税の税率

| 税目 | 税率区分 | | 課税区分 |
|---|---|---|---|
| 増値税 | 基本税率 | 17% | 下記以外の貨物の販売または輸入する貨物と加工、修理整備役務 |
| | 低税率 | 13% | 穀物、食用植物油、水道水、暖房スチーム、冷却ガス、熱水、ガス、石油液化ガス、天然ガス、メタンガス、住民用石炭製品、図書、新聞、雑誌、飼料、化学肥料、農薬、農業用機械、農業用膜、農産品、音像製品、電子出版物、ジメチルエーテル |
| | 免税率 | 0% | 輸出貨物 |
| 営業税 | 課税役務 | 3% | 交通運輸業、建設業、郵便電気通信業、文化体育業 |
| | | 5% | 金融保険業、サービス業 |
| | | 5～20% | 娯楽業 |
| | 無形資産 | 5% | 無形資産の譲渡 |
| | 不動産 | 5% | 不動産の販売 |

しては増値税が、役務提供取引に対しては営業税が課税されています。

## Point! 増値税の基本税率は17%

中国の増値税の基本税率は17%で、日本の消費税と同じように売上税から仕入税を控除した差額が納税額になります。これに対して、営業税の税率は、交通運輸、建設、郵便通信等は3%、金融、サービス、無形資産の販売、不動産の販売等は5%、娯楽業に対しては5～20%の税率が適用されています。詳しくは図表Ⅱ-26をご参照ください。

## Point! 増値税は最終消費者が負担、営業税は役務提供者が負担

税金の負担については、**増値税は売上税から仕入税を差し引いた金額が**

納税額になり、最終消費者が増値税を負担しています。これに対して、**営業税はその役務提供者が納税義務者となって、その営業収入の3％、5％等を納税し負担**することになります。営業税では仕入税額控除がありませんが、税率は増値税より低い税率となっています。

## Point! 増値税と営業税、どちらに区分されるかによって税金負担の有利不利

このような増値税と営業税の仕組みによって、中国では課税取引が増値税に区分されるか、または営業税に区分されるかの基本的な問題が絶えず存在していました。2008年の増値税と営業税の税法改正で、増値税と営業税の混合販売と兼営について従来の不合理な規定を次のように改正しています。

**増値税の課税行為である貨物の販売と、営業税の課税役務が関係することを混合販売といいます。**税法の改正前には、混合販売行為においては増値税か営業税のいずれかで課税することとされていました。改正後は、より合理的な課税を行うため、例えば、建設企業が機械設備の販売と建設請負業を同時に行った場合には、貨物の販売と建設業役務の混合販売においては両者の区分計算を行い、それぞれ増値税と営業税を課税することとしました。

また、増値税の課税行為と営業税の課税行為を兼営する場合には、改正前では、納税者が区分計算しない場合または正確に区分計算できない場合には、国家税務局がその販売額または営業額を査定するものとしていましたが、増値税を担当する国家税務局と営業税を担当する地方税務局が連携していなかったこともあり増値税の販売額と営業税の営業額に重複が発生して二重課税の問題が発生していました。改正後には、増値税については国家税務局が営業税については地方税務局がそれぞれ査定して二重課税が

図表Ⅱ-27 税額計算

| | |
|---|---|
| 増値税 | 売上税（営業収入／売上高×税率）－仕入税（仕入高×税率）＝納付税額 |
| 営業税 | 営業収入×税率＝納付税額 |

発生しないよう改善されました。

# 2 発票とは何か？

### Point! 発票がなければ税務処理はできない

中国の発票（ファピャオ）は、商品の購入と販売、役務の提供と受入等の経営活動で、売手が発行し買手が取得する代金授受の取引証憑であり、**税務証憑**でもあります。中国では、税務機関が発票の印刷、交付、作成、取得、保管、照合の監督管理を行っています。

発票には、商品売買で発行する増値税の発票と役務提供で発行する営業税の発票があり、増値税の発票には最終消費者に発行する普通発票と中間業者（増値税の一般納税者）に発行する専用発票があります。増値税の専用発票は仕入税額控除の根拠証憑となる重要な発票です。

営業税の発票には一般の普通発票、専業発票、専用発票、運輸発票があります（図表Ⅱ-29）。

### Point! 増値税専用発票は増値税に関わる取引の際に取引業者である購入者に対して発行

増値税の専用発票は、増値税の一般納税者が貨物を販売するかまたは増値税の課税役務である加工役務を提供した場合に、その購入者に対して発行する発票です。増値税の専用発票は取引の証拠書類となるばかりではなく、貨物等の購入者が仕入税額控除を行うための根拠証憑ともなりますので、厳重な管理規則が制定されています。

第Ⅱ部　税務

### 図表Ⅱ-28　増値税専用発票

| 1234567890 | 北京市増値税専用発票 | NO. 0000000 |
|---|---|---|
| 発行日：　年　月　日 | 発票綴り | |

| 購入単位 | 名称 | | | | | 暗号区 | |
| | 納税者識別番号 | | | | | | |
| | 住所，電話 | | | | | | |
| | 口座開設銀行と口座番号 | | | | | | |

| 貨物または課税役務の名称 | 規格型番 | 単位 | 数量 | 単価 | 金　額 | 税率 | 税　額 |
|---|---|---|---|---|---|---|---|
| | | | | | | | |
| 合　計 | | | | | | | |
| 課税価格合計 | 拾　万　千　百　拾　元　角　分 | | | | | ¥ | |

| 販売単位 | 名称 | 備考 |
| | 納税者識別番号 | |
| | 住所，電話 | |
| | 口座開設銀行と口座番号 | |

受取人：　　　照合：　　　票発行者：　　　販売単位：（印章）

（出所）　近藤義雄『中国増値税の実務詳解』千倉書房、2010年、14ページ。

### 図表Ⅱ-29　営業税の発票

| | 中発票の種類 | 発行者 | 備　考 |
|---|---|---|---|
| 営業税 | 一般普通発票 | 営業税の納税者 | 一般の発票 |
| | 専業発票 | 商業小売統一発票、商業卸売統一発票、工業企業製品販売統一発票、機動車販売統一発票、二輪車販売統一発票、保険専用発票、運輸業統一発票、建設業統一発票、不動産販売統一発票、銀行代理費用回収業務専用発票、通関代理業専用発票等 | 特定業種 |
| | 専用発票 | 広告費用精算証票 | 特定目的発票 |
| | 運輸専用精算証票（運輸発票） | 運輸業者（運輸業者は3％の営業税納税） | 利用者は7％の増値税の税額控除ができる |

**4** 増値税・営業税・消費税

## Point! 専用発票を発行してはいけない取引

増値税の実施細則では、下記の取引においては専用発票を発行してはならないとされています。

> ① 消費者個人に貨物または課税役務を販売する場合
> ② 貨物または課税役務の販売に免税規定を適用する場合
> ③ 小規模納税者が貨物または課税役務を販売する場合

**最終消費者は増値税をそのまま負担しますので仕入税額控除が認められません。**商業企業の一般納税者が煙草、酒、食品、服飾、靴・帽子、化粧品等の消費品を小売した場合も、専用発票を発行することはできません。増値税が免税される貨物等を販売した場合にも、その購入者は仕入税額控除することはできません。

## Point! 条件がそろわない専用発票は受取拒否できる

小規模納税者以外の一般納税者が貨物の販売等を行った場合には、必ず専用発票をその購入者に発行しなければなりませんが、専用発票が下記の条件を満たさない場合、購入者はその受け取りを拒否することができます。

> ① 専用発票の各項目が整っており、実際の取引と一致照合すること。
> ② 専用発票の筆跡はきれいに、線から外れたり錯綜してはならない。
> ③ 発票綴りと控除綴りには財務専用印または発票専用印が押印されている。
> ④ 増値税の納税義務の発生時期に発行すること。

したがって、実際の取引内容と一致しない専用発票、販売者の財務専用印等が押印されていない専用発票、代金の授受等による増値税の納税義務が発生した時期以外に発行された専用発票は、無効な専用発票として仕入

税額控除ができませんので、購入者はその受け取りを拒否することができます。

受け取りを拒否された販売者は、以下に述べるように専用発票の廃棄、再発行等の処理を行うことになりますが、かなり煩雑な手続を行わなければなりません。増値税の一般納税者が専用発票を発行するには、税務機関の指定する専用ソフトウェアと設備一式を使用してコンピュータ処理しなければなりませんが、増値税の納税義務が発生した月内に適時に処理しなければならないため、増値税の税務処理と申告には大変な労力と細心の注意が要求されています。

## Point! 専用発票を発行したら申告期限内に電子データで税務報告する

増値税の一般納税者は、専用発票を発行したときは、その納税申告期限内に税務機関に税務報告しなければなりません。**税務報告とは、納税者がICカード等を使用して税務機関に発票発行電子データを提供することを**いいます。

## Point! 専用発票を受け取ったら180日以内に税務機関の認証を受ける

専用発票を取得した購入者側では、専用発票を根拠として仕入税額控除を行うことができます。仕入税額の控除に使用する専用発票は、税務機関の認証を受けなければなりません。認証で一致した専用発票は、購入者側の記帳証憑となりますので、販売者に返還することはできません。

**購入者側である増値税の一般納税者が取得した専用発票は、その専用発票の発行日から180日以内に購入者側の税務機関で認証を受けなければなりません。認証を受けられなかった場合は、仕入税額の控除が認められません。また、専用発票の認証を通過した当月において仕入税額を計算し、かつ税額控除を申告しなければ仕入税額控除そのものが認められなくなります。**

認証とは、税務機関が税額控除システムを通して専用発票に記載された

4 増値税・営業税・消費税

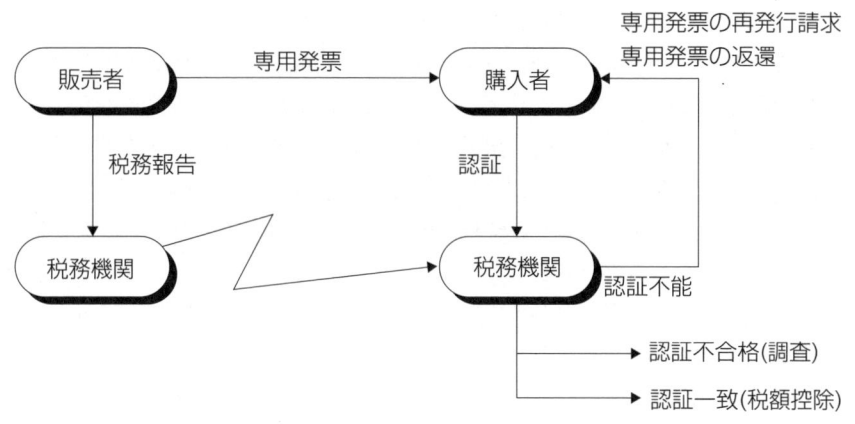

図表Ⅱ-30 専用発票の認証の流れ

```
販売者 ──専用発票──→ 購入者 ←── 専用発票の再発行請求
  │                      │        専用発票の返還
税務報告               認証
  ↓                      ↓
税務機関 ──────────→ 税務機関 ── 認証不能
                              ├─→ 認証不合格(調査)
                              └─→ 認証一致(税額控除)
```

〔注〕 近藤義雄『中国増値税の実務詳解』千倉書房、2010年、27ページを参照。

データについて識別し認識することをいいます。認証を行った結果には、認証不能と認証不合格の２つがあります。

### Point! 認証不能とは？

認証不能とは認証作業そのものができないことをいい、専用発票に記載された暗号文が識別できない場合、納税者識別番号が誤っている場合、暗号文と明文が一致した後に専用発票のコードと番号等が一致しない場合をいいます。**認証不能な場合には、購入者側の税務機関は専用発票を購入者に返還し、購入者は販売者に専用発票の再発行を要求することができます。**

### Point! 認証不合格とは？

認証不合格とは認証を行った後に不合格となることをいい、重複認証、暗号文誤記、認証不一致、失格専用発票の４つがあります。**認証不合格となった場合には、仕入税額控除は暫定的にできないことになり、税務機関は専用発票をそのまま拘留して購入者に返還しないで、その原因を解明し**

て状況に応じた処理を行うことになっています。

　重複認証とは、すでに認証を受けて一致した同一の専用発票を再度認証することをいいます。暗号文誤記とは、専用発票に記載された暗号文が解釈できないことをいいます。認証不一致とは、納税者の識別番号に誤りがあること、または専用発票に記載された暗号文が解釈された後に明文と一致しないことをいいます。ここでいう認証不一致は、認証作業そのものが不可能な認証不能ではなく、納税者識別番号と専用発票のコードと番号を認証した後に不一致であることが判明したものをいいます。失格専用発票とは、認証時の専用発票がすでに失格として登記された専用発票であることをいいます。

　このように認証不一致とは、本来あってはならない不一致が認証の結果判明したことですので、税務機関はその専用発票を返還することなく、原因を解明することになります。

# 3 専用発票の廃棄処理

　増値税の専用発票は、販売者が専用発票を発行してから180日以内に購入者が税務機関の認証を受けて認証に合格しなければ、購入者は仕入税額控除を受けることができません。専用発票が発行後180日以内に認証されなかった場合に仕入税額控除ができないという規制が、専用発票の廃棄処理と赤字専用発票の発行処理に重要な意味をもたらしています。

### Point! 専用発票に誤記があったら仕入税額控除できない→廃棄処理した上で再発行

　すなわち、当初発行した専用発票に誤記があった場合には、そのままでは購入者は専用発票の認証を受けることができませんので、仕入税額控除ができなくなります。専用発票の誤記を修正する方法として、1つは当初発行した専用発票を廃棄処理して、新たに修正後の専用発票を再発行す

る方法があります。これが専用発票の廃棄処理を行うことのメリットであり、廃棄処理によって再発行した専用発票がその認証期間内に認証一致すれば、購入者は仕入税額控除を行うことができます。

## Point! 赤字専用発票でも修正できる

　もう1つの方法は、赤字専用発票の発行により当初の専用発票をすべて取り消すか、またはその記載内容と金額を修正する方法です。2006年までは赤字専用発票の発行は、当初発行した青字専用発票と記載内容、金額が完全に一致した赤字専用発票しか発行することができませんでした。2007年の改正後の増値税専用発票使用規定によって、当初発行した青字専用発票と異なる記載内容と金額の赤字専用発票の発行が認められるようになりました。

　この改正により、当初発行した専用発票の誤記修正、売上返品または売上値引による専用発票の売上修正がより容易に行えるようになりました。赤字専用発票の発行によって、当初の専用発票をそのまま活用して当初の仕入税額控除の処理を取り消すことなく、新たに発行された赤字専用発票を所定の手続で認証させることにより、180日以内の認証期間内に誤記の修正、売上返品と売上値引の赤字処理を行うことが可能となりました。

　まず、貨物等の販売者が専用発票を発行しただけで、専用発票を購入者に引き渡していない場合には、発行後すぐに専用発票を廃棄処理することができます。このような販売者が専用発票を購入者に引き渡していない場合にも、販売者は赤字専用発票を発行することができます。販売者による赤字専用発票の発行については後述します。

　また、専用発票を購入者に引き渡した後でも、専用発票を発行した同月に発票綴りと控除綴りを回収して、販売者側の税務報告と記帳処理がまだ終了しておらず、購入者側がまだ認証していないかまたは認証結果が納税者識別番号、専用発票のコードと番号の認証不一致である場合には、販売者は専用発票を廃棄処理することができます。

　認証作業の結果が認証不能、納税者識別番号の認証不一致、専用発票の

コードと番号の認証不一致のいずれかとなった場合には、購入者は当初の専用発票を販売者に返還して専用発票の再発行を要求することになります。販売者は回収した専用発票の発票綴りと控除綴りを廃棄処理して、新たに専用発票を再発行することになります。

### Point! 専用発票の廃棄処理ができなかった場合は税務機関に申請して赤字専用発票を発行

しかし、専用発票の廃棄条件を満たすことができなくなった場合、すなわち、専用発票の発票綴りと控除綴りの回収が発行月の翌月以降になった場合、販売者側の電子データの税務報告と売上の記帳処理が終了した場合、または、認証ができなかった場合等のいずれかとなったときには、販売者は専用発票を廃棄処理して専用発票を再発行することはできません。例えば、購入者側が180日の認証期間内に認証できなかった場合、当初の専用発票発行の翌月以降に専用発票の誤記が発見された場合、専用発票発行の翌月以降に売上返品や売上値引が発生した場合等がこれに該当します。

このような状況になった場合には、購入者は自ら赤字専用発票の発行をその税務機関に申請して、税務機関から取得した赤字発行通知書を販売者に引き渡して、販売者に赤字専門発票を発行させて赤字専門発票を取得することになります。このように赤字専門発票については販売者による発行申請と購入者による発行申請があります。購入者による赤字発行申請については後述します。

# 4 赤字専用発票

### Point! 販売者が専用発票の受取を拒否された場合

当初発行した専用発票に誤記があり、購入者が専用発票の受取を拒否し

た場合は、販売者が専用発票の認証期間内（発行後180日以内）にその税務機関で赤字専用発票の発行申請を行って、「赤字増値税専用発票発行申請書」（赤字発行申請書）に具体的な理由と当初発行した青字専用発票の情報を記載します。

販売者は、購入者が作成した受取拒否の理由、誤記の内容等を明記した資料を税務機関に提出して、税務機関がこれを審査して販売者に赤字発行通知書を交付します。販売者はこの通知書を根拠として赤字専用発票を発行することができます。

また、当初発行した専用発票に誤記があり、販売者が専用発票を購入者に引き渡していない場合は、販売者は誤記のある専用発票を発行した翌月中に、その税務機関に赤字発行申請書を提出して、その税務機関が内容を審査して赤字発行通知書を販売者に交付します。販売者はこの通知書を根拠として赤字専用発票を発行します。

## Point! 購入者が専用発票取得後に訂正の必要が生じた場合

購入者が専用発票を取得した後に、売上返品、専用発票の誤記が発生したが専用発票の廃棄処理ができない場合、または、売上の一部返品による売上値引が発生した場合は、購入者がその税務機関に「赤字増値税専用発票発行申請書」（赤字発行申請書）を提出します。赤字発行申請書に対応する当初の青字専用発票は税務機関が認証したものでなければなりません。

購入者が専用発票を取得した後に、売上返品または売上値引が発生した場合は、その認証手続の各段階に従って、次のように処理を行います。販売者は赤字専用発票を発行した後に、その取引に対応する記帳証憑の写しをその税務機関に提出して届出しなければなりません。

① **認証前の赤字発行**：購入者が購入した貨物が増値税の仕入税額控除の範囲に属さないで、取得した専用発票の認証を受けていない場合は、購入者が赤字発行申請書を記載して、申請書にその具体的原因と当初の青字専用発票の情報を記載して申請し、その税務機関が審査して赤字発行通知書を発行します。

② **認証不能の赤字発行**：専用発票の控除綴り、発票綴りが認証できない場合は、購入者が赤字発行申請書を記載して、申請書上で具体的原因と対応する青字専用発票の情報を記載して税務機関に提出し、税務機関が審査した後に赤字発行通知書を購入者に発行します。

③ **認証一致の赤字発行**：購入者が税務機関に認証を受けた結果が認証一致であり、増値税の仕入税額控除を受けていた場合は、購入者は赤字発行申請書を記載する時に当初の青字専用発票の情報は記載しません。購入者は、赤字発行通知書に記載された増値税税額を、暫定的に当期仕入税額からまだ控除していない増値税仕入税額の当期計上可能な仕入税額に振り替えます。これは青字専用発票で仕入税額控除が行われているので、赤字発行通知書で仕入税額控除の振戻処理を行い、後日、販売者が発行した赤字専用発票を取得した後に、赤字専用発票と赤字発行通知書を一緒にして記帳証憑とします。

④ **認証不合格の赤字発行**：認証を受けた結果が、納税者識別番号の認証不一致、専用発票のコードと番号の認証不一致である場合、購入者は赤字発行申請書に記載する時に、当初発行の青字専用発票の情報を記載します。

　なお、当初の認証を受けた結果が、納税者識別番号の認証不一致、専用発票のコードと番号の認証不一致であった場合で、購入者が赤字発行申請書を記載する時に、当初発行の青字専用発票の情報を記載した場合には、当初の青字専用発票が税務処理されていないため、赤字発行通知書に記載された増値税税額による仕入税額の振戻処理は行う必要がありません。

# 5 専用発票の紛失

　増値税専用発票を紛失した場合の対処方法は紛失の状況によって異なります。

## 4 増値税・営業税・消費税

### Point! 発票綴りと控除綴りを認証前に紛失した場合

　紛失前に認証を受けていない場合は、購入者は販売者の提供した相応する専用発票の記帳綴りの写しを根拠として、主管税務機関で認証を行い、認証一致した専用発票の記帳綴りの写しと販売者所在地の主管税務機関の発行した「増値税専用発票紛失報告証明書」を根拠として、購入者の主管税務機関で審査同意を受けた後に、増値税仕入税額の控除証憑とすることができます。

### Point! 発票綴りと控除綴りを認証一致後に紛失した場合

　一般納税者が発行した専用発票の発票綴りと控除綴りを紛失した場合で、紛失前に認証一致していた場合には、購入者は販売者の提供した相応する専用発票の記帳綴りの写しと販売者の所在地の主管税務機関が発行した「増値税専用発票紛失報告証明書」を根拠として、購入者の主管税務機関の審査同意を受けた後に、増値税仕入税額の控除証憑とすることができます。

### Point! 控除綴りを認証前に紛失した場合

　紛失前に認証を受けていない場合は、専用発票の発票綴りを使用して主管税務機関で認証することができ、専用発票の発票綴りの写しを調査用に保存することができます。

### Point! 控除綴りを認証一致後に紛失した場合

　一般納税者がすでに発行した専用発票の控除綴りを紛失した場合で、紛失前に認証一致していた場合には、専用発票の発票綴りの写しを調査用として保存することができます。

### Point! 発票綴りを紛失した場合

一般納税者がすでに発行した発票の発票綴りを紛失した場合は、専用発票控除綴りを記帳証憑とすることができ、専用発票控除綴りの写しを調査用に保存することができます。

### Point! 控除綴りの代用

専用発票の控除綴りで認証できない場合は、専用発票の発票綴りを主管税務機関の認証に使用することができます。専用発票の発票綴りの写しを調査用に保存します。

## 6 専用発票の虚偽問題

### Point! 専用発票の虚偽発行は当事者双方が罰せられるので注意

増値税の専用発票については、商取引の展開によって思わぬ結果をもたらすことがあります。その1つに専用発票の虚偽発行の問題があります。例えば、価格交渉が難航した取引事例の場合では、当初発行した専用発票は購入者が受け取りを拒否して販売者に返却されましたが、認証期間が経過してしまったので赤字専用発票を発行することができません。

この場合には、販売者は当初の専用発票の税務報告を行っていますので売上税を納税していますが、購入者はその専用発票の認証を受けていませんので永久に仕入税額控除を受けることができません。したがって、販売者と購入者で協議して、止むを得ず、もう1つ同じ専用発票を発行してその認証期間内に2つの合計した取引金額をまとめて修正する赤字専用発票

を発行することとしました。このような税務処理を行うことによって、どのような結果になるかを検討してみたいと思います。

　増値税の関係規定では、貨物の売買取引が存在しないかまたは増値税の加工役務の提供取引が存在しないにもかかわらず、他人のために、または自己のために、**増値税専用発票を発行する行為**は、増値税専用発票の虚偽発行の行為に該当して、法により処罰されます。

　上記の例示のように、当初の専用発票と同じ専用発票を発行する行為は取引事実が存在しないで専用発票を虚偽発行する行為に該当しますので、販売者側と購入者側の両方が法により処罰されると同時に、租税徴収管理法により、購入者の行為は仕入税額控除を行うことによってこれを脱税とみなされて、控除した税金の追徴と脱税金額の5倍以下の罰金等が課されます。

　中国の増値税実務は、専用発票によって仕入税額控除ができるため、虚偽の専用発票が数多く発行され、虚偽の専用発票の売買取引等も横行していることから、専用発票の虚偽発行に対して厳しい追徴と罰金と刑罰が課されています。日本の消費税とはまったく異なる処罰の法規がありますので、専用発票の取り扱いには十分な留意が必要です。

# 7　増値税の一般納税者と小規模納税者

　増値税の小規模納税者とは、下記のいずれかの基準に該当する増値税の納税者であり、小規模納税者以外の納税者を増値税の一般納税者といいます。

① 貨物の生産または増値税の課税役務の提供に従事する納税者、および貨物の生産または増値税の課税役務の提供に従事することを主としかつ貨物の卸売または小売を兼営する納税者で、年間増値税課税販売額が50万元以下である場合
② 上記①以外の納税者で、年間課税販売額が80万元以下である場合

第Ⅱ部　税務

図表Ⅱ-31　一般納税者と小規模納税者

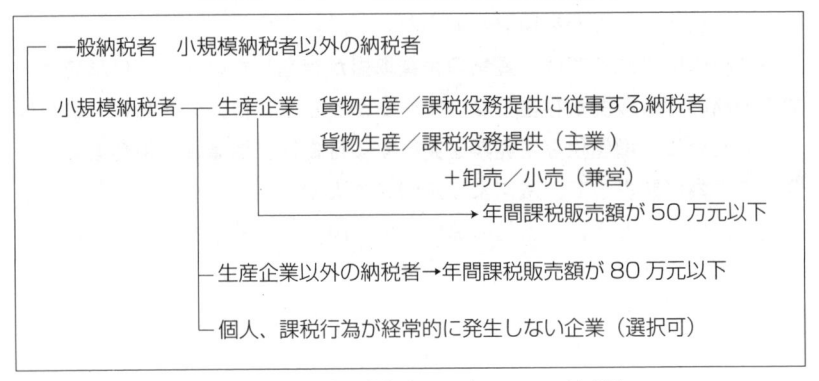

```
├─ 一般納税者　小規模納税者以外の納税者
├─ 小規模納税者 ─┬─ 生産企業　貨物生産／課税役務提供に従事する納税者
│                │         貨物生産／課税役務提供（主業）
│                │           ＋卸売／小売（兼営）
│                │             → 年間課税販売額が50万元以下
│                │
│                ├─ 生産企業以外の納税者 → 年間課税販売額が80万元以下
│                │
│                └─ 個人、課税行為が経常的に発生しない企業（選択可）
```

〔注〕　近藤義雄『中国増値税の実務詳解』千倉書房、2010年、21ページを参照

# 8　小規模納税者の増値税負担は大きい

### Point! 小規模納税者が渡す普通発票では仕入税額控除はできない

　中国国内で仕入業務を行っていると仕入先が増値税の小規模納税者であることがあります。仕入先が年間売上高80万元以下の商業企業または50万元以下の生産企業であれば、その仕入先は増値税の一般納税者の認定を受けられず、増値税でいう小規模納税者となっています。**小規模納税者は、販売代金を受け取る時に増値税の専用発票を発行することができず、普通発票を販売先に渡します。**

### Point! 専用発票を税務署で代理発行してもらえば仕入税額控除できる

　一般納税者が発行する専用発票では、代金と増値税の金額が区分して明

記されていますので仕入税の金額はすぐに分かります。しかし、普通発票では代金と増値税の金額が区分明記されていませんので、仕入先が小規模納税者であるときは普通発票を取得することになり、仕入税が記載されていないので仕入税額控除ができません。ただし、**小規模納税者が税務署で専用発票を代理発行してもらい、その専用発票を購入企業が取得した場合は仕入税額控除を行うことができます。**

## Point! 小規模納税者は売上高に一定の税率を乗じた金額を納税額とする

小規模納税者には、販売額と徴収率で納付税額を計算する簡易法が適用されます。同時に小規模納税者は仕入税額控除はできないものとされています。小規模納税者の販売額はその納付税額を含みません。

**納付税額＝販売額×徴収率（3％）**

小規模納税者が、貨物の販売額と納付税額を合算して定価とする方法を採用した場合は、下記の公式により販売額を計算します。いわゆる税込金額の場合には、次のとおり、税引販売額に換算した後に、徴収率を乗じて税額計算します。

**販売額＝税込販売額÷（1＋課税率）**

小規模納税者が販売貨物の返品または値引により購入者に返還した販売額は、販売貨物の返品または値引が発生した期の販売額から控除します。

## Point! 小規模納税者が関わる取引は税負担が重くなる

このように仕入先が小規模納税者であっても、税務署が代理発行する専用発票を取得できれば仕入税額控除を受けることができますが、**小規模納税者との仕入取引は一般納税者との仕入取引と比較して、17％の仕入税額控除を利用できないことが大きな問題点となります。**

さらに決定的な問題が小規模納税者の側にあります。小規模納税者は税

込収入に含まれる3%の売上税を納税負担すると同時に、17%の仕入税をコスト負担しなければいけないことです。この売上税と仕入税を合わせた税金負担率はかなり高くなり、小規模納税者はマークアップ率が少なくとも税金負担率以上に達しなければ、その損益が赤字になり取引が成立しないことになります。

# 9 代理購入行為と代理販売行為

### Point 貨物の代理購入：受託者は販売取引には関係せず役務提供なので営業税を納める

　貨物の代理購入行為とは、図表Ⅱ－32のように貨物の売手がいて、その貨物を購入する者が委託者として、受託者と貨物の代理購入契約を締結する取引です。委託者は売手から貨物の引渡しを受けて、貨物代金と仕入増値税を受託者に決済し、受託者はその代金と仕入税をそのまま売手に支払います。代金等の回収によって、売手は委託者宛の増値税発票を発行して受託者に引き渡し、受託者はその発票を委託者に交付します。委託者は代理業務に対する報酬として受託者に委託手数料を別途支払います。

　このような受託者による貨物の代理購入行為は、増値税の貨物販売行為に該当しませんので増値税の課税は発生しません。受託者は受け取った代理手数料について営業税のみを納税するだけです。ただし、増値税の税務

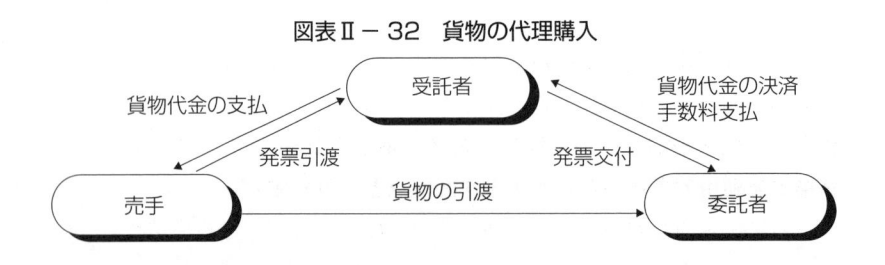

図表Ⅱ－32　貨物の代理購入

**4** 増値税・営業税・消費税

では貨物の代理購入行為については、次の3つの条件を全て満たす必要があります。

① 受託者が資金を立て替えないこと
② 売手が委託者に発票を発行し、かつ受託者がその発票を委託者に交付すること
③ 受託者は、売手が実際に受け取る販売額と増値税額で委託者と貨物代金を決済し、かつ別途、手数料を受け取ること

## Point! 販売行為とみなされる代理購入行為では受託者に増値税が課される

　上記3条件のいずれか1つでも満たさない代理購入行為に対しては増値税が課税されることになります。例えば、次のような取引が含まれている事例では、増値税が課税されることになります。

　受託企業が売手企業に事前に資金を立替払いした場合は、①の要件を満たさないため、資材工場から運輸販売公司に貨物が販売されたものとして増値税が課税されます。次に、売手企業が受託企業に増値税の発票を発行し、受託企業が自ら委託企業に発票を発行した場合も②の要件を満たさないため、資材工場から運輸販売公司、運輸販売公司から製品企業への取引は、貨物の販売取引になりますので増値税が課税されます。

　さらに、③の要件は委託企業が支払った代金と仕入増値税の金額がそのまま売手企業に支払われることを要求していますので、運輸販売公司が代

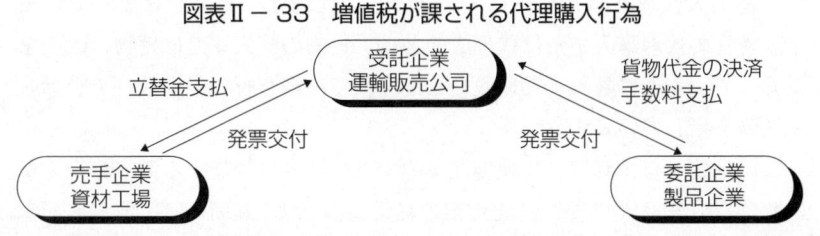

図表Ⅱ-33　増値税が課される代理購入行為

251

金に利益を加算して、資材工場から運輸販売公司への価格と運輸販売公司から製品企業への価格が異なる場合は、貨物の仕入販売取引に該当して増値税が課税されます。この場合には、当然のことながら発票もそれぞれ発行されることになります。

このように貨物の代理購入行為のいずれか1つの要件が満たされないときは、これらの取引は増値税の課税取引となります。受け取った手数料も増値税の課税対象に含まれる価格外費用として増値税が課税されることになります。また、運輸販売公司が代理業務以外、例えば、貨物の運送サービスを提供している場合は、混合販売行為としてこれらの役務提供収入に対しても増値税が一括して課税されます。

すなわち、貨物の代理購入行為が貨物の販売取引と認定された場合には、受託企業は営業税の納税義務者ではなく増値税の納税者になりますので、貨物の販売行為と関係する混合販売行為として、運輸サービスも貨物の販売行為に含められて増値税が一括課税されます。

さらに、貨物の代理購入行為として手数料取引のみを記帳処理してきた結果、販売取引自体は帳簿に記帳されませんので結果的に簿外処理となります。仮に税務調査を受けて、貨物の代理購入取引が販売取引として認定された場合には、脱税として処理される可能性があり、簿外処理された販売取引については仕入税額控除が認められないなどの可能性もあります。

## Point! 貨物の代理販売：受託者自身が販売取引に関係するので増値税が課される

営業税では、代理業とは委託者に代わって受託事項を処理する業務と定義されています。営業税の代理業には、貨物の代理購入、貨物の代理販売、輸出入代理、紹介サービス、その他の代理サービスが含まれています。貨物の代理購入または代理販売とは、貨物の購入または貨物の販売を受託して、実際に購入または販売した金額で決済を行い、手数料を受け取る業務を指しています。

この定義からすれば、代理委託契約では受託者は受託する業務を行えなければなりませんので、受託企業の経営範囲（営業範囲）に代理する経営

## 4 増値税・営業税・消費税

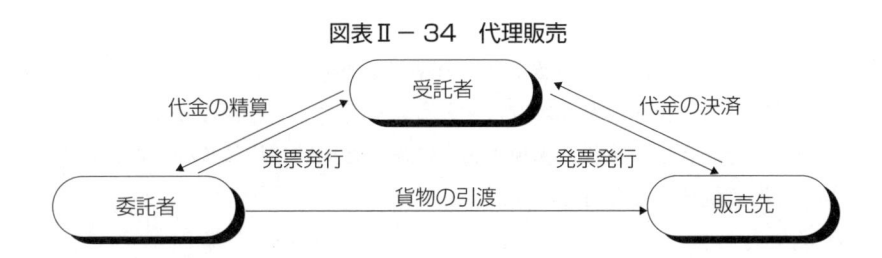

図表Ⅱ-34 代理販売

```
        代金の精算    受託者    代金の決済
              ←          ←
              →          →
                発票発行    発票発行
    委託者 ──────貨物の引渡──────→ 販売先
```

業務が含まれていなければなりません。そもそも代理業務を行うことができない企業と代理委託契約を締結しても意味がありません。

　代理委託契約は委託者から見ると、代理購入は貨物の購入者が委託者となり、代理販売は貨物の所有者が委託者となります。すなわち、代理販売では代理販売貨物の所有権は委託者にあり、受託者は委託者の価格と回収条件等の指示に従って代理販売を行います。貨物の販売代金は貨物の所有者である委託者に帰属し、受託者は代理業務の手数料を受け取ります。代理販売も代理購入も代理業務による手数料を取得して営業税の納税義務者となることは共通しています。

　しかし、代理販売と代理購入は、増値税発票の発行について大きく異なっています。代理購入では発票は売手から委託者宛てに発行されます。受託者は貨物の販売取引に関係しませんので、売手が受託者に発票を発行することもなければ、受託者が委託者に発票を発行することもありません。

　これに対して、代理販売では受託者は貨物の販売取引に直接関係しています。増値税では、貨物の販売行為とは貨物の所有権を有償譲渡することと定義されています。また、貨物の有償販売行為とは別に、貨物の販売行為とみなされるみなし販売行為も定めています。ここでは代理販売に関連して2つのみなし販売行為が規定されています。

　1つは貨物を他人に引き渡して代理販売させることであり、もう1つは代理販売貨物を販売することがみなし販売行為に該当します。すなわち、委託者から受託者に代理販売貨物が引き渡されることと、受託者が代理販売貨物を販売先に販売することがみなし販売行為に該当します。したがって、これら2つのみなし販売行為については、増値税の発票が引渡先に発

行されることになります。

　代理購入では受託者は増値税発票の発行に関係しませんが、代理販売では受託者は増値税発票を受け取るとともに発行することになります。代理販売では受託者は営業税の納税義務者であると同時に増値税の一般納税者として増値税発票を発行します。

# 10 輸出還付免税政策

## Point! 免税控除還付方法と免税還付方法

　増値税の輸出還付免税政策には、生産企業に適用する免税控除還付方法と商業貿易企業に適用する免税還付方法があります。
・**免税控除還付方法**：輸出売上は免税、仕入税は国内売上税から控除するか控除できない場合は還付する方法です。進料加工を行う生産企業にも免税控除還付方法が適用されます。
・**免税還付方法**：生産を行わず仕入と売上で商売する商業貿易企業に適用されます。輸出売上は免税、輸出商品に対応する仕入税は還付が行われるだけで国内売上税からの仕入控除はなく、免税と還付の２つが行われます。
　免税控除還付方法（生産企業）と免税還付方法（商業貿易企業）の２つの輸出還付免税政策とは別に、還付が行われず輸出免税のみが行われる免税方法もあります。この免税方法は主に来料加工を行っている企業と小規模企業に適用されます。

## Point! 生産企業の免税控除還付方法

　免税控除還付方法とは、輸出売上に対して売上増値税を免税とし、その輸出製品を生産するために仕入れた原材料部品の仕入税を国内売上の売上

## 4 増値税・営業税・消費税

> **進料加工と来料加工**
>
> 来料加工とは、外国企業が原材料部品を無償で中国の加工企業に提供して、中国の委託加工企業は外国企業の要求に従って加工、組み立てを行い、加工製品を外国企業に輸出する取引であり、原材料部品の輸入と加工製品の輸出について外貨の授受が必要とされないので資金的な負担がなく、委託加工企業は加工賃のみを受け取る加工貿易取引です。
> 進料加工とは、委託加工企業が原材料部品を外貨を支払って輸入し、加工製品を輸出して外貨を受け取る有償の加工貿易取引です。

増値税から仕入税額控除するか、控除しきれない時はその仕入税を税金還付するというものです。

免税控除還付方法の計算式は次のとおりです。

**納税額＝国内売上税－仕入税総額＋（輸出 FOB 価格－免税原材料部品価格）×（課税率－還付率）**

この計算式の前半は（国内売上税－仕入税総額）ですから、売上税から仕入税を税額控除する増値税の基本的な計算式となっています。問題は後半部分の（輸出 FOB 価格－免税原材料部品価格）×（課税率－還付率）にあります。例えば増値税の課税率が17％で、還付率が13％である場合は、17％と13％の差4％は納税額となり還付できない税金として生産企業のコストになります。すなわち、（輸出 FOB 価格－免税原材料部品価格）×4％（17％－13％）が納税額に上乗せされ、免税原材料部品がなければ基本的に輸出 FOB 価格の4％は生産企業のコストに算入されます。

この計算式で輸出 FOB 価格が使用されているのは、生産企業では仕入れた原材料部品を使用して生産した製品が最終的に国内販売されるのか輸出販売されるのかを追跡することが実務的に困難であるとの理由です。税金還付の趣旨からすれば、本来は原材料部品の仕入価格に課税率17％を乗じた仕入税で計算すべきところ、最終的に輸出された製品に使用された原材料部品の仕入価格を把握することが困難な代わりに、輸出 FOB 価格を使用して還付できない税金部分（輸出 FOB 価格×4％）を計算するものです。したがって、簡便的に使用する輸出 FOB 価格と本来使用すべき原

第Ⅱ部　税務

> **輸出 FOB 価格**
>
> 　貿易取引では、輸出取引については本船渡価格（Free On Board）が原則であり、貨物を船舶、航空機等に積み込むまでのリスクと費用を売主が引き受けますので、貨物の代金と出発港までの運賃と保険料の合計が FOB 価格となります。輸入取引ではこの FOB 価格に出発港での船積費用、到着港までの運賃と保険料の合計を加算した CIF 価格（Cost、Insurance、Freight）が取引価格となります。

材料部品価格との差額（付加価値）の4％は、単なる課税技術的な理由で生産企業のコストとして負担させられています。

　なお、（輸出 FOB 価格－免税原材料部品価格）で免税原材料部品価格が控除されているのは、例えば委託加工（進料加工）により保税（免税）で輸入した原材料部品については輸入増値税が課税されていませんので、この部分を控除しなければ、上述の計算式では結果的に納税することになりますので、輸出 FOB 価格から免税価格を控除した後に4％を乗じています。上述の計算式全体の結果がプラスであれば納税額になりますし、マイナスであればその税額が仕入税額控除または還付税額となります。

## Point! 免税控除還付方法の適用拡大

　2011年3月に、国家税務総局は国内の新興産業の発展を支持するために新しいビジネスモデルとして免税控除還付方法を適用する企業の範囲を拡大しました。2011年5月から実施されています。

　工商登記してから2年以上経過している集積回路設計企業、ソフトウェア設計企業、アニメーション設計企業、その他の高度新技術企業が下記の業務に従事する場合には、免税控除還付方法を適用できるものとしました。ただし小規模企業は適用できません。

> ① 自主研究開発、設計をして、その他の企業が生産加工した後に購入を行いまたは国内のその他の企業に生産加工を委託した後に、回収した貨物を輸出した場合

② 国外企業に加工を委託した後に輸入して新たに当該企業のブランドを使った貨物を輸出した場合
③ ソフトウェアを自主研究開発、設計し外部購入したハードウェア設備に搭載した貨物を輸出した場合
④ 国家税務総局が定めるその他の場合

## Point! 商業貿易企業の免税還付方法

　免税還付方法とは、輸出商品に対して売上税を免税とし、仕入税のうち還付率に相当する部分を還付する方法です。その計算式は、還付税額＝仕入商品価格×還付率で計算されています。
　増値税の課税率と還付率を前述の17％と13％とすれば、この仕入商品は仕入れた時に仕入税を支払っていますから、商業企業の増値税のコスト負担は、仕入商品価格×4％（課税率17％－還付率13％）となり、生産企業の免税控除還付方法と比較して売上価格と仕入価格の差だけ企業の税負担は軽減されています。
　商業貿易企業では商品は個別に管理され、国内販売商品と輸出販売商品は商品在庫台帳と販売明細帳で明確に区分されています。したがって、輸出された商品の仕入税を把握することは容易です。外国貿易企業が輸出税金還付のときに輸出商品販売明細帳を税務当局に提出することが要求されているのは、輸出販売商品の仕入税を個別に把握するためです。

## Point! 来料加工と小規模納税者の免税方法

　来料加工では、輸出免税のみが認められるだけであり、国内仕入税の税額控除と還付は認められていません。
　小規模納税者についても輸出免税のみが認められるだけであり、国内仕入税の税額控除と還付は認められていません。また、小規模納税者が輸出企業に販売して輸出企業がその商品を輸出する場合には、その輸出企業は

小規模納税者から仕入れた商品の仕入税相当額の還付を受けることができます。この場合には、輸出企業は小規模納税者が発行した普通発票の金額を（1＋3％小規模納税者の徴収税率）で割って仕入価格を算出し、その仕入価格に還付率を乗じた還付税額を計算します。この場合の還付率は小規模納税者の徴収税率3％が上限となります。

## 増値税の負担コストが増加しつつある！

　増値税の輸出税金還付は、本来は製品を輸出した時に輸出売上について免税が大原則であり、原材料部品について発生した仕入税についてもその全額が仕入税額控除または仕入税が還付されるべきものです。
　増値税の輸出還付問題は、当初は対米貿易摩擦の回避、国内産業構造の調整、環境汚染問題等と関係し、最近では大量の外貨準備高の縮小のため、さらに対米貿易赤字の抑制のために、当初は免税控除還付方法を適用していた企業について、仕入税額の輸出還付率の引下げに始まりましたが、その後は輸出免税そのものの廃止、仕入税額の控除還付そのものの廃止、さらには免税還付方法を適用していた企業について免税方法への変更が行われました。

◎免税控除還付方法と税金還付の廃止
　これまで行われた輸出還付の廃止では、仕入税の控除還付のみを撤廃した場合と、仕入税の控除還付の廃止と同時に輸出免税の廃止を行う場合がありました。

① 仕入税の控除還付と売上免税の廃止が同時に行われた場合
　初めに、仕入税の控除還付の廃止と輸出免税の廃止の２つの廃止を同時に行った場合の計算式は次のとおりになります。

　　　　当月納付税額＝輸出売上税額＋国内売上税額－（仕入税額－控除還付不能税額）－前月留保税額
　　　　控除還付不能税額＝（輸出FOB価格－免税価格）×課税率

この計算式の特徴は、輸出売上税額が計上されることと、還付率が0となるため控除不能税額が課税率17%で計算されることです。輸出売上税額は次の計算式で計算されます。実際の売上高は輸出FOB価格で行われていますので、結果的に売上税がその中に含まれていたとみなして計算しています。

輸出売上税額＝（輸出FOB価格×外貨レート）÷（1＋法定増値税率）×法定増値税率

例えば、増値税の課税率が17%、変更前の還付率が13%で、仕入税の控除還付と輸出免税の両方が廃止された場合には、政策変更による増値税負担は、控除還付不能税額（輸出FOB価格×13%）と輸出売上税（輸出FOB価格÷1.17×17%）の合計が増加することになります。

企業が進料加工を行っている場合は、控除還付不能税額の計算は再輸出貨物のFOB価格と免税輸入した原材料部品価格との差額で売上税額を計上するものとされていますので、進料加工による保税部分まで追加課税されることはありません。

② **仕入税の控除還付が廃止された場合**

次に、仕入控除還付のみが廃止された場合は次のような計算式になります。

当月納付税額＝国内売上税額－（仕入税額－控除還付不能税額）－前月留保税額

控除還付不能税額＝（輸出FOB価格－免税価格）×課税率

例えば、増値税の課税率が17%、変更前の還付率が13%で、仕入控除還付のみが廃止された場合には、増値税負担は控除還付不能税額（輸出FOB価格×13%）が増加することになります。

◎ **免税還付方法を免税方法に変更された場合**

免税還付方法の計算式は次のとおりです。輸出売上税は免税とされていますから、増値税の基本的な納税計算のほかに仕入税額の還付計算が次のように計算されます。

当月要還付税額＝輸出商品の仕入金額×還付率

免税還付方法から免税方法に変更になるということは、輸出免税はそのま

まで還付が行われないことになります。

# 11 納税額と還付税額の計算

## Point! 売上税額－仕入税額→プラスなら納税、マイナスなら還付

　増値税の納税義務者は、毎月 10 日までに国家税務局の課税徴収部門で前月分の増値税の申告納税を行います。この申告納税では、増値税の納税額または免税控除還付税額が決定されます。増値税の税額計算式は次のとおりです。

　　当月納付税額＝当月国内販売貨物の売上税額－（当月仕入税額の総額
　　　　－当月の免税控除還付税額の免税控除不能税額）

　中国の増値税は日本の消費税の計算と同じように、**売上代金と一緒に回収する売上税額から仕入代金と一緒に支払う仕入税額を差し引いた差額を税務当局に納税する計算**となっています。**この計算の結果がプラスであれば納税、マイナスであれば税額の還付**になります。この計算式の最後の「当月の免税控除還付税額の控除還付不能税額」は、計算式の全体から見ればマイナスのマイナスでプラスすなわち納税額と同じ意味を持っています。この控除還付不能税額は次のとおり計算します。

　　（輸出貨物の FOB 価格－免税購入原材料部品価格）×（課税率－還付率）

　この計算式で還付率が課税率（基本税率 17％）より低い場合には、納税額が発生することになります。この計算式の意味は、納税者が製品を輸出した時に、本来であれば国内仕入または輸入した原材料部品の仕入税額の全額を売上税額から控除するか、控除できなければ還付すべきところ、還

付率が課税率より低いために、逆にその差額は納税しなければならないというものです。

従って、この計算には原材料部品の仕入価格（または輸入CIF価格）を適用すべきですが、仕入価格等を追跡調査するのは困難なため、便宜的に輸出貨物の輸出FOB価格が適用されています。なお、免税された原材料部品がある場合は、この計算から除外する必要があるため、上記のようにマイナスになっています。

## Point! 増値税専用発票が有効でないと仕入税額控除できないので注意

納税申告の時に、コンピューターにより発行された増値税専用発票を回収していない取引については、その月に仕入税額を計上して申告することはできません。また、増値税専用発票を回収して仕入税額として申告しても、税務当局の電子情報によるロジック審査と照合審査の結果としての認証が行われた翌月以降でなければ、実際の仕入税額控除は行うことができないことになりました。さらに、**税額控除偽造防止システムで発行された増値税専用発票は、作成発行日から180日以内に税務機関の認証を受けなければ、仕入税額の控除が認められません。**当初は90日以内に認証を受けることになっていましたが、現在では180日以内に認証することとなっています。

なお、増値税専用発票の取得に関係する問題として、企業所得税における原価費用計上否認の問題もあります。すなわち企業が合法的な増値税専用発票を取得できず、その支払代金の真実性と正確性を確定できない場合は、その購入貨物に支払った代金は原価費用として課税所得から控除することができないものとされています。偽造の増値税専用発票を取得した場合には、原価費用を計上できません。また、実務上の実際問題として増値税専用発票を取得できていない段階では、その取引自体を記帳しないという極端な会計処理が行われているようです。

> **Point** 輸出売上は免税だが、国内販売とみなされる場合があるので注意

　納税者は毎月の15日までに国家税務局の税金還付部門で増値税の還付申告を行います。この際に、輸出売上については免税となりますので、売上税は計上されていません。しかしながら、次に該当する場合には、国内販売とみなして売上税を計上して申告しなければなりません。

　まず、輸出通関日から6ヶ月を超えて、輸出通関書類、輸出外貨回収照合書類等の輸出税金還付（免税）証憑が回収されていない輸出売上は、みなし国内販売として売上税を計上して申告しなければなりません。

　次に、免税控除還付の申告を行っていない輸出売上についても国内販売とみなして売上税を計算して申告しなければなりません。

　さらに、国家税務局に電子データーがなく納税者に通関書類もないが、税関に電子データーがある場合には、みなし国内販売となり売上税の申告が必要となります。おなじくみなし国内販売となるのは、国家税務局の電子データーはあるが納税申告では未申告であり、税関に電子データーがある場合です。このように増値税の納税申告と還付申告は、コンピューター管理によって従来以上にルールが厳しく適用される可能性があります。

# 12 輸入設備の免税政策

> **Point** これまで免税政策が適用されていたプロジェクトでは増値税免税が廃止され、輸入関税免税のみ継続的に有効

　2009年1月に施行された増値税暫定条例によって、固定資産の仕入税額控除が認められるようになったため、中国国外から輸入する設備の免税政策については、輸入増値税については免税政策が廃止されて増値税が課税されるようになりました。輸入関税については従来どおり免税政策が継

4 増値税・営業税・消費税

続適用されています。

輸入設備の増値税と関税の免税政策が適用されていたプロジェクトには、次のものがありましたが、**現在では、これらのプロジェクトについては輸入関税のみが免税とされています。**

```
1   外国投資企業の投資総額範囲内で輸入する設備
2   外国投資企業の既存設備更新のために輸入する設備
3   外国投資研究開発センターが輸入する設備
4   加工貿易の無価格で輸入する設備
5   外国政府借款と国際金融組織借款で輸入する設備
6   ソフトウェア企業が輸入する設備
7   集積電子回路企業が輸入する設備
8   都市軌道交通プロジェクトで輸入する設備
9   中西部地区外国投資優勢産業プロジェクトで輸入する設備
10  国家発展奨励国内外資投資プロジェクトで輸入する設備
11  その他
```

## 投資総額の免税適用要件

◎**法定比率と外資借入金枠に注意**

投資総額という言葉を初めて聞く人にとっては投資総額の概念はなかなか理解できません。日本では、会社の登記で資本金の記載はあっても投資総額の記載はありません。中国では投資総額は輸入設備の免税適用以外でも重要な役割を担っておりかなり重要な概念です。

ひとつは資本金と投資総額との比率が法定されているからです。中国では投資総額の大きさによってそれに見合った比率の資本金を払い込まなければなりません。

次に、投資総額から資本金を差し引いた差額は借入金になりますが、この

借入金の枠が外貨借入金の限度枠として外債登記されます。会社を設立した時にこの借入金の枠がない場合は、外貨借入金を調達することができません。投資総額と資本金を同額にした場合は、外貨借入金を調達することができませんので、中国国内で人民元による借入で調達するのみとなります。

投資総額とは中国の企業法実施細則では生産経営規模に必要な投下資金であり、基本建設資金と生産運転資金の合計とされています。基本建設資金とは固定資産投資すなわち設備投資であり、工場建屋、生産設備、事務所棟、什器備品等の建設と購入に必要な資金です。生産運転資金は生産経営開始までの開業費と開業後の一定のキャッシュフローをまかなう資金です。

ただし、どの期間のどの範囲までの資金をカバーすれば良いか等の疑問が生じたときには、明確な規定がないため、資本金とともに投資総額の金額決定も難しい場合があります。

また、投資総額は外資導入のための会社設立時の静的な概念でしかないため、実務的に意味のない状況も発生します。

例えば、会社設立後に工場を拡大するため多額な設備を輸入しなければならないとします。輸入設備の免税規定の適用を受けるためには、会社設立時の投資総額とその内訳である設備投資は完了していますので、新たに投資総額を増額して輸入設備の免税枠を確保する必要があります。会社に留保利益があり充分に資金があったとしても、その自己資金を使って設備を輸入したならば、投資総額も資本金も変更しませんので投資総額の範囲内の輸入設備にならず免税の適用はありません。

免税の適用を受けるためには、投資総額を増額変更し、したがって比率に応じて資本金も増額すなわち増資しなければなりません。これは投資総額の概念を会社の設立時にしか念頭においておらず、会社が発展した後の投資総額の意味を付与していないために起こる問題です。外国資金の導入を促進する点においては効果を発揮しています。

4 増値税・営業税・消費税

# 13 重大技術設備装置産業の輸入免税政策

**Point!** かつての先納付後還付政策にあった制約がなくなる

2009年7月から重大技術設備装置の生産のために輸入する基幹部品と原材料について、輸入関税と輸入増値税を免税とする新しい輸入免税政策が実施されました。この新しい輸入免税政策が実施される以前には、一定の条件を満たす総合機械とプラント設備に対して輸入関税と輸入増値税を免税とする輸入免税政策が実施されてきました。また、中国内資企業が重大技術設備装置の開発と生産のために輸入する基幹部品と原材料に対しては輸入関税と輸入増値税の先納付後還付政策が実施されていました。

2009年7月から実施された重大技術設備装置の生産のために輸入する基幹部品と原材料に対する免税政策は、内資と外資に共通して適用される輸入免税政策であり、この輸入免税政策が新たに実施されたことにより、従来の総合機械とプラント設備の輸入免税政策と、中国内資企業の重大技術設備装置の開発と生産のために輸入する基幹部品と原材料の先納付後還付政策は段階的に廃止されることとなりました。

この旧優遇政策である先納付後還付政策とは、国務院の批准によって認

---

**外国政府借款および国際金融組織借款プロジェクト**

2009年11月には、国務院の批准を受けて、外国政府借款および国際金融組織借款プロジェクトの輸入設備増値税政策が公布され、2009年1月1日に遡及して実施されています。これは、「外国投資プロジェクト免税不許可の輸入商品目録」に列記する商品を除いて、外国政府および国際金融組織の借款プロジェクトで輸入する自己使用設備について輸入増値税が免除されることとなり、これらの借款プロジェクトで輸入する自己使用設備については輸入関税と輸入増値税が免税されることになりました。

められた特定分野の設備装置産業に対して行われた財政支援政策です。これは中国内資企業の産業構造転換によるレベルアップと技術の創新と開発のために、設備装置の生産と開発に輸入が必要な基幹部品および中国国内で生産できない原材料を輸入する場合に、その輸入関税と輸入増値税を輸入時に一旦納税させてその後に還付する政策でしたが、その還付された税金を登録資本金に振り替えなければならないという制限が課されていたものです。

この先納付後還付政策は発展的に解消して、2009年7月から中国内資企業と外国投資企業の両者に共通して適用される輸入関税と輸入増値税の免税政策に格上げされました。

なお、この重大技術設備装置の基幹部品と原材料の輸入関税と輸入増値税の免税政策に関連して、都市軌道交通と原子力発電の自主化委託プロジェクトを引き受けたオーナー企業に対しても同様の輸入免税政策が2009年7月から実施されています。

# 14 農産物と仕入増値税

世界的には資源と穀物の価格上昇局面を迎えて資源と穀物の争奪が激しくなる中で、中国国内では経済格差問題から農業重視の政策が展開されようとしています。日本企業の中国進出も、最近では工業から農業やサービス業分野への展開が一般的になり、農産物の生産、買付け、加工、販売、輸出が日常的に行われています。このような農業重視の流れを前提にして、農産物の買付けに伴う中国の税務を紹介します。

### Point! 農業生産者：自作農産物の販売は増値税を免税

増値税暫定条例では、農業生産者が販売する自作農産物については増値税が免税とされています。**一般の物品の販売取引に対しては17％の税率**

で増値税が課税されますが、農業支援のために農業生産者が自ら生産した農産物を直接販売する取引に対しては増値税が免除されます。

農業生産者が販売する自作農産物とは、植物の植栽と収穫、動物の飼育と捕獲に直接従事する単位と個人が自作した初級農産物をいいます。外部から購入した農産物を外部に販売する取引は、その商品が農産物に属するものであっても農業生産者の自作農産物の販売には該当しませんので増値税の免税対象にはなりません。免税農産物となるには2つの条件を満たす必要があります。1つは農業生産者が自ら生産した初級農産物であることと、2つは農業生産者がその農産物を自ら販売することです。

## Point! 購入者：購入価格に控除率13%をかけた金額が仕入税額となる

農業生産者が免税農産物を販売した場合に、その販売取引に対して増値税が免税とされますが、この免税農産物を買い付ける側の企業の税務処理はどのように行うべきでしょうか。増値税暫定条例では、増値税の一般納税者（買付企業等）が免税農産物を購入したときには、その購入価格に一定の控除率を乗じた金額を増値税の仕入税額とすることが規定されています。この控除率は増値税暫定条例が制定されたときには10％とされていましたが、2002年から13％に引き上げられています。

例えば、農業生産者が免税農産物を100で買付企業に販売した場合、買付企業は100の買付代金を農業生産者に支払い、100に13％の控除率を乗じた13を仕入税額とします。農業生産者は増値税を課税されていませんが、農産物を買い付けた企業は、100の買付代金のうち13を仕入増値税とし、残りの87を農産物の仕入価格として計上することになります。

増値税の税務では、原則として、売上増値税から税額控除できる仕入増値税については増値税専用発票を入手しなければなりません。増値税の基本原則として、仕入の増値税専用発票がない場合には仕入税額控除が認められませんし、中国では発票がなければ仕入計上そのものが認められなくなります。しかし、農業生産者の免税農産物を買い付ける場合には、この増値税専用発票の入手は必ずしも税務処理の要件とはされていません。

第Ⅱ部　税務

　増値税の原則的な処理では、増値税の一般納税者は売上税額から控除が認められる仕入税額については、販売者から取得する増値税専用発票上に明記された増値税額を限度額として仕入税額控除が認められています。しかし、農産物を買い付ける時には零細な農業生産者から小額で購入することが多く、農業生産者そのものが免税事業者であるため、農業生産者が増値税の専用発票を発行することはありえません。

# 15 農産物買付にあたっての発票の扱い

### Point! 国有穀物供給企業には穀物を免税で販売でき増値税専用発票を発行できる特権

　国有の穀物買付企業は、農業生産者に代って増値税の専用発票を発行することができます。しかも、国有穀物買付企業が販売する穀物に対しては増値税が免税とされています。国有穀物供給企業は農業生産者から初級農産物（穀物）を購入する時に増値税が免税とされるだけではなく、国有穀物供給企業がその穀物を増値税の一般納税者に販売する時にも増値税が免税とされています。

　例えば、国有穀物供給企業から100元で穀物を購入する企業は、その増値税専用発票に記載された穀物価格100元に13％の控除率を乗じて13の仕入税額控除を行うことができます。国有穀物供給企業は、穀物を免税で

---

**買付証憑**

　買付証憑とは、各地方政府の国家税務局が統一的に印刷して免税農産物の買付者に支給し、その発行、使用、保管、監督管理を行うものです。免税農産物を購入した買付者（増値税の一般納税者）が、農業生産者から増値税の専用発票や普通発票を取得できないときに、自ら買付証憑を作成して農業生産者に発行するとともに、自分で仕入税額控除するための税額控除証憑です。

販売でき増値税専用発票を発行できる特権を持った免税企業であり、中国語の名称は国有糧食収購販売企業といいます。糧食とは、主食の総称であり、小麦、米穀、高粱、大豆等の穀物を指します。

## Point! 零細な農業生産者は発票を発行できないので買付証憑を使う

農業生産者は一般的に零細事業主であり販売金額も小額な免税事業者であるため、増値税の専用発票または普通発票でさえも発行することはありません。このような実情を反映して、国家税務総局は1995年に地方の国家税務局が各地の実情にあった免税農産物の買付証憑に関する規定を公布するよう定めました。これを受けて、各地方政府の国家税務局では、農産物の買付証憑の発行、使用、保管、監督管理に関する暫定規則または通知を公布して各地でそれぞれ実施しています。

買付証憑を発行し使用する買付者は、通常は農産物の買付業者、農産物の加工生産企業等であり、農業生産者から免税農産物を購入する企業はすべて買付者として買付証憑を使用することができますが、各地方の国家税務局に登記し届け出する必要があります。

買付者はその地方政府の国家税務局から買付証憑綴りを購入して、自ら買付証憑に必要事項を記載して発行し、増値税の仕入税額控除証憑として使用することができます。買付証憑は基本的に4連綴りであり、1枚目は買付者が自社用に保管し、2枚目は買付者の記帳証憑となり、3枚目は買付者の仕入税額控除証憑として使用し、4枚目は免税農産物の販売者である農業生産者に渡します。

買付証憑の管理弁法は各地方政府単位でその地域の実情に合わせて制定されていますので、各地方によってその発行管理監督制度が異なっています。例えば、2003年に雲南省で公布された農産物増値税控除証憑に関する税務通知では次のように規定されています。

増値税の仕入税額控除の有効証憑は、増値税専用発票と税関の増値税代理納付証憑のほかに、煙草買付発票、農産物買付統一発票、農産物販売専用発票、普通発票があります。税関の増値税代理納付証憑とは、貨物を輸

入したときに税関に納付した増値税を証明する納税証憑であり、増値税専用発票と同じ類のものです。

　雲南省の増値税一般納税者は、雲南省の範囲内においては農産物を購入した時は煙草買付発票、農産物買付統一発票を作成するか、または農産物販売専用発票を取得しなければなりません。一般納税者が買付証憑を発行する対象は、免税農産物を販売する農業生産者と農産物を経営する小規模納税者です。買付証憑を渡す相手は、農業生産者と小規模納税者に限定されています。

　これとは逆に、雲南省の農業生産者が一般納税者に免税農産物を販売する場合と農産物を経営する小規模納税者が一般納税者に農産物を販売する場合には、農産物販売専用発票が発行されます。農産物販売専用発票を発行できない時は、その購入者である一般納税者が農産物買付統一発票を自ら発行することができます。

　このようにさまざまな状況に応じて、仕入税額控除証憑の優先順位として、増値税の専用発票、普通発票、煙草買付発票、農産物買付統一発票、農産物販売専用発票の順で仕入税額控除のための証憑の使用が定められています。

## 買付証憑の税務問題

　買付証憑については様々な税務問題が発生しています。例えば、買付証憑は農業生産者から免税農産物を買い付けた時に、買付者が自ら作成し使用するものですが、零細な農業生産者からの買付けではなく、買付専門の仲介業者から大量に買い付けた場合にも、自ら買付証憑を作成して仕入税額控除を行っている事例があります。買付仲介業者は免税事業者ではありませんので、買付仲介業者の販売取引から増値税の課税取引となりますが、この取引をも免税取引として処理する結果となっています。

　また、買付仲介業者が農業生産者から100元で買い付けて加工生産企業に100元で販売したとすれば、買付仲介業者は実際には100元 − 87元 = 13

元の利益を計上し、資金も13元が残ります。しかし、売上税額は100元×13％＝13元で販売先から代金と合わせて113元を入金するため、売上税額と仕入税額は同額の13元となるため増値税の納税額は発生しません。これは増値税の免税システムそのものの問題点でもあり、買付仲介業者は免税事業者ではありませんが実質的に免税が行われる結果となっています。

このほかに、買付証憑を使用する企業が税務登記を行わないで、勝手に買付証憑を使用してもこれを調査する税務局員が少ないため実質的に管理できない状況があり、虚偽の買付証憑の使用等の税務問題が多発しているようです。

現在、各地方の国家税務局がこのような税務問題を解決するために、買付証憑を増値税発票と同じ管理レベルに強化すること、買付証憑の金額欄から大量買付けのための高額な10万元を廃止して、零細農業生産者用の1万元以下の小額の金額欄にすること、大量発行できないように発行枚数の発行限度管理等の改善措置が各地で試行錯誤的に行われています。

# 16 逆鞘取引

### Point! 逆鞘取引とは販売価格よりも高い価格で仕入れたときの差額補填

中国企業との商業取引が深化するにつれて、日本企業にとって予想外の商習慣に遭遇することがあります。今回はその1つの例として、税務通知に見られる逆鞘取引を取り上げました。この逆鞘取引（逆鞘利益返還取引）という言葉は適当な訳語がないので勝手に意訳したものですが、中国語では「平銷返利行為」と称しており、**もともと生産企業が商業企業にその商業企業が得意先または消費者に販売する価格以上で商品を販売する取引を**いいます。

すなわち、商業企業はその販売価格または販売価格を超える金額で生産企業から商品を購入し、仕入価格が販売価格と同額かまたは仕入価格が販

売価格より高い金額で仕入しますので、その仕入販売取引だけを見ると商業企業は当然のことながら赤字になります。その代償として生産企業は利益を商業企業に別途返還する形で、商業企業の商品売買差額と利益相当額を補填します。このような逆鞘取引は、中国では現在でも通常の取引活動として増加する傾向にあると言われています。

逆鞘取引では、生産企業が商業企業に利益を返還する方法には幾種類かの方法があり、最も一般的な方法としては赤字と利益の相当部分を別途、金銭で支払う方法があります。このほかに商品等の現物で利益を返還する方法、また生産企業が商業企業に投資（出資）する方法等もあります。しかし、このような逆鞘取引の中には、利益返還方法として商品現物を贈与の形で支給する方法があり、また類似の商品を売買してその売買取引では増値税の専用発票（請求書兼領収書）を発行しないで会計帳簿にも記録しない脱税、租税回避目的で行なわれるものもあるようです。

最近では、逆鞘取引は生産企業と商業企業との間だけではなく、生産企業と生産企業、または商業企業と商業企業の間でも発生しているようです。また、このような逆鞘取引とは別に、中国の商業活動においては商業企業が生産企業のためにその商品の流通市場における入場費用（市場に参加するための入場費）を負担することもあり、また商業企業が広告や販売促進、商品の棚揃え、商品展示、商品管理のための諸費用を負担することもあります。これらの販売諸費用は、商品の仕入販売価格とは別に生産企業が商業企業に金銭で支払いますが、逆鞘取引における利益返還とこれらの販売諸費用の支払いが混同されることもあります。

4 増値税・営業税・消費税

# 17 逆鞘取引と税務問題

## Point! 逆鞘取引では増値税納税の必要なし

　逆鞘取引では、商業企業は増値税を納税する必要がなくなります。例えば、生産企業と商業企業が逆鞘取引の契約で、商品の販売数量を100台、商品1台に付き資金300元を返還、商品の販売価格を1,000元と約定したとします。商業企業は商品1台を1,000元で仕入れて1,000元で販売する場合には、売上税と仕入税は同額（1,000元×100台×17％＝17,000元）になりますので、納税額（売上税－仕入税）は発生しません。

　このため、税務当局は1997年の税務通知で増値税の一般納税者に対して、逆鞘取引であるかどうかに関係なく、貨物を売買して貨物の販売者から返還資金を取得した場合には、次の計算式で仕入税を修正するものと規定しました。

**当年度に減額すべき仕入税＝当年度に取得した返還資金÷（1＋17％）×17％**

　この計算式を上述の例に当てはめれば、当年度に100台が販売された場合は、返還資金30,000元（100台×＠300元）÷（1＋17％）×17％＝4,359元となります。したがって、当年度の増値税の納税額＝売上税17,000元－仕入税12,641元（17,000元－4,359元）＝4,359元となります。

　しかし、上記の税務通知では、逆鞘取引であるかどうかに関係なく、返還資金がある場合にはすべて逆鞘取引としてこの税務通知が適用されてしまうため、増値税と営業税の間で課税上の混乱が発生しました。商品の売買取引では、逆鞘取引以外にも貨物の販売者から購入者に資金が支払われることがあります。上述した入場費、広告販売促進費、棚揃え費用、展示

273

費用、管理費等もその1つの例です。これらの諸費用の支払いは貨物の購入者が貨物の販売者に対して何等かの役務を提供した結果、その対価として貨物の販売者が支払うものであり、貨物の売買価格と関係のないこれらの役務提供の対価は営業税の課税対象となるものです。

中国では増値税の課税対象と営業税の課税対象は区分されており、貨物の売買取引と生産に関連する役務（加工取引）は増値税の課税対象であり、貨物の生産販売と関係のない役務の提供取引は営業税の課税対象です。したがって、2004年の税務通知では増値税と営業税の課税が区分されて、商業企業が貨物供給者から受け取る商品販売数量と商品販売額と必然的な関係がなく、かつ商業企業が貨物供給者に一定の役務を提供する収入については、逆鞘取引ではなく仕入税の減額を行なわないならば、役務提供取引として営業税が課税されることが明らかにされました。

これに対して、商業企業が貨物供給者から受け取る商品販売数量、販売価格と関係する返還収入、例えば販売数量、販売価格の一定比率、一定金額、一定の数量計算により決定される各種の収入に対しては、逆鞘取引として前述した計算式で仕入税が減額されて増値税を計算することになりました。商品の販売数量または販売価格と必然的に関係する収入は、逆鞘取引として増値税の課税対象となり、営業税は課税されません。

この2004年の税務通知では、商業企業が貨物供給者から受け取る収入について、すべて増値税の専用発票を発行してはならないことも規定されています。わざわざ、このような規定をおいた趣旨としては、営業税の課税取引でありながら増値税の課税取引として相手に増値税の専用発票を発行し、相手先がその専用発票を利用して増値税の仕入税額控除を行った事例があったのではないかと推測されます。

4 増値税・営業税・消費税

# 18 値引きと割戻し

### Point! 値引き・割戻しの増値税専用発票を単独で発行してはいけない

　商品の販売数量と販売価格と必然的な関係がある取引に、売上値引きと売上割戻しがあります。この売上値引きと売上割戻しは、取引の相手側にとっては仕入値引きと仕入割戻しになりますが、逆鞘取引に似て、貨物の販売者から購入者に対して資金が支払われます。ただし、この値引きと割戻しは、逆鞘取引ばかりではなく、正常な商取引においても発生するものです。

　中国の増値税では、これらの取引についても増値税の専用発票の取り扱いについて厳しく規定しています。すなわち、**貨物の販売者が販売を行った後に値引きと割戻しを行なった場合には、値引きと割戻しの増値税専用発票を単独で発行してはならない**ことが規定されています。**商品の販売後に値引きと割戻しを行った時は、先に発行した販売金額の増値税専用発票を同一金額によって赤字で発行し、次に発行する増値税専用発票で黒字の販売金額と赤字の値引き、割戻しの金額を１つの増値税専用発票に明記しなければなりません。**

　仮に、先に発行した販売金額の増値税専用発票（黒字）と値引き、割戻しの増値税専用発票（赤字）が別々に発行された場合には、商品の販売者は先の販売金額から値引き、割戻し金額を控除することができないため、売上税をその部分だけ多く申告しなければなりません。販売金額と値引き、割戻し金額が同一の増値税専用発票に記載されている場合にのみ、販売金額から値引き、割戻金額を控除することができます。このように、中国では増値税の専用発票の取り扱いには留意が必要です。

# 19 店舗リースと
## 　　　　連合経営（聯営控点）

> **Point!** リース方式と連合経営方式とでは増値税・営業税の課税区分が違ってくる

　中国ではチェーンストア等の商業企業やメーカーが、ショッピングプラザ内の店舗等を使用して商品販売する時には、その店舗のリースを受けて自社経営または代理販売委託するか、または連合経営（中文で聯営控点）方式で経営する事例が多いようです。この**連合経営方式とは、単なる店舗のリースでは固定的な家賃等が上がるのみでオーナーからすれば経営効率が良くないことから、テナントの売上高の一定比率**（通常は最低でも 20 ～ 25％）**または最低保証額に一定比率を加えたものをオーナーに返還する**もので、聯営返点とも呼ばれています。

　連合経営方式では、商業企業やメーカーの社員が店舗で実際の販売を行い、オーナーまたはその代理人は売り場の監督のみ行います。また、売上高も店舗名義（またはショッピングプラザ名義）で増値税の領収書（発票）を顧客に発行して、現金の回収も店舗名義（ショッピングプラザ名義）で行います。ショッピングプラザのオーナーまたは代理人は、売上高から一定比率（20 ～ 25％）の金額を控除した差額をテナントに支払い、テナントはその受取金額でショッピングプラザに仕入税額控除のための増値税専用発票を発行します。

　このように、**連合経営方式ではオーナーとテナントは商品の売買を行う増値税の納税者**になります。これに対して、**従来の店舗のリースを受けて経営する方式では、オーナーは賃貸取引として営業税の納税義務者になり、テナントが支払ったリース料に対して 5％の営業税を負担**することになります。なお、従来の店舗経営では、このほかに店舗経営そのもののリースを受けたり、経営を請負ったりする方式もありますが、ここでは説明

を省略します。

　店舗のリース方式であれ、連合経営方式であれ、業務形態としてあまり変わりはありませんが、課税区分は増値税と営業税に明確に分かれています。なお、連合経営方式には実際には多種多様な方法がありますが、一定比率の支払いのほかに保証金、入場費、開業賛助費、光熱費等の総合管理費等が発生することもあります。これらの費用については、商品販売数量、販売価格と関係するものは増値税の課税取引、販売数量と価格に関係しないものは営業税の課税取引となります。

# 20 ソフトウェア製品の増値税課税

### Point! 増値税・営業税のどちらに区分されるかに注意

　増値税の税務通達では、ソフトウェア製品の販売に伴って受け取るソフトウェアのインストール料、メインテナンス料、トレーニング料等の収入について、増値税の混合販売行為として増値税を課税するものと規定されました。

　また、この規定では、ソフトウェア製品を引き渡して使用した後に、期間別にまたは回数別に受け取るメインテナンス料、テクニカルサービス料、トレーニング料等の収入については、増値税を課税しないで、営業税を課税するものとしました。したがって、**製品の販売と同時に受け取るサ**

---
**混合販売行為**

　混合販売行為とは、1つの販売行為の中で増値税の課税販売と営業税の課税役務が同時に行われる取引です。混合販売行為においては、その納税義務者が増値税の課税販売を主たる業務としている場合には、増値税の納税義務者として営業税の課税役務に対しても増値税を課税することになります。

ービス料については増値税が課税され、製品の引渡後に受け取るサービス料については営業税が課税されることになります。

　すなわち、コンピュータ製品のソフトウェアを含むハードが100で、サービス料（インストール、メインテナンス）が80であると仮定すれば、コンピュータ製品を販売した時には、180に対して増値税が課税されます。この結果、サービス料収入に17％の増値税が課税されることになります。コンピュータ製品を引き渡して使用した後は、提供するサービス料収入に対しては5％の営業税が課税されます。

　次に、ソフトウェア製品の開発に関連して次のような規定が出ています。増値税の納税者がソフトウェア製品の開発を受託して、その開発した著作権が受託者に帰属する場合は、無形資産の譲渡が行われておらず、製品の売買取引になりますので、その開発取引に対して増値税が課税されます。

　コストのほとんどが人件費である開発取引では仕入税額控除は少ないので、開発業者にとって増値税の17％の多くはそのまま売上税として納税することになります。これに対して、著作権が委託者または委託者と受託者の双方の共同所有に帰属する場合は、委託者と受託者の間で無形資産の譲渡が行なわれていますので、営業税の課税取引として営業税が課税され、増値税は課税されません。**このように、増値税と営業税のいずれかに課税されるかによって、取引先との価格交渉、取引当事者の税金負担が異なったものとなります。**

## ライセンス使用料について二重課税の疑問

　中国の国家税務総局は中国国内役務課税について次のQ＆Aをインターネット上で公表しています。

　Ｑ　税関が輸入貨物に課税するときは、ソフトウェアライセンス料を輸入貨物の課税標準価格に計上している場合は、関税と輸入段階増値税を課税して

いる。米国側の課税所得額を計算するときに、ソフトウェアライセンス料と関係する関税と輸入段階増値税は控除が認められない「税金費用支出」として計算するかどうか。控除しないのであれば、事実的にソフトウェアライセンス料については二重課税となるのではないか。控除が認められる「税金費用支出」には何が含まれるか具体的に説明できるか。

> A　企業所得税法とその実施条例の規定に基づいて、配当、利益分配等の持分性投資収益と利息、リース料、ライセンス使用料所得は、収入総額を課税所得額とし、収入総額とは非居住企業が支払者から受け取る全部の代金と価格外費用をいう。したがって、ライセンス使用料の企業所得税を計算するときはいかなる税金費用も控除することはできない。同一の収入について増値税等の流通税を納付していてさらに企業所得税を納付することは二重課税問題に属するものではない。現時点では、ライセンス使用料の企業所得税を源泉徴収納付するときに控除できる「税金費用支出」はない。

　上記の問答は、例えば、コンピュータソフトウェアで操作する機械を輸入するときには、そのソフトウェアが輸入機械の価格に含まれる場合には輸入時に関税と増値税が課税されますが、ソフトウェア使用料についてはライセンス使用料所得として企業所得税も源泉課税されます。その使用料収入金額を計算する時に輸入関税と増値税を、収入総額から控除できる税金費用支出として認められるかという質問であり、源泉所得税が課税される所得の収入総額から控除できる税金費用支出には該当しないとの回答になっています。
　この問答で検討すべきは、同一のライセンス使用料に対して関税と増値税、さらには企業所得税が課税されており、税金が異なるので二重課税ではないと回答していますが、ハードとして課税し、さらにソフトとして課税することはやはり二重課税ではないかとの疑問が残ります。

# 21 分公司と増値税

### Point! 本社と分公司が同じ行政単位にあるか否か

　中国の現地法人が分公司（支店）を設立するときに検討しなければならない課題の1つに増値税があります。増値税では、本部機構（本社）と分支機構（分公司）が同一の県または市に存在しない場合は、本部機構と分支機構はそれぞれの所在地の国家税務局で増値税の申告納付を行うものとされています。
　**本社と分公司（支店）が同一の県または市に存在する場合には、本社が増値税を一括して申告納付**します。日本企業が分公司を設立する場合は、本社と異なる地域（省、直轄市、地区等を跨ぐ地域）に販売拠点として分公司を設立しますので、分公司は一般的に増値税の納税義務者となり、増値税を申告納付することになります。

### Point! 分公司の規模が小さいと一般納税義務者と認定されず不利になる

　なお、分公司を設立してもその分公司が増値税の計算処理を十分に行えないと所轄の税務局が判断した場合には、増値税の一般納税義務者に認めてもらえず、小規模納税者として増値税を申告納付しなければならないこともあります。このような場合には、本社が一般納税者で分公司が小規模納税者となってしまい税務上も業務上も不都合な状況になります。
　増値税の一般納税者と小規模納税者では税務の取扱いが大きく異なりますので注意が必要です。**一般納税者は取引先の業者に増値税の専用発票を発行することができ、取引先はその専用発票を使用して仕入税額控除ができ**ます。専用発票を発行できない小規模納税者は敬遠されることも多く、

### 4 増値税・営業税・消費税

> **中国の行政単位**
>
> 中国の行政単位には、省、直轄市、自治区等があり、その下に地区、地区クラスの市、自治州等があり、さらに県、県クラスの市、自治県等、またその下に郷、鎮等がありますが、増値税を管轄する基本的な地域区分は地区の下の県または県クラスの市等となっています。

取引で不利な状況に置かれることもあります。最近では、税務所が小規模納税者に対して専用発票を代理発行する制度もありますが、やはり面倒なことに変わりはありません。また、小規模納税者は自らも仕入税額控除ができず、売上高の3%の増値税を納税することになります。

本社と分公司が県または県クラスの市を跨って所在する場合でも、その所在地の国家税務局を通して上級の国家税務局の批准を受ければ、本社が増値税を一括申告納付することもできます。中国の外資系企業では本社が商品を一括仕入れし一括販売する体制を採用している企業もあれば、本社が一括仕入れして分公司が個別販売する体制を採用している企業もあります。

いずれが便利かといえば、分公司が販売の拠点である場合には、顧客との直接的な関係を維持してアフターサービスや顧客サービスを重視するのであれば、やはり分公司が増値税の一般納税義務者となった方が便利です。増値税の一般納税義務者になれば申告納付ばかりではなく、増値税の発票（請求書兼領収書）もみずから発行できるからです。

## Point! 顧客に増値税発票を直接発行できることが重要

顧客に直接、増値税発票を発行できるということは**販売、請求、回収、顧客サービスまでの業務を一貫して行えることを意味しています**。本社で一括して発票を発行する場合は、本社が直接に顧客管理を行うことになり、分公司は請求、回収、クレーム処理等に実質的な責任を持つことが難しくなります。したがって、多くの日本企業は分公司を設立した場合、分公司が専用発票を発行できる体制を採用することが多いようです。ただし、中国の増値税には日本の消費税には存在しない別の問題があります。

# 22 本支店間のみなし販売

### Point! 本社から分公司へ貨物を搬送したら販売とみなされて増値税を課税されることがある

　中国では、本社から分公司に商品を搬送して顧客に販売する場合には、本社が分公司に販売したものとして増値税の課税が行われます。すなわち、**2ヶ所以上の機構を設立して統一計算を実行する納税者が貨物を1つの機構からその他の機構に移送して販売に使用した場合には、貨物の販売行為としてみなして増値税が課税されます。**本社から分公司に販売用商品を移動しただけで、本社はその移動日に増値税専用発票を分公司に発行して売上処理し、その売上増値税を申告納付しなければなりません。

　日本の消費税では、課税取引である資産の譲渡は、資産を他人に移転させることとされていますので、このような本支店間の社内移動について消費税は課税されません。中国の増値税では、同一の県または市を跨って本支店間で社内移動した場合には、増値税のみなし販売行為として課税されます。

### Point! みなし販売の2つの要件は増値税発票の発行と代金の受領

　中国の増値税では、このような社内機構間のみなし販売について次のような規定が置かれています。前述したように、「2ヶ所以上の機構を設立して統一計算を実行する納税者が貨物を1つの機構からその他の機構に移送して販売に使用した」場合に、みなし販売行為として増値税が課税されますが、「販売に使用」するとは、貨物の受取側の機構（すなわち分公司）に次のいずれか1つの経営行為が発生することを指しています。

> ① 貨物購入者（顧客）に増値税発票を発行すること
> ② 貨物購入者（顧客）から貨物代金を受け取ること

　すなわち、本社から分公司に販売用商品を移送して分公司が顧客に商品を引き渡した場合に、分公司が顧客に増値税の発票を発行するかまたは顧客から商品代金を受領したならば、本社から分公司へのみなし販売行為があったものとして、本社は商品の移動日に売上増値税を計上しなければなりません。分公司も顧客に販売して代金を受領した時に売上増値税を計上しなければなりません。本社と分公司はそれぞれ増値税を納税申告しなければならないことになります。

　仮に、上記の2つの行為すなわち増値税発票の発行と商品代金の受領が分公司になかったとしても、一部の貨物について分公司が顧客に増値税発票を発行するかまたは貨物代金を受領する行為があったならば、その経営行為を行った一部貨物については、本社と分公司はそれぞれ売上増値税を申告納付することになります。みなし販売行為を行った場合と行っていない場合に区分してみなし販売行為については申告納付しなければなりません。

　分公司に上記の2つの経営行為のいずれも存在しない場合には、本社が増値税を統一して申告納付することになります。すなわち、本社と同一の県または市に所在する分公司が増値税発票を発行せず販売代金も受領しない場合がこれに該当します。

　また、本社が一括して増値税を申告納付することを地元の国家税務局を通して上級の国家税務局の批准を受けている場合で、県または市を跨って存在する分公司が増値税発票を発行せず販売代金も受領しない場合も本社が一括して増値税を申告納付することができます。

　逆に言えば、これらの条件を満たした場合には、分公司は増値税発票を発行することはできず、また販売代金を受領することもできません。分公司に増値税の発票を発行させ、商品代金を受領させるためには増値税の一般納税者にならなければなりません。

第Ⅱ部　税務

### Point! どんな販売体制を選ぶにしても増値税をよく理解しておかねばならない

　本社が一括仕入一括販売を行う体制を採用するか、または分公司の顧客管理を重視して本社の一括仕入と分公司の個別販売の体制を採用するか、または分公司の個別仕入と個別販売の体制を採用するか、もしくはそのほかの販売体制を採用するかについては、いずれを選ぶにしても中国の増値税の取り扱いを良く理解する必要があります。

　分公司については、増値税の取扱い以外についても、その経営業務範囲、租税優遇政策の適用、輸出入経営権の取扱い、その他実際の経営行為等について十分に検討を行う必要があります。

## 23　増値税の申告手続の電子化

### Point! 専用発票の偽造や不正取得が広がったため電子化を導入

　もともと、中国では増値税の専用発票（増値税専用のインボイス兼領収書）が偽造され不正取得されることにより、増値税の過大還付または不正還付が発生し、租税収入よりも還付支出の方が大きくなり財政問題として還付処理が遅れ、還付率が引き下げられた経緯があります。このため早くから、増値税専用発票の偽造対策が講じられており、当初は発票の発行番号管理、電磁データー化が行われました。それでも偽造と不正取得を防止することができないため、本格的な電子情報システムが開発され2003年1月1日から導入が開始されました。

　現在では、かなりの地域で、税務当局の開発したコンピューターソフトを搭載したパソコンで増値税発票が発行されています。手書きの増値税発票は2003年8月ごろから作成できなくなっており、2003年9月以降は、

**4** 増値税・営業税・消費税

手書き発票は仕入税額控除には使用することができなくなりました。

　中国政府当局が開発したシステムには、日本の国税庁に当たる国家税務総局が開発した「金税工程増値税徴収管理情報システム」の中に「増値税税額控除偽造防止システム」があり、そのサブシステムに増値税発票作成システムが組み込まれています。増値税の納税と還付の申告には、この発票作成システムで発行された増値税専用発票が使用されるとともに、その電子情報を利用して増値税の申告と還付が正確に行われているかどうかの照合審査が行われています。

　このほか、増値税の申告と還付に関連する電子情報システムとして、税関総署が開発した「港湾（口岸）電子法執行システム」の中に「輸出税金還付サブシステム」があります。このサブシステムでリストアップされる輸出貨物通関書類（税金還付）証明書綴りと上述した増値税の申告と還付の電子情報が照合される仕組みになっています。更に、国家外貨管理局が開発した「輸出外貨回収照合報告システム」の電子情報との照合審査も実施されます。増値税の申告と還付は、税関の輸出通関書類の電子情報と外貨管理局の輸出代金回収照合の電子情報とが照合審査されることにより、チェックが厳しくなります。また、電子情報化されたことにより電子情報の有無そのものが照合審査に影響してくるようになります。

　このように、税務当局においては、増値税専用発票の発行をコンピューターで管理し、同時に増値税の納税申告と還付申告を電子情報化して、その電子情報のロジック検査を行っています。さらに関連当局の電子情報との照合審査も行い、所定の条件をクリアしていないものについては輸出売上の免税と仕入税額の控除と還付を認めないとするものです。

## 中国の e-tax と金税工程

　現在の中国の e-tax は、大別すると、① 増値税の専用発票発行と税額控除システム、② 個人所得税の源泉徴収システム、③ 電子申告納税システム、④ 貨物運輸発票等の発票発行システムの4つに区分することができます。

## 第Ⅱ部　税務

　これらの4つのシステムは中国における徴税管理の電算化の歴史に沿って構築されてきたものです。中国では徴税の電算化は、増値税の専用発票の発行とその仕入税額控除システムの開発から始まりました。

　この流れのシステム開発は金税工程と名付けられており、システム開発に着手したのは1994年です。当初の金税工程は開発の第1期と第2期において、増値税の徴収管理情報システムを対象としていましたが、特に、1999年末に「増値税税額控除偽造防止管理弁法」が制定され、増値税の一般納税者に対してコンピュータによる情報管理システムが適用されることになりました。

　このシステム開発の中で増値税の一般納税者に直接関係するサブシステムとして、増値税専用発票の偽造発行と不正な仕入税額控除を防止するための専用発票発行と税額控除偽造防止のサブシステムが2002年末に完成しました。このサブシステムが開発された当時は、増値税の手書の専用発票が頻繁に偽造され、また専用発票の不正取得によって仕入税額控除が行われる事件が多発していたため、増値税の専用発票の発行と仕入税額控除のための登録と認証の手続がコンピュータで行われるようになりました。

　このサブシステムの完成により、2003年にはこのサブシステムにより発行される増値税専用発票以外の手書の専用発票は使用できなくなり、増値税の一般納税者は、増値税専用発票を発行するためのICカードやカードリーダー、税額控除偽造防止システムの関連ソフト等の専用設備とプリンター等の一般設備を有償で購入することが義務付けられました。

　現在は、金税工程の開発は第3期に入っており、増値税だけではなくすべての税金の徴税情報と行政管理に関わるインターネットのハードとソフトを統一した統合プラットフォームの構築が行われています。各地方政府に所在する国家税務局と地方税務局との間だけではなく、外貨管理局、税関、工商行政管理局等の政府関係部門、さらには政府以外の外部情報システムとの統合システムが開発されています。

# 24 営業税の国内役務課税

> **Point!** 営業税の対象は役務提供、無形資産譲渡、不動産販売

　中国国内において営業税の課税役務を提供する者、無形資産を譲渡する者、不動産を販売する者が営業税の納税義務者とされています。

　従来、中国国内役務とは「提供する役務が国内において発生すること」と定義されていました。ところが、近年、下記の表に掲げるように営業税の課税関係は大きく変更され、**役務の発生地に関係なく、役務の提供者または引受者のいずれかが中国国内に所在する場合に営業税が課税される**ことになりました。

　図表Ⅱ－35のうち、A取引は、中国国内で役務が発生して役務の提供者と引受者の両方が中国国内に所在しており、すべてが国内に所在する純粋な国内取引であり、課税関係も変更されていないため特に税務上の難しい問題はありません。H取引についても同様であり、中国国外で役務が発生して役務の提供者と引受者の両方が中国国外に所在する純粋な国外取引であるため、これも税務上は特に問題はありません。検討すべき取引類型

図表Ⅱ－35　国内役務の区分原則

| 類型 | 役務発生地 | 役務提供者 | 役務引受者 | 旧細則 | 新細則 | 備考 |
|---|---|---|---|---|---|---|
| A | 国内 | 国内 | 国内 | 課税 | 課税 | 純粋国内取引 |
| B | 国内 | 国内 | 国外 | 課税 | 課税 | 輸出取引 |
| C | 国内 | 国外 | 国内 | 課税 | 課税 | 引受者役務 |
| D | 国内 | 国外 | 国外 | 課税 | 非課税 | 外国役務 |
| E | 国外 | 国内 | 国内 | 非課税 | 課税 | 外国役務 |
| F | 国外 | 国内 | 国外 | 非課税 | 課税 | 引受者役務 |
| G | 国外 | 国外 | 国内 | 非課税 | 課税 | 輸入取引 |
| H | 国外 | 国外 | 国外 | 非課税 | 非課税 | 純粋国外取引 |

はBからGまでの取引です。

### Point! 役務の輸出入取引：国際的には役務発生地による課税が原則

B取引は中国国内の役務提供者が中国国内で発生させた役務を中国国外の引受者に輸出する取引です。これに対して、G取引は中国国外の役務提供者が中国国外で発生させた役務を中国国内の引受者に輸入する取引です。ここではいずれの輸出入取引であっても中国では課税が行われています。

国際課税では、このような輸出入取引については相手国との対応的調整が行われるため輸出取引については免税が行われており、輸入取引については役務発生地による課税が原則となっています。

したがって、Bの輸出取引については免税が措置されていませんが、相手の輸入国が役務発生地の原則で課税する場合には、役務の輸入取引に対して課税は行われませんので二重課税の問題は発生しない可能性があります。Gの輸入取引についても相手の輸出国が輸出免税措置を採用している場合には、同様に相手国の対応的調整の結果として、二重課税の問題が発生しない可能性があります。

### Point! 引受者所在地での役務提供：Fの取引では二重課税が発生する可能性あり

Cの取引は、中国国外の役務提供者が中国国内の引受者に中国国内で役務を提供する取引であり、引受者の所在地と役務の発生地が同一の中国国内となっています。この取引類型は、一般的には、外国企業が中国企業のために中国国内で役務提供事業を行う取引であり、例えば、日本の建設会社が中国の元請建設企業のために技術者を中国に派遣して据付工事、内装工事等の役務提供を行う取引が該当します。

このように引受者の所在国で役務が発生する取引については、旧細則と新細則のいずれでも営業税が課税されており、特に問題となる事項はありません。

Fの取引はCの取引とまったく逆の関係にあります。すなわち中国国内

の役務提供者が中国国外の引受者に中国国外で役務を提供する取引であり、引受者の所在地と役務の発生地が同一の中国国外となっています。この取引類型は、一般的には、中国企業が外国企業のために中国国外で役務提供事業を行う取引です。

Cの取引とFの取引は、同一の取引を逆の関係で見たものですが、営業税の課税関係は異なっています。すなわちCの取引に対して営業税を課税するのであれば、Fの取引は非課税となるべきですが、役務の提供者が中国国内に所在することにより課税取引とされています。このFの取引では、役務は国外で発生するため相手国で課税される可能性があり、相手国との関係で二重課税の問題が発生する可能性があります。

## Point! 当事者の外国での役務提供：Dの取引は課税の真空、逆にEの取引は二重課税の可能性

D取引は、役務の提供者と引受者が中国国外に所在して、中国国内で役務が発生する取引であり、この取引類型を例示すれば、次のような取引がこれに該当します。例えば、中国のある電力会社が外国の設備メーカーに電力設備を発注しましたが、この設備メーカーは電力設備の生産を主に行っており、建設工事を伴う設備の据付工事を行うことができなかったとします。

このため外国の設備メーカーは、同国の建設会社と中国国内における電力設備の建設据付工事契約を締結して、外国建設会社が中国国内に所在する中国電力会社の発電所に設備を据付けました。

設備メーカーは建設据付工事契約に基づいて、建設会社に外貨で工事代金を支払います。このような建設据付工事については、役務の提供会社である建設会社と引受会社である設備メーカーが外国会社であるため、新細則では営業税が課税されません。旧細則では、役務発生地が中国国内であるため営業税が課税されていました。

E取引は、D取引と逆の関係にあります。役務の提供者と引受者が中国国内に所在して、中国国外で役務が発生する取引であり、この取引類型を例示すれば、次のような取引が該当します。外国のある電力会社が中国の

### 第Ⅱ部　税務

設備販売会社に電力設備を発注しましたが、この設備販売会社は電力設備の輸出入業務を主に行っている貿易企業であり、建設工事を伴う設備の据付工事を行うことができませんでした。

このため中国の設備販売会社は、中国の建設会社と中国国外における電力設備の建設据付工事契約を締結して、中国建設会社が中国国外に所在する外国電力会社の発電所に設備を据付けました。

設備販売会社は建設据付工事契約に基づいて、建設会社に人民元で工事代金を支払い、代金の受領により建設請負の専用発票を発行しました。このような建設据付工事については、役務の提供会社である建設会社と引受会社である設備販売会社が中国企業であるため、新細則では営業税が課税されますが、旧細則では、役務発生地が中国国外であるため営業税が課税されていなかったものです。

結論として、D取引は中国で営業税が非課税となりますが、相手国において役務発生地の原則が採用されている場合には相手国においても非課税となり、課税の真空地帯が発生する可能性があります。逆に、E取引は中国で営業税が課税されるとともに、相手国においても同様に課税が行われ、国際的な二重課税となる可能性があります。

### Point! 営業税の免税

E取引については、建設業と文化体育業に限定して営業税が暫定的に免税とされています。G取引については、国外の単位または個人が国外において国内の単位または個人に提供する旅館業、飲食業、倉庫業、その他サービス業における沐浴、理髪、洗濯、表装、書写、彫刻、複写、梱包の役務については営業税が課税されません。

# 25 消費税の概要

**Point!** 中国の消費税は日本の旧物品税に当たる税金で、高額品、奢侈品、資源節約品等に課税

① **納税者**

中国国内において消費税暫定条例が定める課税消費品を生産し、委託加工する単位と個人、および課税消費品を販売するその他の単位と個人が消費税の納税者となります。

② **税額計算**

消費税は、従価定率、従量定額、または従価定率と従量定額の複合課税の方法を実行して納付税額を計算します。納付税額の計算公式は次のとおりです。

【従価定率法】

従価定率法を実行して計算する納付税額＝販売額 × 比例税率

販売額は、納税者が課税消費品を買手に販売して受け取るすべての価額と価額外費用です。

【従量定額法】

従量定額法を実行して計算する納付税額＝販売数量 × 定額税率

販売数量とは、課税消費品の数量をいい、具体的には次のとおりです。
1 課税消費品を販売する場合は、課税消費品の販売数量とします。
2 課税消費品を自己生産自己使用する場合は、課税消費品の移送使用数

量とします。
3　課税消費品を委託加工する場合は、納税者が回収した課税消費品数量とします。
4　課税消費品を輸入する場合は、税関が査定した課税消費品の輸入課税数量とします。

# 5 その他の税制と税法

第Ⅱ部 税務

# 1 中国の投資規制

## Point 中国の不動産投資や株式投資には制約が大きい

　中国は1996年12月にIMF8条国に移行して、貿易取引や貿易外サービス取引である外貨の経常項目については、人民元と外貨を自由に交換できるようになりました。ただし、資本の移転を目的とする外貨の資本項目については厳格な外貨管理規制を行っています。

　1997年のアジア通貨危機と2008年の国際金融危機では、中国の資本取引規制が効を奏して、中国にはグローバルマネーの影響が及びませんでした。中国では、どのような資本規制を行っているのでしょうか。

　例えば、中国で投資といえば不動産投資と株式投資があります。不動産投資については、中国国内で不動産開発を行うことができるのは投資総額1,000万米ドル以上の外国投資不動産開発経営企業を国内で設立した場合だけです。**国外の外国企業は不動産開発に携わることはできません。**

　また、**中国国内の不動産を購入することができるのは、中国国内に1年以上居住している外国人等の個人であり、駐在員事務所等を有する外国企業だけであり、居住用または自己使用目的のための建物に限定されています。**

　外国人の証券投資についても厳格な外貨管理が行われています。中国証券市場で流通している国内上場株式にはA株とB株があり、国外には海外上場株式としてH株（香港上場株式）、N株（ニューヨーク上場株式）、L株（ロンドン上場株式）、S株（シンガポール上場株式）等があります。

　A株は人民元普通株式といい、中国国内の中国人と適格国外機関投資家が売買し人民元で決済することができます。B株は人民元特殊株式といい、外国人と外貨口座を有する中国人によって外貨で決済される国内上場

株式です。

　B株はもともと外国人のみが売買できる株式でしたが、A株に比較して市場規模も小さく取引も低調であったことから2001年2月から国内居住者である中国人もB株に投資することができるようになりました。

　また、逆に中国人のみが売買できたA株については、2002年12月から適格国外機関投資家（QFII = Qualified Foreign Institutional Investors）の制度が開始されて、海外の投資家も適格国外機関投資家を通してA株に投資することができるようになりました。

　香港で上場されている中国関連株式には、H株とレッドチップ株があります。H株とは中国国内で登記設立された企業がそのまま香港証券取引所に上場された株式であり、レッドチップ株は中国企業の親会社または関係会社が香港で登記設立されて香港企業として香港証券取引所に上場された株式です。

## Point! 中国では証券投資に外貨現金を使ってはいけないので外貨口座を開設しなければならない

　中国の外貨管理規定では、中国国内における証券投資については外貨現金を使用することは禁止されています。外国人はB株に投資するにあたっては外貨管理上の資本項目としての外貨口座を国内の商業銀行に開設する必要があり、口座内資金の国内での振替や国外送金は外貨管理局の承認を受けなければなりません。

　中国国内のB株投資については、国内の商業銀行の外貨預金口座から国内の証券会社または投資信託会社のB株保証金口座に外貨を振り込んだ後に、国内の証券会社等でB株資金口座を開設して取引を行います。

　A株投資については、外国人がA株を取引することはできません。中国証券監督管理委員会が適格国外機関投資家として承認した中国国外の投資ファンド運営会社、保険会社、証券会社等を通してA株を取引することができます。

　適格国外機関投資家は、中国国内の商業銀行等に投資資産の管理を委託し、国内の証券会社に国内における証券取引を委託します。管理受託者で

ある国内の商業銀行等が投資資産の保管、すべての外貨取引、人民元の資金決済を行います。

適格国外機関投資家は、中国国内の証券登記決済振替機構で証券口座を開設して、承認された投資限度額内で金融商品に投資しますが、投資限度額の上限設定がありますので、中国国内のA株のみに直接投資するのではなく、他の証券とともに投資信託を構成してその投資信託受益証券を中国国外の外国人や外国企業に販売しています。

## 中国企業のIPO

中国の国有企業が中国国内で証券取引所に株式を上場するときは、一般的に次のようなプロセスで上場します。はじめに、国有企業という旧社会主義体制における企業形態から株式会社という会社形態に組織変更します。このプロセスで最も重要なことは、その国有企業の資産と負債を確定する手続です。すなわち国有企業のときには会社財産という観念がなかったこともあり、企業が所有する資産を確定するための資産の所有権と実在性の調査が行われます。また、隠れた負債の有無を確認するための負債の網羅性等の調査も行われます。

このデューデリジェンス（精査）によって国有企業の資産と負債が法的・経済実態的に確立された後に、資産（企業）の鑑定評価が資産評価事務所等によって行われ、会社の時価金額による資産と負債の金額が確定します。この時価金額による資産と負債の差額が、原則としてその会社の株式資本金の金額になります。資産－負債＝時価純資産額＝株式資本金発行金額の構図で、上場に向けて株式会社がスタートします。日系の外国投資企業が中国国内で上場する時にもこの論理と手続がそのまま適用されます。

国有企業の場合は、その国有企業を所有していた政府がそのまま株主となり国有株式となりますが、最近では行政と経済の分離の原則により、政府が直接国有会社を所有する国家資本金の出資形態から、政府の支配下にある企業集団公司を通して間接出資する法人資本金の出資形態が増えています。

その後、上場するまでの間に株主構成の再編成を行い、株式資本金は政府

直系の開発公司、企業集団の中核企業、地元のベンチャーキャピタル、その地方の有力企業、取引先企業等によって再構成されます。これらの会社が所有する既存の株式が上場時に売り出され、または新規株式が発行されて株式が公開されます。

## 非流通株式の流通化改革

　中国の上場株式市場が日本や欧米の株式市場と著しく異なっていたのは、中国では会社が上場される時に証券市場に流通させる流通株式と会社が上場された後も流通されることのない非上場株式の両方が存在していたことです。会社の同一種類の株式が、一部は上場株式（流通株式）となり、一部は非上場株式（非流通株式）となり、証券取引所に上場される株式はその株式全体のほんの一部に過ぎないことが珍しくありませんでした。

　中国証券監督管理委員会の統計によれば、2004年末現在で上場会社の株式総数は約7千億株で、そのうち非流通株式数は約4.5千億株で6割を占めており、さらに非流通株式に占める国有株式の比率はその約7割に達しており、株式総数の5割弱が国有株式でした。これは国有企業の上場に当たって、上場会社の最高意思決定は流通株主ではなく、非流通株主である国有株式を所有している支配株主によって行われていることを示していました。

　これは、国有企業が一部株式の上場により証券市場から流通株主の資金を調達するとともに、会社経営に関しては非流通株主（支配株主）による安定経営を目指してきたからでした。しかし、このような流通株主と非流通株主の並存は、実際の支配株主である非流通株主が投資家保護に関心を持たないまま経営支配に傾注する結果、証券不祥事である財務諸表の虚偽表示、虚偽の監査報告書提出、インサイダー取引、株価操縦等の問題を引き起こした制度的弊害要因となったようです。

　このため、中国証券監督管理委員会は、2006年4月に上場会社の非流通株式の流通化改革を本格的にスタートさせました。このような流通化改革はそれ以前にも試行錯誤的に行われていましたが、株主の理解を得ることができず本格的な改革は行われなかったものでした。2006年以降これらの改革

は実際に進展して流通化改革は成功しましたが、上場株式の希薄化を招き、2008年のリーマンショックもあって、その後の中国上場会社の株価は低迷を続けています。

# 2 中国の証券税制

### Point! 上場株式の証券（株式）取引印紙税：株式の譲渡取引では税率0.1％、免税規定もあり

　ここでは中国国内の上場株式に限定した関連税制を説明します。まず、証券（株式）取引印紙税は、1990年6月に深圳市が株券購入者に0.6％の印紙税を課税したのが始まりで、その後、0.6％→0.3％→0.5％→0.4％→0.2％→0.1％→0.3％→0.1％と変遷をたどりました。2008年4月からは、株主権の売買、承継、贈与のために作成された譲渡証書に対して、証書作成日の証券市場の実際取引価格に基づいて0.1％の税率で、証書作成の両当事者に印紙税が課税されています。

　なお、2005年6月には、上場株式の非流通株式の流通化改革によって、非流通株主が流通株主に対価を支払うことによって株主権を譲渡する取引については、証券（株式）取引印紙税が免税されました。財政部と国家税務総局は、2005年6月13日に「株主権併設試行改革に関連する租税政策問題に関する通知」を公布して、株式の流通化改革における株式譲渡については、印紙税と企業所得税または個人所得税の免税措置を取りました。

　このような証券（株式）取引印紙税の免税は、国有企業が資本構成を再編するために国有株式を無償譲渡する場合にも適用されていた方法で、非流通株式の流通化においても同じような印紙税の免税が適用されたものでした。

また、2008年9月には米国金融危機による株価の下落のため、証券の売買、承継、贈与により作成するA株とB株の株券譲渡証書について0.1％の税率で双方の当事者に対して課税する証券（株式）取引印紙税は、片方課税に修正されました。すなわち、売買、承継、贈与により作成するA株とB株の株券譲渡証書の譲渡人に対しては0.1％の税率で証券（株式）取引印紙税を課税しますが、譲受人に対しては課税しないで免税となりました。

さらに、2010年2月には、上場会社の再編に関連して、上場会社持分を保有する出資者がこれを出資して行う持分譲渡行為については、証券（株式）取引印紙税を免税とする規定が発表されています。

## Point! 個人の上場株式譲渡や配当は減免税、企業の持分譲渡益や配当は課税、国内配当は免税

次に、企業や個人が株式を譲渡した場合は、原則としてその譲渡益に対して企業所得税や個人所得税が課税されます。

### ① 企業所得税

企業所得税については、中国の居住企業が株式または持分を譲渡して取得した収入についてはその譲渡益に対して基本税率である25％で課税されます。中国の非居住企業が取得した持分譲渡益に対しては10％の源泉税率で課税されます。

中国国内で居住企業から居住企業に支払われる配当については企業所得税は免税とされ、中国の居住企業から非居住企業に配当される時には10％の源泉税率で課税されます。

### ② 個人所得税

個人所得税については、1994年から1996年までの間は中国の株式市場が未成熟であり証券市場を育成するとの観点から、上場株式を譲渡した時の譲渡益について個人所得税は免税としていました。1997年以降についても、企業の組織編制に適合し、株式市場の安定的な発展を促進するた

め、個人が上場会社株式を譲渡して取得する所得について期間を限定することなく継続して個人所得税を免税としました。

このように中国の株式譲渡所得については、個人が上場会社株式を譲渡した所得は暫定的に個人所得税を免税としていますが、上場会社以外の非上場株式会社の株式譲渡所得、または外国投資企業を含む有限会社の出資持分を譲渡した持分譲渡所得については、財産譲渡所得として20％の税率で個人所得税を課税しています。

なお、2005年には非流通株式の流通化改革によって、非流通株主が流通株主に対価方式を通して支払った株式、現金等の収入は、流通株主が納付すべき企業所得税と個人所得税は暫定的に免税となりました。

また、中国人の個人投資家が上場会社から取得する配当・利益分配所得について、個人の課税所得額を暫定的に減額し50％で計上することとしました。すなわち、個人の配当所得は配当収入×20％で課税されますので、実質的に税率を20％から10％に減免した効果があります。

外国人の投資家については、上場会社と外国投資企業からの配当については免税、これら以外の非上場会社からの配当については中国居住者は20％、中国非居住者については10％の税率で個人所得税が課税されます。

## H株とレッドチップ株

香港で上場されている中国関連株式には、H株とレッドチップ株があり、H株とは中国国内で登記設立された企業がそのまま香港証券取引所に上場した株式であり、レッドチップ株とは、中国企業の親会社または関係会社が香港で登記設立されて香港企業として香港証券取引所に上場された株式です。

2010年6月現在で、香港証券取引所のメインボードの上場会社数は1,169社、香港版ナスダックであるGEM市場には174社が上場されていました。香港証券取引所に上場されているH株の上場会社数はメインボードが116社、GEM市場が40社であり、レッドチップと呼ばれている香港上場会社数は、メインボードが92社、GEM市場が5社ほどあり、香港証券取引所の時価総額は18兆香港ドルでした。GEMとはGrowth Enterprise Marketの略称でありハイテク企業を主体としたベンチャー企業が上場する新興株上場市場です。

## H株取引と税金

#### ◎H株投資は証券会社経由が一般的

　H株投資については、H株自体が香港証券取引所の上場株式であり中国の外貨管理規制を受けません。H株そのものは香港のカストディアン・バンクまたはブローカーを通して香港証券取引所の香港証券決済機構の代理人会社名義で登録されます。

　日本からの中国株式投資は、いずれも日本の証券会社等の外国株式口座を通して香港や中国の保管機構、証券会社、投資信託会社等を経由してそれぞれの証券市場で取引されています。

　最近では、中国農業銀行の香港上場株式（H株）の一部が日本で公募に出されました。この募集株式は日本の証券取引所に上場することなく日本の投資家に売り出されるものです。過去にも、同様の方法で、交通銀行、中国銀行、招商銀行、工商銀行、中国建設銀行、中国平安保険集団、中国人寿保険、上海電気企業集団等のH株等が日本で公募されています。

　次に、H株に関連する中国と香港と日本の税金について簡単に紹介しますが、日本の居住者個人または内国法人が日本国内の証券会社等の外国株式口座を通してH株の取引を行うことを前提としています。

#### ◎中国の個人所得税は本来、免税、ただし企業株主として10％の源泉課税

　H株については、中国国内では個人所得税と企業所得税の源泉徴収課税が検討課題になります。個人所得税については、中国国外の海外上場株式（H株）の配当所得と株式譲渡所得について個人所得税は免税とされています。

　ただし、企業所得税については、中国国外のH株の企業株主（法人株主）に配当を送金する場合には中国で10％の源泉徴収が行われます。また、中国国外のH株の企業株主がH株を譲渡した所得についても10％の源泉徴収が行われます。

　2010年5月に国家税務総局は、A株、B株、H株とその他の海外上場株式を発行している中国上場会社が、中国国外の企業株主（非居住企業）に配当を送金する際に源泉徴収しているかを調査して源泉徴収義務を履行していない上場会社に対して追徴を行うべきことを関係当局に伝達しています。

H株は香港証券決済機構の代理人名義で登録されていることから企業株主として取り扱われているようです。しかし、海外の個人投資家については名義人または代理人としての企業ではなく、配当の真の受益所有者（株主の権利を有する者）としては個人株主ですので本来は免税の措置が講じられるべきものです。

◎香港では配当も譲渡益も課税されないが、印紙税の課税がある

香港においては、配当所得は課税されません。法人段階でその事業利益に対してすでに課税が行われていることから、法人とその株主の二重課税を防止するために、国内法人であれ海外法人であれ、すべての配当について事業所得税（profit tax）の課税はありません。

香港の事業所得税では、キャピタルゲインは非課税とされています。非課税とされる資本資産（キャピタルアセット）の定義はなくその実質で判断されますので注意が必要です。ただし、日本の居住者等が香港に恒久的施設（事業の場所）等を持たず香港で事業活動を行っていなければ事業所得税の課税はありません。

なお、香港では、証券売買に係る印紙税がH株の譲渡契約文書に対して買主と売主にそれぞれ0.1％の税率で課税されます。

◎日本では源泉分離課税または申告分離課税が行われる
① 個人株主の場合

日本においては、日本国内に営業所のある証券会社等の口座から配当や証券譲渡代金を受領することから日本の証券会社等が源泉徴収義務者となり、個人の株式の譲渡益について平成25年分までは源泉税率が10％（所得税7％と住民税3％）の申告分離課税となります。

申告分離課税とは、年間の総合申告とは切り離して株式譲渡益について10％の税率で確定申告を行うことをいいます。申告分離課税で確定申告した場合で株式の譲渡損が発生した場合は、上場株式の配当所得を譲渡損と損益通算することができます。譲渡損を配当所得から控除しきれない場合は3年間繰り越すことができます。

証券会社等の口座を特定口座のうちの源泉徴収口座として選択した場合には、源泉徴収のみで課税関係を終了することもできます。

株式の配当についても、配当金額（外国源泉税がある場合には控除後の金額）

について平成25年分までは源泉税率10％（個人の場合は所得税7％と住民税3％）で源泉徴収され、源泉徴収のみで課税関係を終了することができます。

　上場株式の配当は源泉徴収のみで確定申告しないことができますが、確定申告で総合課税とすることもできます。配当について確定申告した場合は、外国税額控除を行うことができます。また、平成22年1月1日以後は配当を源泉徴収口座へ合算することも可能となりました。

② **法人株主の場合**

　日本の法人株主が受け取る上場会社株式等の配当については平成25年12月31日までは7％の源泉徴収課税が行われます。H株の譲渡損益と配当については、一般の外国法人株式の税務処理と同様に法人の課税所得計算、外国税額控除等を行います。

# 3 中国の不動産税制

## Point! 不動産税制には非常にたくさんの税金が関係してくるので注意

　中国の不動産税制は、図表Ⅱ-36に示したとおり、非常にたくさんの税金が関係しています。日系企業と日本人に関係する税金だけでも、企業所得税法、土地増値税、個人所得税法、営業税、印紙税、不動産取得税（契税）、不動産税（房産税）、都市郷鎮土地使用税、耕地占用税等があります。

　将来の税制改正の中で、これらの不動産税制は沿海地域や実験都市でその年の実情に合わせて試行錯誤的に改正施行されて、最終的に全国統一で整理整頓され、統一した税制改正となることが見込まれています。

　最近の不動産税制の改正を見ても、2007年1月1日から従来は中国内資企業等に対してのみ課税されていた都市郷鎮土地使用税が外資系企業等に対しても課税が開始され、2008年1月1日からは同様に中国内資企業

第Ⅱ部　税務

図表Ⅱ－36　不動産に関係する税金

| 税金と公租公課 | 課税対象 | 税率 |
|---|---|---|
| 企業所得税 | 売却益 | 20% |
| 土地増値税 | 付加価値額 | 30～60% |
| 個人所得税 | 譲渡所得 | 20% |
| 営業税 | 取引額 | 5% |
| 印紙税 | 譲渡金額 | 0.05% |
| | 賃貸金額 | 0.1% |
| 不動産取得税（契税） | 取引価格 | 3～5% |
| 都市郷鎮土地使用税 | 土地面積 | 1㎡ 0.6元～30元 |
| 耕地占用税 | 耕地面積 | 1㎡ 5元～50元 |
| 不動産税（房産税） | 取得価格等 | 1.2% |
| | 賃貸収入 | 12% |
| 都市擁護建設税 | 営業税額 | 1～7% |
| 教育附加費 | 営業税額 | 3% |

〔注〕2011年8月1日現在

等に対してのみ課税されていた耕地占用税が外資系企業等に対して課税が開始されています。2009年1月1日からは都市不動産税（都市房地産税）が廃止されて不動産税（房産税）が外資系企業にも適用されるようになりました。

　また、2010年12月1日から都市擁護建設税と教育費附加が外資系企業と外国人に適用されています。

## Point! 日系企業と日本人に対する税金

　これらの外資系企業と外国人に対する税金について簡単に説明すれば、まず不動産を購入した時には、その購入者に取引価格の3%～5%の**契税（不動産取得税に近い税金）**が課税されます。実際の税率は地方政府が決定します。

　契税は中国国内で土地、建物の権利関係を移転、承継する企業、団体と個人が納税義務者になります。土地、建物の権利関係の移転には、国有土地使用権の払下げ、土地使用権の売却、贈与および交換を含む譲渡、建物の売買、建物の贈与、建物の交換が含まれます。

## 5 その他の税制と税法

　不動産の契約書については、売買契約書はその譲渡金額の0.05％、賃貸契約書はその記載金額の0.1％の**印紙税**が契約当事者双方に課税されます。

　建物の所有者には、建物の原始取得価格から10％～30％の範囲内で各地方政府が決定した控除率で控除した金額に1.2％の税率を乗じた**不動産税（房産税、建物税）**が課税されます。建物の賃貸者は、建物の原始取得価格が不明ならば、この建物税の税額に代えて、賃貸収入の12％の建物税が課税されます。

　不動産を売却した時には、外国投資企業であれば、その売却益はその企業の課税所得に加算されて25％等の税率で**企業所得税**が課税されます。外国企業が中国国内の不動産を売却した場合には、その不動産が外国企業の中国国内機構等の財産に実質的に関係しないものであれば、その売却益に対して10％の源泉徴収課税が行われます。

　外国人個人が中国国内の不動産を売却したときには、財産譲渡所得として20％の税率で**個人所得税**が課税されます。

　売却不動産が土地使用権である場合には、これらの所得税のほかに、**土地増値税**が（譲渡収入－一定控除項目金額）×税率の税額計算で課税されます。土地増値税の税率は30％から60％となっています。

　さらに、不動産の販売者または賃貸者に対しては、販売金額または賃貸金額に対して5％の**営業税**が課税されます。この営業税の納税義務者には企業と個人がありますが、個人が住宅を売却または賃貸する時の営業税については、住宅の優遇税制があります。

　**都市郷鎮土地使用税**は、都市、県の都市、編制鎮、工業鉱区の範囲内で土地を使用する企業、団体、個人を納税者とするものです。土地使用税は土地面積を課税標準として1㎡当りの年税額は0.6元から30元の範囲であり地方政府が税額を決定しています。大都市は1㎡当り1.5元から30元までとされています。

　**耕地占用税**は、耕地と耕地の上にある建物を占有使用する者と耕地で農業以外に従事する者が納税義務者になります。納税義務者には企業、団体、個人が含まれ、外国企業、外国投資企業も含まれています。耕地とは農作物の栽培に使用する土地をいいます。耕地占用税は、耕地面積を課

標準として1㎡当りの年税額は5元から50元の範囲であり地方政府が税額を決定しています。経済特区、経済技術開発区等では税額は半減されています。

**都市擁護建設税**と**教育費附加**は2010年11月30日までは中国内資企業と中国人に課税され、原則として外資系企業と外国人には課税されていませんでしたが、2010年12月1日から、増値税、営業税、消費税の税額に税率を乗じて徴収されます。

都市擁護建設税の税率は、各地方によって異なりますが、基本的には行政区画の市区に所在する納税者は7％、県の都市または鎮に所在する納税者は5％、その他の納税者は1％であり、それぞれ増値税、営業税、消費税の税額に税率を乗じて計算します。都市擁護建設税に伴って賦課される教育費附加は行政費用ですが、それぞれ増値税、営業税、消費税の税額に3％の徴収率を乗じて計算します。

# 4 房産税の改革

## Point! 中国の房産税改革

現行の房産税（不動産税）は、都市や工業区等の限定された地域内で建物の財産権を所有する単位（企業や事業単位等）と個人に課税されていますが、個人が所有する非営業用の建物には房産税は課税されていません。最近の不動産市場では個人投資家による住宅投資や不動産投機が問題となっていますので、房産税改革では現行の課税範囲が個人の住宅投資等に拡大するかもしれません。

現行の房産税の税額は、建物原価から10％～30％の割合で控除した残額に1.2％の税率を乗じて計算します。この控除割合は各地方政府が具体的に決定するものとされています。建物を賃貸している場合には、賃貸料

収入に12%を乗じて税額計算します。

　これらの税額計算では建物原価や賃貸料収入がベースとなって課税されていますが、現在行われている房産税改革では、最近の急激な不動産価格の高騰を反映して不動産の時価評価額を課税標準とすることが検討されています。

　ただし、その目的は高騰した不動産価格を抑制するということではなく、高価格（時価）の不動産を保有することによって房産税の税金負担が増加しますので、房産税に貧富の格差を調節させる機能を持たせるとともに、投資目的や投機目的の不動産を市場に売りに出させて住宅市場への供給を増加させることにあります。これまで、不動産の保有に対してあまり税金がかかっていないようでしたが、これを改正する方向で検討されています。

　現行の房産税では、建物を賃貸した場合には、賃貸料収入に12%の税率で課税されますが、個人が住宅を賃貸した場合には4%に軽減した税率を適用するものとされています。この個人賃貸住宅に対する優遇税率は2000年に発表された国務院の住宅賃貸市場の租税政策によるものです。

　このように個人住宅の租税政策については2000年から今日に至るまで、住宅価格の抑制、個人住宅の有効な供給、収入の低い労働者に対する低価格の賃貸住宅の供給等が促進されており、何回にもわたって多種多様な租税優遇政策が実施されています。

## 上海市の房産税改革

　地方政府による房産税の改革は、2011年1月に上海市と重慶市で房産税の実験的改革の暫定規定が発表されました。そのうち上海市の暫定規定では、課税対象は上海市に居住する家庭が上海市内で新たに購入する2棟目の住宅と上海市以外に居住する家庭が上海市内で新たに購入する住宅となっています。

　すなわち上海市民は第2番目に所有する住宅を新たに購入した場合、上海市民以外の者は上海市内に新たに住宅を購入する場合に、房産税が課税され

ます。納税者はその課税住宅の所有権者です。

　房産税の課税標準は課税住宅の不動産市場価格を参照して決定する評価額とされており時価が課税対象となっています。房産税は暫定的に課税住宅の市場取引価額の70％を課税標準額としています。適用税率は暫定的に0.6％とされています。

　　　納税額＝市場取引価格×70％×0.6％

　課税住宅の平米当りの市場取引価額が上海市の前年度の新築商品住宅の平均販売価格の2倍より低い場合は、税率は暫定的に0.4％に軽減されます。また、1家庭当りのすべての住宅面積が60㎡以下である場合には、その新たに購入した住宅について房産税は免税とされます。

◎個人住宅に関係する税金

　中国の不動産税制は、不動産の取得時、保有時または賃貸時、売却時に課税されるいくつかの税金があります。不動産の取得時には、印紙税と契税が課税されます。印紙税については、不動産の売買契約書はその譲渡金額の0.05％、賃貸契約書はその記載金額の0.1％の印紙税が契約当事者双方に課税されます。

　契税については、不動産を購入した時には、その購入者に取引価格の3％〜5％の契税（不動産取得税）が課税されます。契税は中国国内で土地使用権と建物財産権の権利関係を移転または承継した企業、団体、個人に課税するものであり、地方政府が実際の税率を決定します。

　不動産の保有と賃貸については、前述した房産税のほかに、都市郷鎮土地使用税、耕地占用税、個人所得税、営業税が課税されます。都市郷鎮土地使用税は、都市、県の都市、編制鎮、工業鉱区の範囲内で土地を使用する企業、団体、個人を納税者とするものです。土地使用税は土地面積を課税標準として1㎡当りの年税額は0.6元から30元の範囲であり地方政府が税額を決定しています。大都市は1㎡当り1.5元から30元までとされています。

　耕地占用税は、耕地と耕地の上にある建物を占有使用する者と耕地で農業以外に従事する者が納税義務者になります。納税義務者には企業、団体、個人が含まれ、外国企業、外国投資企業も含まれています。耕地占用税は、耕地面積を課税標準として1㎡当りの年税額は5元から50元の範囲であり地方政府が税額を決定しています。

不動産を賃貸した時には、賃貸料収入の一定割合に20％の税率を乗じた個人所得税と賃貸料収入に5％の税率を乗じた営業税が課税されます。

不動産を売却した時には、印紙税の他に、個人所得税、土地増値税、営業税、都市擁護建設税、教育費附加等の税金と費用が課されます。個人所得税については、実際の売却価額から住宅取得原価と合理的費用を控除した差額を課税所得額として財産譲渡所得の税率20％を乗じた税額が課税されます。

売却不動産が土地使用権である場合は、土地増値税が（譲渡収入－控除項目金額）×税率で税額計算されて課税されます。土地増値税の税率はその課税対象金額に応じて30％から60％となっています。

不動産を販売した場合には販売金額に5％の営業税が課税されます。営業税の納税者には都市擁護建設税と教育附加費が課税されます。いずれも営業税を課税標準として営業税額に税率（徴収率）を乗じて徴収しますので、不動産取引において営業税が源泉徴収される場合には、都市擁護建設税と教育附加費も同時に源泉徴収される場合があります。

# 5 個人住宅の課税と減免税

## Point! 個人住宅の優遇税制

最近では、日本人の駐在員も中国の不動産を自ら購入する事例が増えてきましたので、ここでは個人住宅に焦点を当てて外国人個人の住宅について適用される優遇税制を紹介します。中国人個人に対する住宅優遇税制には、公有住宅、経済適用住宅、低価格賃貸住宅等の優遇制度がありますがここでは説明を省略します。

① **個人住宅の購入**

個人が住宅を購入する時に締結する契約書の印紙税は免税されます。ま

た、個人が普通住宅を購入して、その家庭の唯一の住宅とする場合には、契税は半減されます。個人が90平米以下の普通住宅を購入しその住宅が家庭の唯一の住宅である場合は、契税の税率は1%となります。普通住宅の基準は地方政府が定めています。

② **個人住宅の売却**

　個人が住宅を売却する時に締結する契約書は印紙税が免税されます。

　個人が自己使用5年以上で、かつ家庭で唯一の生活用住宅を譲渡して取得した所得については、個人所得税が免税されます。自己所有の住宅を売却した後1年以内に住宅を買い替えた場合にはその既存住宅の売却については個人所得税の減免税は認められていません。

　個人が購入して5年以上の普通住宅を対外的に売却した場合は、営業税が免税されます。個人が購入して5年以上の非普通住宅または5年未満の普通住宅を対外的に売却した場合は、その売却収入から購入建物の価額を減額した残額に税率を乗じた営業税が課税されます。なお、個人が購入して5年未満の非普通住宅を対外的に売却した場合は、営業税が全額課税されます。

　個人が住宅を売却する場合には土地増値税は暫定的に免税されます。

③ **個人住宅の賃貸**

　個人が住宅を賃貸、賃借して賃貸借契約書を締結する場合は印紙税が免税されます。個人が建物を賃貸して取得する所得については、個人所得税は暫定的に10%の税率で課税されます。個人が住宅を賃貸する場合は、用途に係らず、営業税は3%の税率の半分に減税され、房産税は4%の税率に減税され、郷鎮土地使用税は免税されます。

# 6 都市擁護建設税と教育費附加

## Point! 2010年12月から外資系に課税を開始

　中国国務院は2010年10月18日付けで、「内外資企業と個人の都市擁護建設税と教育費附加制度に関する通知」(国発[2010]35号)を公布して、2010年12月1日から、外国投資企業、外国企業、外国籍個人に対して都市擁護建設税と教育費附加を課税または徴収することを決定しました。

　**都市擁護建設税**とは、1985年2月に国務院が制定した「中華人民共和国都市擁護建設税暫定条例」に基づいて、税務局が課税する地方税であり、**都市の公用事業と公共施設の維持、保護、建設に使用する資金源泉を安定的に確保するために創設された税金**です。

　**教育費附加**とは、1986年4月に国務院が制定した「教育費附加徴収暫定規定」に基づいて地方政府が徴収する附加費用であり、税務局が徴収の責任を負っています。教育費附加は、制定当時の中国共産党の「中共中央の教育体制改革に関する決定」に従って、**地方の教育事業を発展させるために、地方政府が行う教育事業経費の資金源泉を一般予算枠以外に拡大する目的で創設**されました。

① 納税者

　**都市擁護建設税と教育費附加の納税者は、増値税、営業税、消費税の納税義務者と同じ**です。ただし、税関が輸入品に対して代理徴収する増値税と消費税については、都市擁護建設税の課税と教育費附加の徴収はありません。

　増値税の納税者には、貨物の販売者、加工修理整備の役務提供者、貨物の輸入者がおり、消費税の納税者には、課税消費品の生産販売者、委託加

## 第Ⅱ部　税務

工の受託者、輸入者がいます。貨物の輸入者、課税消費品の輸入者が商製品を輸入する時には、税関が税務局に代って増値税と消費税を代理徴収しますが、その輸入品については、都市擁護建設税は課税されず、教育費附加も徴収されません。

　増値税と消費税には輸出免税の規定がありますので、中国国内に事業所等を持たない中国国外の外国企業と外国人が増値税または消費税の納税者になることは通常はありません。

　営業税の納税者には、課税役務の提供者、無形資産の譲渡者、不動産の販売者がいます。無形資産と不動産については、中国国内に所在する無形資産と不動産を譲渡または販売した場合に営業税が課税されます。課税役務の提供については、課税役務を提供する者かまたは課税役務の提供を受ける者のいずれかが中国国内に所在する場合に営業税が課税されます。

　このように増値税と消費税については、中国国内に所在する内資企業、外国投資企業、事業単位等、中国人、外国人および中国国内に事業所等を有する外国企業が納税者となり、同時に、都市擁護建設税と教育費附加の納税者にもなります。

　これに対して、営業税については、中国国内に所在する内資企業、外国投資企業、事業単位等、中国人、外国人および中国国内に事業所等を有する外国企業が納税者となるほかに、中国国内に事業所等を持たない中国国外に所在する外国企業と外国人も納税者となります。

　すなわち、中国国内に事業所等を持たないで営業税の課税役務を中国国外で提供する外国企業と外国人、中国国内に所在する無形資産または不動産を譲渡または売却する外国企業と外国人も営業税の納税者となると同時に、都市擁護建設税と教育費附加の納税者にもなります。

　この意味では、都市擁護建設税と教育費附加の課税と徴収は、受益者による応益負担の原則ではなく、担税力による応能負担の原則が適用されています。ただし、このような解釈は、現時点における税務文献と関係規定の範囲内で行ったものであり、今後の実務の取り扱いについては将来公布される税務通知等に留意する必要があります。

② 課税標準と税率

　都市擁護建設税と教育費附加は、納税者が実際に納付した増値税、営業税、消費税の税額を課税計算根拠として、これに規定の税率または徴収率を乗じて税額または徴収額を計算します。

　都市擁護建設税の税率は、地方政府が定めている行政区画に従って、次のように定められています。

| | |
|---|---|
| 納税者の所在地が市区にある場合 | 税率は7% |
| 納税者の所在地が県城または建制鎮にある場合 | 税率は5% |
| 納税者の所在地が市区、県城または建制鎮以外にある場合 | 税率は1% |

　このように都市擁護建設税の税率は、納税者の所在地の規定税率が適用されます。ただし、委託加工や代理販売のように代理控除代理納付、代理受領代理納付が行われる場合には、その代理納付する者の所在地の規定税率が適用されます。

　このような取扱いによれば、中国に事業所等を持たない国外居住者が中国国内の支払者によって都市擁護建設税等を代理控除代理納付（源泉徴収と同じ）された場合には、その支払者の所在地の規定税率が適用されることになります。ただし、現行の都市擁護建設税は、このような中国国外に所在する外国企業や外国人を想定していない暫定条例と関係規定ですので、今後の取扱いには留意が必要です。

　教育費附加の徴収率は一律3%とされています。増値税、営業税、消費税の納税者は下記のように都市擁護建設税と教育費附加が加算されます。例えば、市区に所在する5%の営業税の納税者は、合計して5%×（100%＋7%＋3%）＝5.5%の税率となります。

　　　　増値税の納税者＝増値税額＋増値税額×（7%/5%/1%）＋
　　　　　　　　　　　　増値税額×3%
　　　　営業税の納税者＝営業税額＋営業税額×（7%/5%/1%）＋
　　　　　　　　　　　　営業税額×3%
　　　　消費税の納税者＝消費税額＋消費税額×（7%/5%/1%）＋
　　　　　　　　　　　　消費税額×3%

第Ⅱ部　税務

# 7　印紙税

　日本と同じように中国にも印紙税があり、印紙税の課税対象となる文書に対しては、印紙を購入して課税文書に貼付しその貼付した印紙に押印するかまたは二重の横線を引いて消印しなければなりません。

　**この印紙税の存在は意外と忘れられていることが多く、中国の税務局による税務調査や企業間の任意の財務調査（デューデリジェンス）の時には、必ずといってよいほど、印紙税の未納税額すなわち契約文書等に印紙が未貼付であることが指摘されています。**これは普段、印紙税の存在に気がつかないことともに、中国の印紙税と日本の印紙税とが相違していることにも理由があります。

## Point! 日本では課税文書の作成場所が納税地

　まず日本と中国の印紙税の相違に気がつくのは、日本の親会社と中国の子会社との間で契約書等を交わした時です。このような日中間の印紙税に関係する課税文書には、親子ローンの金銭消費貸借契約書、日本の親会社が中国の子会社に役務提供する請負契約書、親子間の原材料部品・製品の継続的な取引の基本約定書と売上代金の受取書（領収書）、親会社の子会社の銀行借入等に対する債務保証契約書等があります。日本の印紙税法では、課税文書の作成者が納税者となり、特定の場合を除いて、その課税文書を作成した場所が納税地となります。

　したがって、課税文書の作成場所が中国である場合は、たとえその文書による権利の行使またはその文書の保存が日本で行われるものであっても、日本の印紙税法は適用されません。ただし、その課税文書に中国の作成場所が記載されていても、現実に日本で作成された文書に対しては、日本の印紙税法が適用されますので留意しなければなりません。このように**日本**

## 5 その他の税制と税法

の印紙税法では、契約文書等が日本国内で実際に締結されたものか、または中国国内で実際に締結されたものかによって課税関係が決定されます。

### Point! 中国では課税文書を作成・受領する者に課税

これに対して、中国の印紙税暫定条例では課税文書を作成するか受領する者が納税者であり、課税文書は中国国内で法的効力を有し、中国法の保護を受ける文書であり、この課税文書を作成・受領する者は、課税文書が中国国内または中国国外で作成されたかどうかに関わらず印紙税の納税義務者とされています。**日本と異なり課税文書の作成場所で課税関係を判断するのではなく、中国国内で法的効力を有し中国法の保護を受ける課税文書を作成するか受領するかで印紙税の課税関係を決定することになります。**

したがって、日本国内で契約文書を締結し作成した時には、その契約文書が日本の印紙税の課税対象である「課税物件表」の物件名とその定義に該当すれば、その欄の課税標準（主に金額基準）と税率（税額）で日本の印紙税が課税されます。と同時に、中国の印紙税暫定条例の「税目税率表」に記載されている課税文書に該当すれば、中国でもその契約文書の種類に応じた税率で印紙税が課税されることになります。逆に、契約文書を中国国内で実際に締結した場合には、日本では印紙税は課税されません。その契約文書が中国で行使されるものであれば、中国国内で効力を持ち、中国法の保護を受けることになりますので、中国のみで印紙税を納税することになります。

なお、中国の印紙税では、課税されるのは正本であり、副本または抄本は一応免税とされていますが、正本と同じように法的効力を持つものに対しては印紙税が課税されることになります。日中間の契約文書に関しては、一般的に中国語、英語、日本語の言語が使用されますが、正式な契約文書として例えば中国語と日本語の2ヶ国語を正式な契約書とした場合には、その2つの言語によって作成された契約書は、正本として印紙税が課税されます。

日本の印紙税もほぼ同様であり、契約文書を2通以上作成した場合は、

それぞれが課税事項を証明する目的で作成された時にはそれぞれが課税文書に該当します。しかし、写し、副本、謄本等と表示された文書については、契約当事者の双方または一方が署名押印している場合には課税文書に該当しますが、文書の所持者のみが署名押印しているものは除かれます。また、写し、副本、謄本等と表示された文書が正本と相違ないこと、写し等であることの契約当事者による証明が行われているものも課税文書に該当します。

## Point! 課税文書の範囲：中国では契約の性格を有する文書も含めて幅広い

中国子会社が関係する代表的な印紙税の課税文書とその課税文書の記載金額等に乗じて課税される印紙税の税率を紹介しますと、金銭消費貸借契約書の税率は0.005％、売買契約書と技術契約書の税率は0.03％、加工請負契約書、建設工事請負契約書、貨物運輸契約書、財産権譲渡移転証書の税率は0.05％、財産賃貸借契約書、倉庫保管契約書、財産保険契約書の税率は0.1％、営業帳簿については、固定資産の原始取得価額、または登録資本金と資本剰余金の合計金額の0.05％等となります。

これらの課税文書はほとんどが契約書ですが、契約の性格を有する文書も課税文書とされています。中国の印紙税が日本の印紙税と異なるところは、この課税文書の範囲にあります。ここで契約の性格を有する文書とは契約書の性質を具有する証憑であり、契約書の性質を具有する証憑とは、契約書の効力を有する協議書、約定書、合意書、証票、確認書およびその他の各種の名称を有する証憑とされており、かなり広範囲な概念となっています。

例えば、売買貨物の売手と買手の両当事者が売買活動の中で、一方の当事者が署名し発行した証憑に、取引金額の記載が全然なくとも、取引の対象となっている貨物の規格と数量、引渡時期、決済方法等の内容のみが記載されている注文書、貨物引渡リストがあれば、これらの証憑は契約的性格を具有する証憑として印紙税が課税されています。すなわち、これらの証憑は形式が十分に規範化されていなくとも、契約としての条項が十分に

完備していなくとも、手続が十分に行われていなくとも、また、売買の両当事者が契約書を締結していなくとも、注文書、貨物引渡リスト等の証憑があり、売買の両当事者の間で貨物の需供の関係が成立して、双方の責任が明確となっている取引証憑があれば、それを契約書の性格を有する課税文書として印紙税が課税されます。

> **Point!** 電話・ネット注文の場合には書面による証憑がないので印紙税は課税されていない

この関係は外国投資企業と国外の親会社または子会社との間でも同様に取り扱われています。すなわち、外国投資企業とその国外の親会社または子会社は経済活動においてそれぞれ独立した法人であり、これらの外国投資企業と国外親会社または子会社との間で、注文書、貨物引渡リスト、貨

図表Ⅱ-37　印紙税の税目税率表

| 税目（課税文書） | 税率 | 納税者 |
|---|---|---|
| 売買契約書 | 売買金額の0.03% | 契約書の作成者 |
| 加工請負契約書 | 加工または請負収入の0.05% | 契約書の作成者 |
| 建設工事監察設計契約書 | 受取費用の0.05% | 契約書の作成者 |
| 建設据付工事請負契約書 | 請負金額の0.03% | 契約書の作成者 |
| 財産賃貸契約書 | 賃貸金額の0.1%、税額1元未満は1元 | 契約書の作成者 |
| 貨物運輸契約書 | 運輸費用の0.05% | 契約書の作成者、証憑を契約として使用する場合は契約として貼付 |
| 倉庫保管契約書 | 倉庫保管費用の0.1% | 契約書の作成者、倉庫保管書または倉庫預り書を契約として使用する場合も貼付 |
| 借入契約書 | 借入金額の0.005% | 契約書の作成者、証憑を契約として使用する場合は契約として貼付 |
| 財産保険契約書 | 保険掛金額の0.003% | 契約書の作成者、証憑を契約として使用する場合は契約として貼付 |
| 技術契約書 | 記載金額の0.03% | 契約書の作成者 |
| 財産権移転証書 | 記載金額の0.05% | 証書の作成者 |
| 営業帳簿 | 資金を記載した帳簿は、固定資産原価と自己流動資金総額の0.05%、その他の帳簿は1件5元 | 帳簿の作成者 |
| 権利、許可証書 | 1件5元 | 受領者 |

第Ⅱ部　税務

物引渡生産指示書等が発行されたときには、たとえ金額の記載がなくとも、契約書の性格を有する課税文書として印紙税が課税されます。なお、電話、インターネットで注文した場合には、書面による証憑が作成されませんので、中国の印紙税は暫定的に課税されていないことに留意が必要です。

# 8 不動産と営業税

## Point! 不動産と関連する営業税

営業税の課税項目には、課税役務、無形資産の譲渡、不動産の販売の課税区分がありますが、これらのうち不動産に関係する税目と税率は、図表Ⅱ-38のとおりです。

図表Ⅱ-38　不動産取引の営業税

| 取引内容 | 課税区分 | 細目 | 課税区分または細目の定義 | 税率 |
|---|---|---|---|---|
| 不動産の賃貸 | サービス業 | リース業 | 約定した期間内で、土地、建物、物品、設備または施設等を他人に譲渡して使用させる取引 | 5% |
| 土地使用権の譲渡 | 無形資産の譲渡 | 土地使用権の譲渡 | 土地使用者が土地使用権を譲渡する行為<br>土地のリースはリース業 | 5% |
| 不動産の販売 | 不動産の販売 | 不動産の販売 | 不動産所有権を有償で譲渡する行為、不動産所有権とは建物所有権であり、建物または構築物、その他の土地附着物の販売をいう。<br>建物と土地使用権の一括譲渡は、不動産の販売とする。 | 5% |

**5** その他の税制と税法

## Point! 不動産関連営業税の税額計算

納税者が課税役務を提供し、無形資産を譲渡しまたは不動産を販売した場合は、営業額と税率で納付税額を計算します。

納付税額＝営業額×税率

不動産取引に関係する税額計算は次のとおりになります。

不動産の賃貸　　　営業額（賃貸収入＋価額外費用）× 税率5％
土地使用権の譲渡　営業額（譲渡代金－購入原価＋価格外費用）× 税率5％
不動産の販売　　　営業額（譲渡代金－取得原価＋価格外費用）× 税率5％

# 9 契税

## Point! 契税は日本の不動産取得税に相当。土地・建物の権利が移転された者に課税

契税は強いて言えば、日本の不動産取得税に相当します。1997年の契税暫定条例によれば、土地使用権と建物所有権の移転が行われた場合に移転を受けた者に契税が課税されます。契税も不動産税制の1つです。**契税では、土地と建物の権利の移転は、国有土地使用権の払い下げ、土地使用権の譲渡、建物の売買、贈与、交換により行われるとされており、これらの移転取引による権利の譲受者、購入者、受贈者、交換引受者が納税義務者となります。**

## Point! 土地と建物の移転

土地の移転とは、国有土地使用権の払下げと土地使用権の譲渡をいいま

す。土地使用権の譲渡には売却、贈与、交換が含まれます。土地使用権の売却とは、土地使用者が土地使用権を取引条件として、貨幣、現物、無形資産その他の経済的利益を取得する行為をいいます。土地使用権の贈与とは、土地使用者が土地使用権を受贈者に無償譲渡する行為をいい、土地使用権の交換とは、土地使用者間で土地使用権を相互に交換することをいいます。

建物の移転とは、建物の売買、贈与、交換です。契税は権利を承継する単位と個人が納税者になるため、不動産開発企業が行う建物の竣工は権利移転と関係がないため契税は課税されません。

土地と建物の権利帰属関係が次の方法で移転された場合には、土地使用権の譲渡、建物の売買、建物の贈与として契税が課税されます。

① 土地、建物の権利帰属関係で投資、出資すること
② 土地、建物の権利帰属関係を抵当に入れること
③ 当選方式で土地、建物の権利帰属関係を承継すること
④ 予約購入方式または前払建物代金資金調達方式で土地、建物の権利帰属関係を承継すること

## Point! 契税の税額計算

契税は、国有土地使用権の払下、土地使用権・建物の売買については**取引価格が課税標準**となります。土地使用権と建物の贈与については税務機関が市場価格を参照して決定します。土地使用権と建物の交換については交換差額が課税標準となります。

契税の税率は3％から5％の範囲内ですが、各地方政府が決定した税率をかけて納税額を計算します。

納付税額＝課税標準額×税率

ര その他の税制と税法

# 10 土地使用税

### Point! 土地所有権は国家に帰属したまま土地使用権を払い下げ

　土地使用税についてですが、この税金は中国の土地制度と密接な関係があります。中国の土地制度は、1980年前は無償分与制度と言って土地は国家に帰属するものであり、土地を使用する企業は国家から無償で土地の提供を受けていました。1980年から土地の有償分与が始まり、1990年には土地の所有権と使用権を分離して、所有権を国家に帰属させたまま土地使用権を有償で払い下げ、土地使用権の譲渡払下、転売、リース、担保設定等が認められる有償分与制度（有償使用制度）が確立されました。

　この土地の有償分与の開始は不動産税制にも影響を及ぼし、都市部の国有地については無償分与の土地であっても土地使用費（土地使用料）が徴収されるようになりました。中国内資企業は無償分与の土地使用について土地使用費を納付しました。その当時の合弁企業が使用する土地は、一般的に中国側出資者が無償分与された土地を現物出資していましたので、合弁企業は無償分与された土地に対して土地使用費（または敷地使用費）を納付する義務がありました。

　このように無償分与された土地の使用権は国家に帰属していましたので、房産税（不動産税）についても土地房産税は課税されず、建物房産税のみが課税されることになりました。なお、房産税については無償分与または有償分与のいずれに関わらず土地房産税は現在でも課税は行われていません。所有する建物に対してのみ建物房産税が課税されています。

# 第Ⅱ部　税務

## Point! 外国企業も土地使用税の納税義務者

　2006年12月に国務院は「中華人民共和国都市郷鎮土地使用税」を改正し、土地使用税の納税義務者として、国有企業、集団企業、私営企業、株式制企業、外国投資企業、外国企業およびその他の企業と事業単位、社会団体、国家機関、軍隊ならびにその他の単位を含むことを明記し、外国投資企業と外国企業も新たに納税義務者と定めました。

　2007年1月から都市、県の都市、編制鎮、工業鉱区の範囲内の土地を使用する外国投資企業、外国企業と個人は、都市郷鎮土地使用税を納税しなければなりません。この土地使用税は、1平米当りの土地面積の年間税額が下記のような範囲に定められており、旧法に比べて約3倍になっています。具体的な税額は地方政府が実施規則を定めて公布することになっており、年間税額は土地面積に下記の範囲の金額を乗じて計算します。納付期限も地方政府が分割納付期限を定めることになっています。

① 大都市は1.5元から30元まで
② 中都市は1.2元から24元まで
③ 小都市は0.9元から18元まで
④ 県の都市、編制鎮、工業鉱区は0.6元から12元まで

　また、次のような免税規定がありますが、一般の外国投資企業と外国企業については緑化地帯等を除いて該当がないものと考えられます。

① 国家機関、人民団体、軍隊が自己使用する土地
② 国家財政部門が事業経費を支給する単位が自己使用する土地
③ 宗教寺院、公園、名所旧跡が自己使用する土地
④ 市政の道路、広場、緑化地帯等の公共用地
⑤ 農業、林業、牧畜、漁業に直接使用する生産用地
⑥ 批准を受けて開墾した山、埋め立てた海の土地と改造された廃棄土地は、

> 使用した月から5年から10年まで土地使用税を免税する。
> ⑦ 財政部が免税を別途規定するエネルギー、運輸、水利施設の使用地とその他の用途地。

　2007年の土地使用税の改正は、不動産価格の上昇を抑制するために、不動産の保有に対して課税を強化して土地の流動化により価格を引き下げる狙いがあり、今後は同様の不動産バブル対策により他の不動産税制、特に房産税の改正にもつながる可能性があります。また、この改正では、外資系企業と中国内資企業の税負担の公平化も強調されました。

# 11 土地増値税

### Point! 土地増値税は日本の昔の土地重課制度と同じ

　土地増値税は制定された当時の不動産価格の高騰を反映して、不動産価額の抑制を目的に制定された税金であり、日本の昔の土地重課制度と同じものです。この土地増値税は制定以来しばらくの間は、地方政府が本気になって不動産価格の抑制を図るつもりがなかったこともあり、実際には実施されていなかった税金ですが、最近の不動産バブルの影響により課税が実施されているものです。

① 納税者と課税対象
　国有土地使用権、その地上の建築物とその附着物を譲渡して収入を取得する単位と個人が、土地増値税の納税義務者です。地上の建築物とは、その土地の上における建築物で、地上と地下のすべての施設を含みます。附着物とは、土地の上において移動することのできない、移動したら損壊する物品をいいます。単位とは、各種の企業単位、事業単位、国家機関と社

第Ⅱ部　税務

会団体とその他組織をいい、個人には個人経営者を含みます。

**② 税額計算**
　土地増値税は、不動産を譲渡して取得する収入から控除項目金額を差し引いた増値額に超過累進税率を乗じて計算します。

**土地増値税の納税額＝増値額（収入金額－控除項目金額）× 超過累進税率**

　上記の控除項目金額には下記の物が含まれます。
1. 土地使用権取得原価
　土地使用権を取得して支払った金額（土地使用権取得原価）とは、納税者が土地使用権を取得するために支払った土地代金と国家規定により納付した関係費用をいいます。
2. 不動産開発原価
　開発土地および新築建物とその付属施設の原価（不動産開発原価）とは、納税者が不動産開発プロジェクトに実際に支払った原価をいい、土地徴用費と立退補償費、前期工事費、建設据付工事費、基盤施設費、公共付属施設費、開発間接費用を含みます。
3. 不動産開発費用
　開発土地、新築建物とその付属施設の費用(不動産開発費用)とは、不動産開発プロジェクトと関係する販売費用、管理費用、財務費用をいいます。
4. 中古の建物と建築物の評価額
　新築の建物とその付属施設については不動産開発原価と不動産開発費用を控除項目金額としますが、中古の建物と建築物については不動産の評価機構による不動産鑑定評価報告書に基づいた評価額を控除項目金額とします。
5. 譲渡不動産と関係する税金
　譲渡不動産と関係する税金とは、不動産を譲渡する時に納付する営業税、都市擁護建設税、印紙税をいいます。不動産を譲渡することにより納付する教育費附加も税金とみなして控除することができます。
6. その他の控除項目
　不動産開発に従事する納税者については、土地使用権取得原価と不動産

開発原価の規定により計算した金額の合計の20％の控除を加算することができます。

### 📍Point! 土地増値税には超過累進税率が適用されます

土地増値税の税率は４段階の超過累進税率が適用されます。

図表Ⅱ－39　土地増値税の税率

| 増値額の範囲 | 超過累進税率 |
|---|---|
| 増値額が控除項目金額の50％以下の部分 | 30％ |
| 増値額が控除項目金額の50％超100％以下の部分 | 40％ |
| 増値額が控除項目金額の100％超200％以下の部分 | 50％ |
| 増値額が控除項目金額の200％超の部分 | 60％ |

# 12 耕地占用税

### 📍Point! 耕地を占用してしまう場合に課税される税金

耕地占用税は、1987年４月に公布制定され、2007年12月改正して2008年１月１日から施行されています。耕地占用税の実施細則は地方政府が制定するものとされています。

耕地占用税は、土地資源を合理的に利用し、土地管理を強化し、耕地を保護するために制定されました。

① 納税者と課税対象

耕地とは、農作物を栽培するために使用する土地をいいます。耕地の建物を占用するかまたは農業建設以外に従事する単位と個人が耕地占用税の

## 第Ⅱ部　税務

納税者となります。単位とは、国有企業、集団企業、私営企業、株式制企業、外国投資企業、外国企業およびその他の企業と事業単位、社会団体、国家機関、部隊とその他単位をいい、個人には個人工商業者とその他の個人を含みます。

② **税額計算**

耕地占用税は、納税者が実際に占用する耕地面積を課税標準として、規定の適用税率で一括して徴収課税します。耕地占用税の税額は次のとおりです。

| | |
|---|---|
| 1人当りの平均耕地が1ムーを超えない地区 | 1㎡当り10元から50元 |
| 1人当りの平均耕地が1ムーを超え2ムーを超えない地区 | 1㎡当り8元から40元 |
| 1人当りの平均耕地が2ムーを超え3ムーを超えない地区 | 1㎡当り6元から30元 |
| 1人当りの平均耕地が3ムーを超える地区 | 1㎡当り5元から25元 |

上記の地区は、県級の行政区域または単位をいい、ムー（畝）は15分の1ヘクタールであり、6.667アールの面積をいいます。各地方政府で適用する税額は、省、自治区、直轄市の人民政府が上記の税額幅の範囲内で決定します。

経済特区、経済技術開発区および経済が発達して1人当り平均耕地が特別に少ない地区の適用税額は適切に引上げることができますが、引き上げる部分の最高税額は上記の適用税額の50％を超えることはできません。基本的な農地田畑を専有した場合は、上記の適用税率が50％引き上げられます。

## 13 車輌購入設置税と車輌船舶税

> **Point!** 車輌購入設置税は日本の自動車取得税に相当し、車輌を取得・使用するときは納税

　車輌購入設置税は、日本の自動車取得税に相当するもので、比較的新しい税金で2001年1月から執行が開始されていますが、実はそれ以前から車輌購入設置費附加として行政上の課金として附加していたものを税金に格上げしたものです。

　**車輌購入設置税の納税義務者は**、**自動車、モーターバイク、電車、トレーラー、農業用運搬車を購入設置する内資企業、外国投資企業、外国企業、個人等**です。車輌の購入設置とは、車輌の売買、輸入、自社生産、受贈等で車輌を取得して自己使用することをいいますので、車輌を取得して使用する時にこの税金を納付しなければなりません。

　**車輌購入設置税の課税標準は、売買の場合は車輌価格に価格以外の付随費用を加えた金額で、輸入の場合は輸入価格に関税と消費税を加算した金額です。この課税標準価格に10%の税率をかけて納税額を計算**します。車輌を自社生産した場合や受贈した場合等は、税務局が定めた最低課税標準価格に税率をかけます。納税は車輌の購入日または輸入日から60日以内に国家税務局で納税しますが、この車輌購入設置税の納税証明書がなければ、車輌を登録することができないようになっています。

> **Point!** 車輌船舶税は中国国内における車輌と船舶（車船）の所有者または管理者が納税義務者

　2006年末までは、中国内資企業には1986年に制定された「中華人民共和国車輌船舶使用税暫定条例」が適用され、外資系企業には1951年に制定された「車輌船舶鑑札使用税暫定条例」が適用されていましたが、2007

# 第Ⅱ部　税務

年1月から両者が統合されて「中華人民共和国車輌船舶税暫定条例」が内資と外資に適用開始されることになりました。この地方税の改正は、不動産と自動車の保有者からの税収を増加させて所得の再配分を行い、同時に、財政基盤の脆弱な地方政府の税収拡大を目的としたものです。

**この車輌船舶税の納税義務者は、中国国内における車輌と船舶（車船）の所有者または管理者**であり、納税義務の発生は、地方政府の車船管理部門が発行した車船登記証書または運航証書に記載された登記日の当月とされています。

車船税の納税時期は年一回で地方政府が実施細則で納付期限を定めますが、2007年の改正では車船税の源泉徴収納付が定められたことも特徴にあげられます。自動車等の機動車の交通事故責任強制保険業務に従事する保険機構が車船税の源泉徴収義務者となり、税額を納税者から代理受領して代理納付することになりました。

車船税の税目税額表は図表Ⅱ-40のとおりであり、年間税額は改正前に比べて自動車で4倍から8倍に増額されています。地方政府がこの範囲内で具体的な税額を実施細則で定めます。

なお、次の車船は免税となります。

① 非機動車船（非機動のはしけを含む）
② トラクター
③ 捕獲漁船、養殖漁船
④ 軍隊、武装警察専用の車船
⑤ 警備用車船
⑥ 関連規定により船舶トン税を納付した船舶
⑦ 我国の関連法律と我国が締結または参加した国際条約の規定により免税が認められる外国の中国駐在大使館、領事館および国際組織の中国駐在機構とその関係者の車船

図表Ⅱ-40　車輌船舶税の税目税額表

| 税目 | 課税単位 | 毎年の税額 | 備考 |
|---|---|---|---|
| 旅客自動車 | 1車輌当り | 60元から660元まで | トロリーバスを含む |
| 貨物自動車 | 自重1トン当り | 16元から120元まで | 牽引車、トレーラーを含む |
| 三輪自動車<br>低速貨物車 | 自重1トン当り | 24元から120元まで | |
| オートバイ | 1車輌当り | 36元から180元まで | |
| 船舶 | 正味トン数の1トン当り | 3元から6元まで | タグボードと非機動のはしけは区分して船舶税額の50％により計算 |

（注）　特殊車輌、車輪付専用機械車輌の課税単位と毎年の税額は、国務院財政部門、税務主管部門が本条例を参照して決定する。

# 日本と中国の e-tax

## ◎日本の e-tax

　日本の e-tax は、インターネットを利用して税金の申告と納税と申請届出の3つの手続を電子的に行うシステムです。日本では、所得税、法人税、贈与税と相続税、消費税、酒税等の申告手続と、これらの税目に係る申請と届出の手続、およびすべての税金の納税手続が e-tax の対象範囲となっています。

　日本では、所得税について源泉徴収と申告納付が行われており、会社や個人事業主等が給与や報酬等を支払う時に行う源泉徴収についても e-tax が利用されています。所得税の確定申告についても2月16日から3月15日までの確定申告期限に、納税者は書面による確定申告書を作成して税務署に郵送または持参する確定申告以外に、e-tax を利用して電子的に所得税や消費税の確定申告を行う方法を選択することができます。当然のことですが、e-tax で申告納税したときには、書面による確定申告書の提出は行いません。

　法人税の申告納付については中間申告納付と確定申告納付があり、中間申告の納付期限は事業年度終了後6ヶ月を経過した日の翌日から2ヶ月以内であり、確定申告の納付期限は事業年度終了の日の翌日から2ヶ月以内となっ

## 第Ⅱ部　税務

ています。3月決算の会社は、中間申告納付は11月末までに、確定申告納付は5月末までに行います。なお、確定申告期限については1か月の延長も認められています。

　法人税の申告納付においても納税者の選択により書面による申告とe-taxによる電子申告を行うことができます。法人税の電子申告には、市販の財務会計ソフトを利用する方法と国税庁のe-taxソフトを利用する方法があります。

　国税庁のe-taxソフトには、所得税、贈与税と相続税、法人税、消費税等の電子申告があり、所得税と法人税外にも消費税、贈与税と相続税、酒税等の申告にe-taxを利用することができます。e-taxの利用は任意選択制ですので納税者がe-taxに登録した後でも、一部の源泉徴収や申告納税を書面で行うことができ、申請・届出のみをe-taxで行うこともできます。

　日本のe-taxには、申告と納税と申請届出の3つの手続が含まれていますが、電子納税については、銀行預金口座からの振込による納税手続と、インターネットバンキングやATM等による納税手続の2つの納税方法があります。

**◎中国の電子申告納付**

　1997年に国家税務総局は「租税徴収管理改革の深化に関する方案」を国務院に提出して承認を受けました。この方案は、コンピュータネットワークを利用して申告納税と納税サービスを行い、課税の集中管理と重点的税務調査を可能とする新たな徴税管理モデルを2010年までに基本的に完成させることを目的としていました。

　この方案によって、納税者は税務機関に納税申告表と付属資料を直接提出する直接申告、郵送申告のほかに、コンピュータネットワークを利用して電子申告を行うことができるようになりました。

　この方案は、コンピュータネットワークによる税金の徴収管理について、全国統一の納税者識別番号を確立して、税務登記から申告納税さらには税務調査までの徴税管理業務にコンピュータによる管理を全面的に導入することを目的としています。

　この方案の重点項目には、金税工程の増値税専用発票の発行と税額控除システムのほかに、個人所得税の源泉徴収システム、増値税の輸出税金還付の監督管理システムの開発が掲げられており、企業、税関、銀行等の情報ネッ

トワークとの間で、輸出、通関、外貨決済、税金還付の情報交換を行う監督管理システムが重視されています。この開発システムには、納税者が税関に関税と増値税を納付する時の専用納付領収書の電子的発行も含まれています。

電子申告については、1999年頃から一部の地域において、納税者が申告ソフトをインストールしたユーザー端末から、納税申告表、財務諸表、その他の納税資料を税務機関に送信する電子申告方式が具体的に検討されました。電子納税については、銀行振込による納税が推奨され、納税者と銀行と税務機関が協議書を締結することが規定されています。

2005年には、一部地域で実験的に電子申告が実施され、電子申告納税とは納税者がコンピュータとネットワーク通信技術(専用回線とインターネット)を通して、申告、税金納付、国庫入金を行う方法と定義されました。当時の電子申告の対象範囲は、増値税、消費税、企業所得税、預貯金利息の個人所得源泉徴収でした。

2006年に国家税総局は、電子申告に伴う納税者のユーザー端末ソフトについて、国家税務総局が統一的に開発を推進する申告ソフトは納税者に無償で提供し、毎年のグレードアップとメインテナンスも国家税務総局が責任を持ち、関係する国家税務総局指定のソフトサポート会社の技術サポートも無償で提供し、納税者からいかなる費用も徴収しないことを公布しました。

この当時に開発された電子申告ソフトには、貨物運輸発票の税額控除システムの発票発行ソフト、自動車等の販売統一発票の発票発行ソフト、さらには個人所得税管理システムの源泉徴収ソフトがあります。

2010年7月に国家税務総局が発布した「ネットワーク納税申告ソフト管理規範（試行）」によれば、ネットワーク納税申告ソフトには、最低保証型の納税申告ソフト、商品化された納税申告ソフト、納税者が自己開発した納税申告ソフトがあります。

最低保証型の納税申告ソフトとは税務機関が無償で納税者に提供するものであり、商品化された納税申告ソフトとはソフト開発業者が開発するソフトです。いずれも国家税務総局が規定したネットワーク納税申告ソフト業務基準に適合しなければならず、納税者は国家税務総局の評価を受けて合格したソフトを使用しなければなりません。

国家税務総局が指定している電子申告ソフトの対象には、増値税、消費税、企業所得税の申告納税、個人所得税の源泉徴収納付、税関の関税と増値税の

専用納付領収書の発行、貨物運輸発票の控除リストの発行等があります。
　各地方の国家税務局が指定している申告納税ソフトは、その地方によって若干異なっており、増値税、消費税、企業所得税の他に営業税が対象となっているものもあります。

［著者略歴］

**近藤義雄**（こんどう よしお）

| | |
|---|---|
| 1972 年 | 早稲田大学大学院商学研究科修士課程修了 |
| 1974 年 | 監査法人勤務 |
| 1978 年 | 公認会計士登録 |
| 1986 年 | 北京駐在（2 年 3 ヵ月） |
| 2000 年 | 監査法人退職 |
| 2001 年 | 近藤公認会計士事務所開業 |

［主な著書］

『中国増値税の実務詳解』千倉書房，2010 年
『中国事業の会計税務』［2010 年改訂版］蒼蒼社，2010 年
『中国現地法人の経営・会計・税務』［第 4 版］中央経済社，2006 年
『中国増値税の仕組みと実務』［第 2 版］中央経済社，2005 年
『中国の企業所得税と会計実務』中央経済社，2005 年
『中国現地法人の資本戦略』中央経済社，2004 年
『中国進出企業Q＆A』蒼蒼社，2003 年
『中国現地法人の企業会計制度―日中対訳』日本国際貿易促進協会，2002 年
『中国投資の税務戦略』東洋経済新報社，1997 年
『中国投資の実務』［第 4 版］東洋経済新報社，1996 年

近藤公認会計士事務所
ホームページ　http://homepage2.nifty.com/kondo-cpa/

---

## ポイント解説！中国会計・税務

2011 年 10 月 11 日　初版第 1 刷発行

著　者　近藤義雄

発行者　千倉成示

発行所　株式会社 千倉書房
　　　　〒 104-0031 東京都中央区京橋 2-4-12
　　　　TEL 03-3273-3931 ／ FAX 03-3273-7668
　　　　http://www.chikura.co.jp/

印刷・製本　藤原印刷株式会社

©Yoshio Kondo, 2011 Printed in Japan
ISBN 978-4-8051-0975-5　C2034

---

**JCOPY**〈（社）出版者著作権管理機構　委託出版物〉

本書の無断複写は著作権法上での例外を除き禁じられています。複写される場合は、そのつど事前に、（社）出版者著作権管理機構（電話 03-3513-6969、FAX 03-3513-6979、e-mail: info@jcopy.or.jp）の許諾を得てください。

近藤義雄の中国税務実務書

〈好評発売中〉
# 中国増値税の実務詳解

中国ビジネスに不可欠な増値税の最新情報（2010年5月末現在）を日本企業の視点に立って徹底解説する実務書
A5判／468ページ／定価（本体5,600円＋税）

〈近刊予定〉

**中国の企業所得税**（仮題、2011年12月刊行予定）

**中国の個人所得税**（仮題、2011年12月刊行予定）

――千倉書房――